TEGUZ, CIUDAD AMADA, HEROICA Y LEGENDARIA

(ANTOLOGÍA EN SUS 477 AÑOS DE FUNDACIÓN. TOMO I)

ERANDIQUE
COLECCIÓN

TEGUZ, CIUDAD AMADA, HEROICA Y LEGENDARIA (ANTOLOGÍA EN SUS 477 AÑOS DE FUNDACIÓN. TOMO I)
Rafael Heliodoro Valle, Mario Felipe Martínez Castillo, Daniel Laínez, Alfonso Guillén Zelaya, William Wells, Luis Marañón Richi, Argentina Díaz Lozano, Rómulo E. Durón y muchos más

©Colección Erandique
Supervisión Editorial: Óscar Flores López
Diseño de portada: Andrea Rodríguez
Administración: Tesla Rodas
Director Ejecutivo: José Azcona Bocock
Primera Edición
Tegucigalpa, Honduras—Julio 2025

HOMENAJE A NUESTRA TEGUZ

Rafael Heliodoro Valle la llamó "ciudad amada". Para Daniel Laínez y Salvador Turcios, Tegucigalpa era "legendaria". Alfonso Guillén Zelaya la definió como "heroica".

¡Ah, nuestra Teguz!

Mientras unos la amamos, otros la ven con desprecio.

Y hay casos de aquellos que la aceptan con sus bellezas y fealdades.

Como este lapidario fue el comentario de Juan Ramón Molina, quien nunca pudo separarse de su ciudad: "A las nueve y media, Tegucigalpa duerme el pesado sueño de las ciudades vegetativas. A pesar de su ligero baño de modernismo, es una población a la antigua, melancólica y bostezante y sin tráfico ni vida. Quitándole los prestigios del Gobierno, esto se convertiría en un camposanto. Faltan el ir y venir de los carruajes, el humor de los tranvías, la premura de la gente ocupada; el susurro de la colmena humana, inquieta y laboriosa; en fin, todo lo que da carácter a las capitales modernas, arrolladas por los rugidos de las locomotoras y máquinas de vapor".

Y, sin imaginar la profecía de sus propias palabras, Molina agregó: "Tan cierto es que el hombre tiene que adaptarse a todos los medios, so pena de morirse o de que le maten".

¿No fue ese ambiente de tristeza, acaso no fue el medio hostil o el aburrimiento, los que mataron al autor de Pesca de Sirenas?

Sin embargo, no podemos negar que hay en la capital de Honduras un poco de magia atrapada entre sus calles estrechas y allá, en lo alto de las montañas que la rodean…

Este libro servirá para conocer un poco más de Tegucigalpa, pues reúne artículos de investigadores, exploradores, académicos, poetas, historiadores y escritores.

¿Cuándo fue fundada? ¿En qué año? ¿Quiénes fueron sus primeros alcaldes? ¿Qué significa Tegucigalpa?

Según Alberto Membreño, autor de Nombres geográficos e indígenas de la república de Honduras, "Se ha creído por mucho tiempo que Tegucigalpa es una corrupción de Taguzgalpa y que significaba Cerro de Plata. Pero no hay tal. Tegucigalpa significa 'en las casas de las piedras puntiagudas', por componerse de tetl, piedra; huitztli, espina; calli, casa y pan".

Cerro de Plata o no, es para el debate.

Este homenaje a Teguz, que coincide con su 447 años de fundación (29 de septiembre de 1578), contiene hermosos artículos de escritores hondureños como Víctor Cáceres Lara, Rómulo E. Durón, Leticia de Oyuela, Jorge Fidel Durón, Jorge Berlioz, Yanuario Landa Blanco, Mario Felipe Martínez, José Reina Valenzuela, Argentina Díaz Lozano, entre otros, y los ya mencionados Rafael Heliodoro Valle, Daniel Laínez y Salvador Turcios.

Además de extranjeros como Luis Marañón Richi, William Wells, Luis Mariñas Otero y Ephraim George Squier.

Dividida en Tomo I y Tomo II, Teguz, ciudad amada, heroica y legendaria, nos lleva desde los inicios como caserío hasta los cambios que la convirtieron en una pequeña capital, incómoda para transitar, pero llena de nostalgia.

Interesantes son los relatos de los visitantes extranjeros como Luis Marañón Richi (diplomático y escritor español), que cuenta sus sensaciones con el aterrizaje en Toncontín o su experiencia mientras viaja como pasajero en un microbús.

"Lo que no da el pego al viajero es la pista de aterrizaje de Tegucigalpa, tan pequeña y de unas proporciones tan limitadas que bien parecen propias de un aeroclub. El aeropuerto está ubicado a medio camino de una encrucijada de montañas que lo aprietan y, por eso, no puede dar más de sí" narra.

La pista de aterrizaje termina en un barranco ancho y tajante y el aterrizar tiene que hacerse de forma muy breve y los pilotos deben atinar en su maniobra. Por eso creo que los aviones en Tegucigalpa no aterrizan, sino que "caen" como pueden y se les deja. Y nuestro aterrizaje, que fue óptimo, dentro de lo escueto vino a ser como patinar en un trampolín de una piscina sin agua. Gracias a Dios se frenó a tiempo y no hubo chapuzón en seco —continúa relatando.

Por su parte, el explorador estadounidense William Wells dijo de Tegucigalpa:

—Creo que todo viajero en Centroamérica atestiguará el carácter generoso y el noble corazón de las mujeres. Hospitalarias, gentiles y sufridas, sobre ellas recae una gran parte del trabajo que se hace en los cinco Estados. Alguien ha observado que bien puede decirse de la mujer centroamericana: "Crió, hizo tortillas y murió". Esto desde luego, no se aplica a las mujeres de familias acomodadas. Las mujeres de las clases pobres son, de hecho, las esclavas en el país. En Tegucigalpa el agua que se emplea en los diarios menesteres es acarreada por ellas desde el río, de una distancia de cien pies, cuesta arriba, donde a menudo observé su afanosa marcha y su fatigada respiración.

Tegucigalpa Cenicienta no pierde las esperanzas de convertirse en una ciudad ordenada, limpia y elegante. Se necesita que la gobiernen hombres de buen gusto, con visión, amor por el arte, pero, principalmente, por la gente.

Mientras ese momento llega, disfrute, querido lector, de la primera parte de Teguz, ciudad amada, heroica y legendaria… ¡Quién sabe! Quizá, a través de estas páginas, comience usted también a amarla.

ÓSCAR FLORES LÓPEZ
Editor Colección Erandique

FÚNDASE EL REAL DE MINAS DE SAN MIGUEL DE TEGUCIGALPA

29 de Septiembre de 1578

Cúmplese hoy un nuevo aniversario de la fundación del Real de Minas de San Miguel de Tegucigalpa, humilde poblado que, con el correr del tiempo, ha llegado a convertirse en la capital de Honduras y en una de las ciudades más originales, por su singular aspecto, entre las poblaciones importantes del continente.

Dice la historia que el 14 de abril de 1579, el Licenciado García de Valverde, Capitán General de Guatemala, escribió al Rey de España hablándole del "buen nombre y opinión que tenían las minas de plata de Honduras y del poco posible que tenían para beneficiarlas". Le decía también que luego enviaría una persona competente para que examinara todas las minas, hiciera los ensayos de rigor y pudiera dar una relación cierta acerca de ellas para determinar lo que debería hacerse para el real servicio.

La carta de Valverde al Rey de España se debía a que los propietarios de las nuevas minas descubiertas en Agalteca, San Marcos, Santa Lucía, Tegucigalpa y Apasapo, Licenciado Alonso de Esguaza, don Agustín Espíndola, doña Leonor de Alvarado y otros habían acudido ante la autoridad superior de Guatemala expresando la necesidad que tenían de mineros y de azogues para el desarrollo de sus labores.

El comisionado que anunciaba García de Valverde encontró que la fama de las minas descubiertas estaba a la altura de la realidad. Las de Teguzgalpa habían resultado tan ricas que habían promovido la población inmediata del lugar por apreciables núcleos de españoles que convivían con los indígenas del mismo sitio. De esa manera se empezó a fundar Tegucigalpa, nombre derivado de Teguzgalpa, cuya

9

significación en lengua indígena es "Cerro de Plata", según opinan algunos.

El Capitán General de Valverde estableció en la nueva población una Alcaldía Mayor, siendo su primer Alcalde don Juan de la Cueva, quien antes había sido Alguacil Mayor de la Real Audiencia, bajo el gobierno del Doctor Pedro de Villalobos y Juez Contador de las Provincias de Soconusco y Chiapas.

Al nuevo centro de población se le dio el nombre de Real de Minas de San Miguel de Tegucigalpa, y por la costumbre española de esa época de bautizar a los lugares con el nombre del santo del día en que se hacían descubrimientos o fundaciones, se supone que la del Real de Minas ocurrió el 29 de septiembre de 1578.

El 18 de julio de 1762, el Real de Minas, a solicitud de sus vecinos que aumentaban según corrían los años, obtuvo el título de Villa. Tal concesión se la hizo el Mariscal de Campo don Alonso Fernández de Heredia, sustituto en la Capitanía General de Guatemala del Oidor Decano don Juan de Valverde. Por medio de la disposición emitida a este efecto por el Mariscal Fernández de Heredia, el Real de Minas adquirió el nombre de Villa de San Miguel y Heredia.

Al alborear el siglo XIX los vecinos de la villa de San Miguel y Heredia acudieron ante los soberanos españoles solicitando el rango de ciudad para el lugar que habitaban. Las gestiones no dieron el resultado apetecido, pero el 11 de diciembre de 1821, en vista de la arrogante y valiente actitud del pueblo y autoridades tegucigalpenses al producirse la proclamación de la independencia, el Capitán General Gabino Gaínza y la Junta Consultiva reunida en Guatemala acordaron conferir a Tegucigalpa el título de ciudad y, para su valiente y decidido Ayuntamiento, el distintivo de patriótico.

Ya la primera Asamblea Constituyente reunida en Cedros decretó el 30 de agosto de 1824 que la capital del Estado de Honduras estuviera alternativamente en las ciudades de Tegucigalpa y Comayagua, trasladándose el asiento a Tegucigalpa por haber sido favorecida por la suerte.

Conflictos entre la Asamblea y el Ejecutivo hicieron que luego la Constituyente se mudara a Comayagua, haciendo también su traslado poco después las diversas dependencias del Ejecutivo.

El 30 de octubre de 1880, cuando gobernaba el país el Doctor Marco Aurelio Soto, se decretó que la capital sería definitivamente Tegucigalpa. En 1907, con autorización de la Santa Sede y el Obispo José María Martínez y Cabañas, se hizo la traslación de la sede del Obispado de Honduras, hoy Arzobispado.

Tegucigalpa ha experimentado, especialmente durante los últimos años, un progreso de gran importancia que la ha transformado casi en su totalidad. Dispone ahora de casi todas las comodidades de la vida moderna.

Ha ganado en extensión con la apertura de nuevos barrios y está destinada a ser una población de grandes dimensiones, dada la constante afluencia de personas que a ella vienen a radicarse con procedencia de otros sectores del país y también del extranjero.

Fechas de la Historia de Honduras, Tegucigalpa, D. C., 1964.

VÍCTOR CACERES LARA

TEGUCIGALPA RECIBE EL TÍTULO DE VILLA

18 de julio de 1762

La ciudad de Tegucigalpa, capital de Honduras desde el 30 de octubre de 1880, conmemora hoy un nuevo aniversario de haber sido elevada a la categoría de villa por el Mariscal de Campo don Alonso Fernández de Heredia, sustituto en el gobierno de la Capitanía General de Guatemala del Oidor Decano don Juan de Valverde.

Fueron los vecinos del Real de Minas de San Miguel de Tegucigalpa quienes presentaron solicitud ante las autoridades superiores de Guatemala para obtener ese ascenso, al cual accedió el Mariscal Fernández de Heredia, elevando al Real de Minas al rango de Villa y disponiendo que el último apellido suyo fuera agregado al nombre de la población que entonces pasó a ser Villa de San Miguel y Heredia por auto de 18 de junio de 1762.

El auto mencionado mereció la aprobación del Rey Carlos III de España, quien por Real Cédula de 17 de julio de 1768 confirmó para el Real de Minas el título conferido por el Gobernador de la Capitanía General. La Cédula fue recibida en Tegucigalpa el 23 de diciembre de 1770 por el Alcalde Mayor Vega y Lacayo y al día siguiente dio posesión de ella al Ayuntamiento con todo el ceremonial acostumbrado para esos casos.

Como ya es bien sabido, no se ha encontrado el acta de fundación de Tegucigalpa. Se sabe solamente que el 14 de abril de 1579 el Licenciado García de Valverde, Capitán General de Guatemala, escribió al Rey de España hablándole del "buen nombre y opinión que tenían las minas de plata de Honduras y del poco posible que tenían para beneficiarlas". Le anunciaba también que enviaría una persona competente para que viera todas las minas, hiciera los ensayos y pudiera dar relación cierta para saber lo que debía hacerse para el real servicio.

El comisionado vino a este lugar y, al examinar las minas, quedó convencido de que era justa la fama de que gozaban. Ya se había poblado de españoles quienes, al lado del pueblo indígena que existía en la misma localidad. Luego el Capitán General Valverde estableció en la nueva población una Alcaldía Mayor, quedando por lo mismo dividida la provincia de Honduras en dos Alcaldías Mayores: la de Comayagua y la de Tegucigalpa. Fue el primer Alcalde Mayor de la segunda don Juan de la Cueva, quien había sido Alguacil Mayor de la Real Audiencia, bajo el gobierno del Doctor Pedro de Villalobos, y Juez Contador de las Provincias de Soconusco y Chiapas.

A Tegucigalpa se le dio el nombre de Real de Minas de San Miguel de Tegucigalpa, y por la costumbre española de esa época de bautizar a los lugares con el nombre del santo del día en que se hacían descubrimientos o fundaciones, se supone que la del Real de Minas ocurrió el 29 de septiembre de 1578.

El 31 de octubre de 1580, cuando ya era Alcalde Mayor Juan Cisneros de Reinoso, sustituto de Juan de la Cueva, la Real Audiencia de Guatemala confirmó el establecimiento de la Alcaldía Mayor de Tegucigalpa y creó la jurisdicción de la misma. Esta jurisdicción comprendía: las minas de Guasucarán, y las declaradas a Juan de la Cueva, junto con los pueblos de Ula, Joxona, Tutumbla, Lugarén, Cuareni, Redituva, Lepaterique, Tegucigalpa, Comayagua de los Indios (probablemente Comayagüela), Támara, Agalteca, Liquitimaya, Tapali, Guarabuquí, Úrica, Guaymaca, Apasapo, Pasaquina, Caperique, Aguanqueterique, Ticla, Locterique y la villa de Choluteca con los pueblos de su jurisdicción.

La creación de la Alcaldía Mayor de Tegucigalpa fue confirmada por el Rey de España, Felipe III, por Real Cédula expedida en Villacastín el 28 de septiembre de 1608. En esta cédula se aprobó la actuación del Licenciado Valverde al nombrar a Juan de la Cueva, la designación posterior de Juan Cisneros de Reinoso y la ampliación de jurisdicción al incorporar varios pueblos y la Villa de Jerez de la Frontera de la Choluteca a la nueva Alcaldía Mayor. Por el mismo fue nombrado directamente por el Rey Alcalde Mayor de Tegucigalpa el Capitán Juan Lobato.

El último Alcalde Mayor de este primer periodo fue el Teniente Coronel don Lorenzo de Vásquez y Aguilar, porque por Real Cédula expedida en Madrid con fecha 24 de julio de 1791, fue aprobada por el Soberano español la organización de la Provincia de Honduras de conformidad con la Ordenanza de Intendentes de 1788 que incorporaba Tegucigalpa a Comayagua. Tal disposición fue hecha efectiva por el Gobernador Juan Nepomuceno de Quesada.

En 1805 el Ayuntamiento de Tegucigalpa nombró representante suyo en Madrid para que gestionara el restablecimiento de la Alcaldía Mayor a don Santiago Martínez del Rincón, y el 30 de abril de 1807, por medio del mismo representante, solicitó el título de ciudad. Ya el 28 de abril de 1807, el Rey de España había emitido una Real Orden en la que se prevenía a la Junta Superior de Real Hacienda instruir expediente sobre la separación del partido de Tegucigalpa del Gobierno e Intendencia de Comayagua, según estaba en el año de 1788.

Aunque ya habían habido, de 1807 a 1817, Alcaldes Mayores interinos, fue hasta el 26 de noviembre de 1817 que, en sesión del Consejo, el Rey aprobó la erección de la Alcaldía Mayor de Tegucigalpa con independencia de la Intendencia y Gobierno de Comayagua, menos en la parte militar. En virtud de esta aprobación, el Alcalde Mayor interino, Teniente Coronel Simeón Gutiérrez, pasó a ser Alcalde Mayor en propiedad.

Las gestiones con el Soberano español para obtener para Tegucigalpa el título de ciudad fracasaron, debido a que pronto vinieron los movimientos de independencia. Este señalado triunfo lo obtuvo la hoy capital de Honduras hasta el 11 de diciembre de 1821, cuando en recompensa para la Municipalidad y el pueblo de Tegucigalpa por su actitud decidida en favor de la libertad, el Capitán General don Gabino Gaínza y la Junta Consultiva de Guatemala acordaron conferir el título de ciudad a la hoy capital de Honduras y a su Ayuntamiento, el de Patriótico.

De la fecha citada a los días presentes, Tegucigalpa ha experimentado muy apreciable desarrollo. Unida con Comayagüela, con la cual constituye el Distrito Central, es una de las poblaciones más interesantes de la América Central y la primera ciudad del país. Atrae poderosamente la atención su rara configuración: sus calles angostas y tortuosas que remedan las calles de varias poblaciones españolas; sus construcciones de piedras de colores; el escenario que ocupa, rodeado de cerros pintorescos, y el espíritu acogedor y cordial de sus moradores. De esta bella Tegucigalpa hemos dicho en otra ocasión:

Alpinista ciudad de las canteras,
polícroma de pájaros y flores,
compendias el amor de los amores
y ofrendas clorofila en tus praderas.

Detrás de tu fortín de enredaderas,
del pino a los eglógicos rumores,
te yergues entre luces y esplendores
tremolando impolutas tus banderas.

Al recorrer tus calles de leyenda
se siente que el pasado da su ofrenda
desde el hierro hecho malla en los balcones;

y me aspira el aliento de heroísmo
que heredó el encendido patriotismo
de tus probos e ínclitos varones.

VÍCTOR CACERES LARA

SE DECLARA CAPITAL DE HONDURAS A TEGUCIGALPA

El Poder Legislativo de Honduras, conociendo que es preciso nombrar Capital del Estado, para dar a las autoridades supremas establecimiento debido. Que este nombramiento se debe hacer por un Decreto o Acuerdo, siguiendo los principios adoptados de Legislación y la práctica de todas las Asambleas, porque es resolución esa determinada, y no regla que sirva a la generalidad de las acciones, que es la que caracteriza la ley. Que estos Decretos no pueden expedirse por las Cámaras separadas porque, excepto lo perteneciente a su régimen interior, la Constitución no les permite sino tramitar y dictar formalmente las leyes, a cuya clase este nombramiento no pertenece. Considerando, que a más de las circunstancias, la salubridad y moral pública, Tegucigalpa tiene la de ser en el Estado la población más grande en riqueza, relaciones, número de habitantes y recursos necesarios a las autoridades y a los particulares. Después de largas discusiones y examinar lo que el Gobierno ha objetado y todos los demás de tener presente y convino: el mismo Poder Soberano, en Asamblea General, ha tenido a bien decretar, y

DECRETA:

Artículo 1.º—Se nombra por Capital del Estado de Honduras a la Ciudad de Tegucigalpa, y por consecuencia residirán en ella las supremas autoridades Civiles, excepto la Sección de la Corte Suprema de Justicia que reside en Comayagua. También se trasladarán a la primera ciudad todas las oficinas dependientes del Gobierno Supremo.

Art. 2.º—Este, mientras lo exijan las circunstancias políticas, podrá residir en el punto que más convenga a la seguridad de los pueblos.

Art. 3.º—El mismo Gobierno, en cuanto sea posible, proveerá al Estado en dicha capital del edificio o edificios que las supremas autoridades ya citadas necesitan para sus respectivos despachos.

Dado en Cedros, en el Salón de Sesiones, a 22 de junio de 1849.—Felipe Jáuregui, D.P.—Carlos Herrera, D.S.—Ramón Mejía, D.S.

El Señor Presidente, en vista del presente Decreto, ACUERDA: se imprima y circule a los pueblos del Estado. Al Señor don Eusebio Orellana.

JUAN LINDO

DECRÉTASE TRASLADO DEL GOBIERNO A TEGUCIGALPA

Ministerio de Relaciones del Supremo Gobierno del Estado de Honduras — Comayagua, julio 19 de 1856.

Sr. Político del Departamento de.................

El Supremo Poder Ejecutivo del Estado, se ha servido emitir el decreto que sigue:

El Presidente del Estado de Honduras, con presencia de los sucesos ocurridos en la ciudad de León el 12 del mes próximo pasado que demandan la asistencia y cooperación de Honduras en la lucha emprendida entre aquel pueblo y sus opresores; deseoso de remover los obstáculos que se presenten a este respecto y considerando que la ciudad de Tegucigalpa es más adecuada por su inmediación y relaciones.

DECRETA:

Art. 1.º—Se traslada el Gobierno de esta capital a la ciudad de Tegucigalpa, y su salida tendrá lugar del 8 al 15 del mes entrante.

Art. 2.º—El tiempo de su traslación será el que fuese bastante a llenar los objetos expresados.

Art. 3.º—En consecuencia, el Administrador General de Correos, cada tres días, hará salir con propio de esta capital a la referida ciudad de Tegucigalpa la correspondencia que hubiese.

Art. 4.º—El Ministerio de Relaciones es encargado del cumplimiento de este decreto.

Dado en Comayagua, en la Casa de Gobierno, a 19 de julio de 1856. — Santos Guardiola. — Al Sr. Ministro de Relaciones, Lcdo. D. Francisco Medina.

Y lo comunico a U. para su inteligencia y efectos consiguientes; esperando me dé aviso de su recibo, y que admita mi particular afecto y distinguidas consideraciones.

MEDINA

GACETA DE HONDURAS,
Comayagua, 20 de julio de 1856.

SE DECLARA A TEGUCIGALPA, POR AHORA, CAPITAL DE LA REPUBLICA

MARCO AURELIO SOTO,
PRESIDENTE CONSTITUCIONAL DE LA REPÚBLICA DE HONDURAS,

A sus habitantes, sabed:
Que la Asamblea Nacional Constituyente ha emitido el siguiente:

DECRETO No.11
LA ASAMBLEA NACIONAL CONSTITUYENTE

Considerando: que la ciudad de Tegucigalpa reúne las condiciones y elementos necesarios de población y riqueza, para la residencia del Gobierno y de la Corte Suprema de Justicia y reunión del Congreso; que en ella se encuentra el almacén principal de guerra, la Casa de Moneda y la Imprenta Nacional, lo mismo que las oficinas centrales de rentas, telegráfica y de correos; por tanto,
DECRETA:
Artículo Único.—Se declara la ciudad de Tegucigalpa, por ahora, Capital de la República.
Dado en el Salón de Sesiones, en Tegucigalpa, a 30 de octubre de 1880.
Al Poder Ejecutivo.
Manuel Gamero, Presidente. Luis Bográn, Secretario. Jerónimo Zelaya, Secretario.
POR TANTO: Ejecútese.

Tegucigalpa, noviembre 2 de 1880
Marco A. Soto.

El Secretario de Estado en el Despacho de Gobernación, Justicia y Fomento., E. Gutiérrez

Y por disposición del Señor Presidente, imprímase y publíquese.-Gutiérrez.

Gaceta Oficial de la República de Honduras, No.94, Tegucigalpa,1880

LA EDAD DE TEGUCIGALPA

Con este título se ha publicado en la Revista Económica de esta ciudad, número 3, del 15 de octubre recién pasado, un artículo en el que se insertó el documento antiguo que a la letra dice:

"Sacra Católica Real Majestad, la ciudad de Valladolid del valle de Comayagua de la Provincia de Honduras como vuestros leales vasallos dicen que, así es, que la dicha ciudad es la más principal población que hay en la gobernación de esta provincia donde el perlado y catedral y de ordinario vuestro gobernador residen. Y habrá diez o doce años que, quince leguas de esta ciudad, se descubrieron unas minas de plata que se dicen Guasucarán y ahora tres años que se descubrieron otras que llaman de Tiguzigalpa que hay la dicha estancia y como estaban en la jurisdicción de esta ciudad tan cercanas a ella, vuestro gobernador y vuestros alcaldes ordinarios tenían la jurisdicción y el gobernador ponía su teniente. De tres años a esta parte vuestra Real Audiencia de Guatemala y vuestro presidente de ella proveyeron por Alcalde Mayor de minas a Juan de la Cueva y por sucesor a Juan Cisneros de Reinoso, de que ha habido y hay grandes inconvenientes, lo primero por haberle señalado seiscientos pesos de minas de salario como se podrá ver por las cuentas de vuestra Real Hacienda que se han llevado a vuestro real consejo y por encontrarse el gobernador y alcalde mayor que son iguales en jurisdicción excepto casos de minas y el alcalde mayor tiene jurisdicción fuera de las minas en la mayor parte de la jurisdicción de esta donde están poblados a cinco y a seis leguas y a cuatro hasta setecientos naturales casados, pocos más, poblados entre trece o catorce pueblos, los cuales y vuestros vasallos españoles padecen muy gran trabajo en tener dos cárceles en tan poca tierra y con tan poca gente y vuestro gobernador trae alguaciles y escribano, criados y gente y el alcalde mayor lo mismo, de que los naturales andan desasosegados por verse mandar de dos justicias y los españoles lo propio..."

Comentando este documento, el autor del artículo dice que encuentra contradicción entre su texto y su fondo, indicando que conforme al primero había razón para señalar la población de Tegucigalpa en 1578 y que si atiende al fondo, se verá que la población debió ser realizada en época anterior, tal vez la misma en que se descubrieron las minas de Guasucarán, de 1569 a 1571, fundándose para afirmar esto en que los gobernadores y alcaldes de Comayagua tenían la jurisdicción y el Gobernador ponía su teniente en las minas "hasta de tres años a esta parte", parte que es el año de 1581 en que se escribía la carta en cuestión.

No creo que exista la contradicción apuntada, porque claro se dice en el documento que "ahora tres años se descubrieron otras (minas) de Tiguzigalpa," y en cuanto a que el Gobernador ponía tenientes en las minas, esto se refiere a las descubiertas hasta allí, pues toda la Provincia de Honduras estaba regida por él, no siendo sino el descubrimiento de las minas de Tegucigalpa lo que dio lugar a que surgiera una nueva jurisdicción, que había de ser la de la Alcaldía Mayor de Tegucigalpa, creada por el Presidente de la Audiencia de Guatemala, Licenciado García de Valverde, luego de haber enviado una comisión a examinar estas minas.

Sobre la fecha en que se fundó Tegucigalpa, escribí en 1903 el siguiente artículo que figura como apéndice a mi estudio histórico "La Provincia de Tegucigalpa bajo el Gobierno de Mallol" que se imprimió en 1904:

LA ALCALDÍA MAYOR DE TEGUCIGALPA

¿Cuándo se fundó Tegucigalpa? ¿Cuándo se estableció su Alcaldía Mayor?

Hasta hoy no se ha podido responder a estas preguntas satisfactoriamente.

Es seguro que los documentos que obran en el Archivo General de Indias, en el de Simancas y en otros varios de España, darán la respuesta que se necesita; pero hay que ir allá y explorarlos, para lo cual se requiere contar con recursos propios o facilitados por el Gobierno, ya que la historia del país es obra de interés general.

Lo que hasta hoy ha podido averiguar el autor de este libro, es lo siguiente. Hernando Bermejo, Teniente de Gobernador y visitador en las provincias de Higueras y Honduras, por el ilustre señor Licenciado Alonso Ortiz de Elgueta, Gobernador por S.M. de ellos, recibió una solicitud de Lope de Cáceres, vecino de la ciudad de Valladolid del Valle de Comayagua, en que éste manifestaba tener necesidad de poner una estancia de yeguas en la Sacualpa Vieja del pueblo de Tapale. Serían ocho leguas del dicho pueblo; y quería tener allí unos garañones para su granjería y para ayuda a su sustento. Pidió, pues, que se le hiciera merced del dicho sitio y tierras. Bermejo hizo comparecer a los indios, les hizo entender la solicitud por intérprete, y ellos dijeron que no tenían necesidad de dicha tierra ni les causarían perjuicio las yeguas, y hasta podía el solicitante poner vacas, aunque éstas corren mucha tierra. Atento a esto, Bermejo, en nombre de S.M., hizo merced a Lope de Cáceres, en Agalteca, a 15 de abril de 1567, de dicha tierra y sitio, para que allí pudiera tener la estancia de yeguas y garañones, a condición de tenerla poblada en dos años de la fecha y de los siguientes años, para que fuera suya, de sus herederos y sucesores, porque, no haciéndolo y cumpliendo así, no habría merced, y se podría otorgar la tierra a otra persona. Cáceres podía vender y enajenar el sitio, como no fuera a iglesia ni monasterio, ni hospital, ni cofradía, ni a persona poderosa, salvo que fuera llana y abonada; y se le hizo la merced sin perjuicio de tercero.

El 1.º de agosto de 1756, Alonso de Cáceres, el fundador de Valladolid de Comayagua, Alcalde Mayor mandado por el Licenciado Alonso Ortiz de Elgueta, Teniente General de la provincia de Higueras y Honduras por el ilustre señor don Diego de Herrera, Gobernador y Justicia Mayor de ella por S.M., fue a la parte y lugar que le señaló Gregorio Muñoz, para poner a éste en posesión del sitio que había pedido, en señal de la cual se paseó por el dicho sitio, y cortó unas ramas y arrancó... etc.

En el Valle de Agalteca, de la ciudad de Valladolid, en 16 de septiembre de 1579, ante el Teniente Alonso de Cáceres por S.M. en estas provincias y ante Andrés de Rodas, escribano nombrado, se presentó una petición de Gregorio Muñoz, en que solicita éste cuatro caballerías en el valle de Siria, riberas de un río grande, para sembrar maíz. Estas caballerías, que no estaban sembradas y eran tierras yermas, se medirían desde donde los indios solían sembrar junto al paso viejo del río, hasta el lugar de dicho río por donde se pasaba a la vega en que estaba el hato de Muñoz. Se mediría para arriba y para abajo.

En estos días, pues, aparece como capital o cabecera de partido Agalteca, y nada se habla de Tegucigalpa.

En una carta de 18 de octubre de 1901, don Pedro Torres Lanzas le dice del Archivo de Indias de Sevilla a mi estimado amigo don Enrique Roger:

"Con respecto a Tegucigalpa, he encontrado lo siguiente: Dos cartas del Presidente de Guatemala, hablando de la riqueza de las minas de Tegucigalpa, y dice proveyó de un Alcalde Mayor para aquellos asilos de minas, que lo fue don Juan de la Cueva, pero no dice la fecha de la provisión.[1]

(La fecha de la provisión, expedida por el Lic. Valverde a favor de Juan de la Cueva, es de 22 de junio de 1579).

En carta de la ciudad de Valladolid de Comayagua, de 17 de abril de 1581, se dice que "hace tres años se descubrieron las minas de Tegucigalpa y que la Audiencia proveyó por Alcalde Mayor a don Juan de la Cueva hará tres años"."

Don Francisco Albert, procurador en Guatemala del Noble Ayuntamiento de Tegucigalpa, para solicitar en nombre de éste que se restableciera la Alcaldía Mayor suprimida en 1788, dice, entre otras cosas:

"En Choluteca, la villa de Jerez, su cabecera cerca de un siglo más antigua que la de Tegucigalpa, y, en tiempos anteriores, de mayor riqueza que ésta y la capital de la Intendencia, se halla al presente en el mayor grado de atraso."

Y la villa de Jerez de la Choluteca se fundó en 1534, siendo su título de villa de 1585.

El Presbítero Doctor don Antonio R. Vallejo, en su importante Anuario Estadístico de Honduras de 1889, dice que, en años anteriores, leyó un documento del Archivo Nacional, escrito en octubre de 1795, con motivo de la demarcación de los límites jurisdiccionales de la villa de Tegucigalpa, que se habían traído a la vista los autos de erección del Real de Minas, cuyo nombre conservó hasta 1762, su mapa y la Real Cédula en que se le dio el título de villa. Pero no encontró esos documentos y posteriormente supo que los tenía en su poder un extranjero, don John D. Merieles. Habiéndose dirigido a este por telégrafo, le contestó que en Juticalpa había obtenido los documentos, pero que se los habían hecho pedazos.

El señor Vallejo añade:

"No se sabe, pues, de un modo positivo el día y el año en que se fundó el Real Minas: con todo y aunque nosotros creemos que es una temeridad histórica fijar fechas sin que consten en documentos originales y auténticos, nos atrevemos a afirmar que Tegucigalpa fue

---

[1] Este documento puede leerse en el Archivo de Indias de Sevilla.

fundada en 1579, porque en estos años, como en los siguientes, se hicieron importantes descubrimientos de ricos minerales en los Cerros de San Marcos, Agalteca, Tegucigalpa, Santa Lucía y Apasapo, que así se llamó el antiguo pueblo de los aborígenes de Aramecina".

Esta conjetura del señor Vallejo casi coincide con los datos anteriores.

Mientras este punto se aclara del todo por las investigaciones que, tarde o temprano, han de hacerse en los archivos de España, el autor de este libro ha formado, aunque incompleta, una lista de los Alcaldes Mayores de la provincia de Tegucigalpa, empezando por el que indica el Jefe del Archivo de Indias de Sevilla, no obstante la jurisdicción ejercida por Hernando Bermejo y Alonso de Cáceres, pues ésta fue a nombre de Comayagua.

En el artículo de la Revista Económica a que me refiero, se dice que el 10 de junio de 1762 dio Fernández de Heredia el título de Villa a Tegucigalpa: no fue el 10 sino el 18, como lo relato en una página de Historia que aparece en otro lugar de este número (página 648), [2]dato que he tomado cuidadosamente de los documentos respectivos que se conservan en nuestro Archivo Nacional.

Tampoco es exacto, como se dice en el artículo, que la población se haya llamado Minas de Tegucigalpa, a pesar de los documentos que se citan: este nombre se refiere a la jurisdicción de la Alcaldía Mayor, de que Tegucigalpa era la cabecera, jurisdicción que comprendía lo que hoy forman los departamentos de Tegucigalpa, El Paraíso, Choluteca, Valle y parte del departamento de La Paz (el distrito de Aguanqueterique).

El nombre de la población fue el de Real de Minas de San Miguel de Tegucigalpa, hasta que obtuvo el título de Villa. Véase respecto la Real Cédula en que se ratificó la concesión del título, que fue inserta en el número 16 de la Revista del Archivo y de la Biblioteca Nacional de Honduras, del 25 de junio de 1906: tomo II, página 481 a 485.

Por lo demás creo, con el autor del artículo, que ha de ser encontrado un día el documento en que conste la fecha en que se pobló Tegucigalpa. Dada la costumbre que tenían los españoles de señalar lugares con el nombre del santo del día en que descubrían o

---

[2] Es el No. 11 de la Revista de la Universidad, correspondiente al 15 de noviembre de 1909.—Tomo I.

fundaban, ¿no será de presumir que el descubrimiento de las minas de Tegucigalpa haya sido el 29 de septiembre de 1578, ya que dieron a la población el nombre de Real de Minas de San Miguel de Tegucigalpa?[3]

Revista del Archivo y Biblioteca Nacionales, Tegucigalpa, D.C., Tomo XI, 1932, No. I y II

RÓMULO E. DURÓN

---

[3] A este propósito, el autor del presente artículo dice en el Bosquejo Histórico de Honduras, que publicó en San Pedro Sula en 1927, página 32: "Dada la costumbre que tenían los españoles de señalar lugares con el nombre del santo del día en que descubrían o fundaban, es de presumir que el descubrimiento de las minas de Tegucigalpa fue el 29 de septiembre de 1578, y esta es la fecha inicial de la fundación de la ciudad. Y a esto hay que tener presente que San Miguel es el patrono de Tegucigalpa". Así es que en 1579, cuando vino Juan de la Cueva, ya había sido fundada por los descubridores de las minas.

TEGUCIGALPA

La notable ciudad de Tegucigalpa, en el país de Honduras, es, sin duda, de los primeros tiempos de la Colonia. Pero sus orígenes están velados de sombra, insertos en un agradable misterio. Es como los orígenes de la poesía homérica, que no se sabe en qué primera islilla del Egeo se cantó, ni si fueron varios los aedas o uno solo, maravilloso; ni la ciudad natal de este mismo poeta, ni si fue uno, que descubría su cítara al sol como en reto al mismo Apolo. A la manera de los comienzos oscuros de algunos hombres, que luego viste la fama, Tegucigalpa es del Quinientos. Pero, ¿quién sabe la fecha, que no sea cálculo de erudito? No hubo capitán con pomposo penacho, ni acta en letra curva de escribano, ni rollo de jurisdicción clavado a canto de trompeta. En la carta que se le otorga a la Villa de Valladolid de Comayagua, el 17 de abril de 1581, se declara que ya hacía tres años que se descubrieron las minas de Tegucigalpa, y entonces, en ese año del 81, se proveyó por alcalde mayor del poblado minero a Juan de la Cueva, con nombre de poeta, pero con ánimos completamente alcaldescos, que, naturalmente, ignoran la poesía.

El supuesto de la fundación de Tegucigalpa es que tuvo nombre, a la vez que tenía vida, en el año de 1579, y era el de Real de Minas. Las minas atrajeron a los exploradores. Hicieron los exploradores rancho y vivaque. El poblado aparece luego, cuando el explorador errabundo se hace inmediatamente sedentario, porque tiene su riqueza incrustada en un paraje arbitrario del planeta. El que quiso la suerte. Pero él es ya de allí. Ubi bene ibi patria. Son de una amable seducción poética estos poblados, que no obedecen a razón de gobernante, ni a inspiración altiva del fundador, más que los fundó la coherencia azarosa de los apetitos económicos.

Estas fundaciones, que el mismo ímpetu asociativo de los hombres en busca del lucro produce, tienen mucho del bullicio original de la selva, en que no hay regularidad simétrica para los apresurados tallos, ni viales concertados, y cada uno busca el agua, no al borde del arroyo, sino con el serpenteo capcioso y subterráneo de sus raíces; y, a pesar de este furor de vida de cada individuo vegetal, la asociación necesaria, el compuesto selva, existe, sin creerlo cada uno que lo buscaba y, empero, buscándolo cada uno. Allá va el minero, movido sólo por su egoísmo; allá van los arrapiezos de su familia, como monos golosos, por si encuentran oro o plata; la mujer del vivaque, la cantinera que hace de todo, lo sigue. Lo siguen otros. Luego son muchos agregados egoísmos, y una especie de pacto o contrato, por el que los egoísmos se limitan, acaba de originarse, y es algo como el pacto social de Rousseau, porque no acaece entre los hombres en estado de naturaleza, que es quimera que en estado de naturaleza tengan los hombres discernimiento para pactar, sino que son civilizados que van a la naturaleza. Es muy distinto ir, como Livingstone, a buscar salvajes llevando la Biblia bajo el brazo, que ser el salvaje mismo. Así nació Tegucigalpa, por espontánea adición de egoísmos. Tenía alcaldes ya en el siglo XVI. En larguísimos años los tuvo; en ninguna parte es más urgente la presencia de un alcalde con su vara de justicia y teniendo el verdugo a mano, que allí donde los hombres sobrevenidos se disputan cuál ha de arañar primero la veta de metal.

Era poblado conocido. No era, empero, en buena composición jurídica, una reconocida villa. Fue declarada villa ya muy adelante del siglo XVIII, cuando en el año de 1762 el alto caballero don Alonso Fernández de Heredia, que era presidente de la Audiencia de Guatemala, administradora de todos estos territorios, se sirvió constituir el Real de Minas de Tegucigalpa en Villa de Concejo y escudo comunal. Don Alonso Fernández de Heredia, con esa rutina cansada e indiferente del gran funcionario, que ve papeles y más papeles, y los firma con la seguridad perfecta del autómata, contemplaría el espacio de su salón, bien cargado de velludos –pues era uso: a más aldea polvorienta, mejor estrado para el prócer gobernante–, tomaría la pluma y vagamente diría:

"El Real de las Minas se hace villa. Verdaderamente me complace estampar mi firma en este proveído".

Y lo diría con el ánimo ancho, porque era, sin duda, gran caballero. Luego pasaría a conocer de autos y autillos, ciertamente penosos, con su paso de cabalgaduras cansinas. Y todo mezclado a sus irremediables bostezos. Ya el Real de Minas era villa, casi a los dos siglos de haber sido poblada. No se acordaría más en todo el día, ni en la noche, el señor Heredia, con todas las quimeras irreales que rondan la fatiga del sueño próximo, de que hubiera tal villa sobre la faz del planeta, ni que él hubiera puesto aquella firma, en nombre de Su Majestad. Y la fortuna tapiza el mañana con sus velos opacos, sin dejar rendija por la que se vea estrella. ¿Qué búho agorero, hijo de la fortuna y de la sabiduría, hubiera declarado entonces al señor de Heredia que acababa de dar corporeidad jurídica de villa nada menos que a una futura capitalidad nacional?

Lo más temible de nuestros actos baladíes –en el caso del señor de Heredia, lo más feliz– es que ellos tendrán consecuencias, acá, allá, errabundas, en la miseria o en la fortuna, que hasta las acciones más insignificantes vienen llenas de posibilidades y nosotros no podemos ni sospecharlas...

Vida de los navegantes, Conquistadores y Colonizadores Españoles de los Siglos XVI y XVIII, Editorial Aguilar, S.A. de Ediciones Madrid.

RICARDO MAJO FRAMIS

ETIMOLOGÍA DE TEGUCIGALPA

La discusión que sobre el origen de la palabra Tegucigalpa ha promovido el investigador guatemalteco, señor Flavio Rodas N., se ha formalizado con las opiniones que, a solicitud mía, acaban de formular dos hombres de estudio mexicanos, de clara reputación, los señores Licenciados J. Ignacio Dávila Garibi, catedrático de Náhuatl en la Universidad Nacional, y el Profesor Alfredo Barrera Vásquez, fundador y Director del Museo de Etnografía, Arqueología e Historia de Yucatán.

Quiero señalar dos hechos que deben ser tomados en cuenta para la solución de este problema etimológico: el término "Totogalpa" hace referencia a "tototi" (pájaro, en náhuatl), y "Toncontín", a poca distancia de Tegucigalpa, señala el "tocotín", otro nahuatlismo indiscutible, que se refiere a un baile de los indios mexicanos.

Van a continuación las opiniones que permitirán poner en orden esta discusión interesante.

R. H. V.

"Efectivamente, aquí en México, se tiene la creencia de que el vocablo Tegucigalpa es de origen azteca, pero las etimologías que se le han dado no son muy claras. La que me parece mejor es la que le da Peñafiel en su Nomenclatura Geográfica, página 250. Él descompone el nombre de este modo: Tecutli-calpan, pero conforme a las reglas de la composición en náhuatl, al quedar el vocablo techuhtli subordinado al regente calli, debió perder el sufijo formativo tli, si bien en casos excepcionales se conserva este en calidad de enlace eufónico.

Por otra parte, no conozco otros toponímicos nahuas, por adulterados que estén, en los cuales tli se haya convertido en ci.

Yo me inclino a creer que varios toponímicos centroamericanos, aunque tienen apariencia de nahuas, reconocen otra procedencia lingüística.

Yo no he estudiado la lengua quiché y no podría decirle si la interpretación que del vocablo Tegucigalpa ha hecho el distinguido filólogo, don Flavio Rodas N., es correcta.

Su estudio me parece juicioso y fundado, no solamente en razones lingüísticas, sino también históricas. Sin embargo, esta etimología tampoco me parece demasiado clara, quizá por mi ignorancia en lengua quiché, pues no me explico por qué "venerables", que en la estructura de la palabra está inmediatamente después de "cerros", no se le concuerde con este sustantivo, sino con otro muy distante: ´padres´". – J. Ignacio Dávila Garibi.

Leí el artículo del señor Flavio Rodas N. sobre la etimología maya de Tegucigalpa y sinceramente creo que está demasiado hechiza. Conozco poco de lo que se haya escrito sobre el nombre de la capital de la República de Honduras, pero a mí me suena a puro náhuatl. No sé de dónde se ha sacado que Tegucigalpa significa "cerro de plata", pero en cuanto que sea un nombre quiché, con el significado de "la región de los cerros de los venerables ancianos", será muy poético, pero no tiene bases suficientes para ser verdad. Según lo que sé, la región del Valle de Tegucigalpa nunca fue ocupada por los mayas y hasta ahora no se han hallado vestigios arqueológicos que lo prueben. E. T. Hamy (1896 y 1898) describe algunos objetos hallados en el Valle de Choluteca, de los cuales dos parecen haber sido mayas (con seguridad una cabeza estilo de Copán, cuya fotografía publicó), aunque él las relacionaba con Nicaragua. De los otros objetos –dos metates cóncavos– parecen haber provenido de la región chorotega de la bahía de Nicoya (Costa Rica) y una cruda escultura de figura humana con los brazos al pecho, no puede decirse nada acerca de su probable origen por no haber ni fotografías ni descripción de algún detalle que pudiera servir para identificarlos. De todos modos, el hallazgo, de ser verídico, prueba que, cuando menos, llegaron al Valle de Tegucigalpa objetos de la cultura maya procedentes de la región noroeste, donde esta cultura sí floreció, como llegaron también objetos del sur y de algunas otras regiones. El hallazgo de una o dos piezas de arte maya, en contraste con la falta de monumentos arqueológicos en el valle, indica que aquellas fueron transportadas y no hechas en la región. La única referencia conocida de construcción arquitectónica es la del minero norteamericano W. V. Wells (1857), quien, de camino desde Tegucigalpa rumbo a Olancho, por el camino de Talanga, y después de cruzar el río Ilamapa, continuó una legua al norte, donde halló una como cueva, "apparently by an extinct race. The stones of granite are laid regularly as by the hands of architects. Within these are squared blocks, overgrown with shrubbery...". El dibujo que ilustra su descripción muestra un edificio más que una cueva, que según de quien tomo esos datos, recuerda los templos de Utatlán... although the temptation to ascribe the latter to the activities of... on account of its location beyond the borders of what is a non-Maya people is very strong, generally supposed to be the Maya area".

Es también verdad que no se han encontrado vestigios de cultura mexicana en Tegucigalpa y no sé que se hubiesen encontrado junto a los numerosos lugares que llevan nombre claramente náhuatl en Honduras.

Conozco la etimología que da Alberto Membreño: para éste, Tegucigalpa significa: "En las casas de las piedras puntiagudas", y deriva este significado de lo que significan los elementos en que descompone el nombre que toma como de origen "azteca". Los elementos en que hace la descomposición son tetl, "piedra"; huiztli, "espina"; calli, "casa" y pan, "en". En efecto, te puede ser la forma incluida de tetl, como hay muchísimos ejemplos en la toponimia de México, y las dos últimas sílabas pueden también venir de calpan (calli, pan), como en el nombre de Nauhcalpan, "en las cuatro casas". Lo que no parece muy claro es que guci sea una variante de huiztli (huitz en forma incluida). Yo sólo quiero mencionar que Tecuztic significa "piedra amarilla", pero no sabría decir si en el nombre de Tegucigalpa está presente el adjetivo "amarillo" (cuztiz cruz en forma incluida). Aunque Membreño dice que en 1536, D. Pedro de Alvarado consigna en el Repartimiento Teguycegalpa; Fray Alonso Ponce escribe en su relación Tegucigalpa (circa 1588).

El señor Rodas hace quiché a Tegucigalpa, descomponiéndolo así: teguitzkalpa. Dice que te se deriva de kate, un término reverencial para ancianos; que guitz está compuesto de gui e itz, siendo el primero "cumbre, periferia, superficie, cima, extremo, vértice, pelo y todo elemento que cubra una superficie", y el segundo significa "magia, sortilegio, todo lo que tiene procedencia u origen divino o sobrenatural"; que kal viene de kakai, "lo que se adora" y que pa es lo mismo que pan, que significa "región, espacio especial con determinados límites", y además, "bandera como símbolo de la Patria". "En toda la toponimia maya que conozco, te es un locativo; guitz o guitz, es montaña a secas y es un solo morfema. Los otros dos elementos, kal y pa podrían significar muchas otras cosas con un poco de buena voluntad. También, te podría ser clasificador numeral, como en el nombre Bolonteuitz, que aparece en el Chilán Balán de Chumayel y que parece ser el nombre maya de las Salinas de Nueve Cerros, pero solo en posición incluida y no inicial. No sé si el señor Rodas podría citar otros ejemplos en los que apareciesen los mismos elementos morfológicos en nombre del lugar.

"El señor Rodas termina diciendo que el nombre alude, "sin duda alguna a especial región donde los patriarcas chortis tendrían sus templos o sus altares sobre la cumbre de los mencionados cerros". Pero ni de los chortis ni de ningún otro grupo maya sabemos que hubiesen poblado las montañas que rodean Tegucigalpa y menos el monte Zapuzuca a cuya base se encuentra.

"La influencia náhuatl en Centroamérica fue tan fuerte, que no solamente se nota en los nombres de lugar sino también en nombres de plantas, de animales y de muchos elementos culturales. Cuando Fray Alonso Ponce visitó Honduras, halló en la misión de Comayagua, indios de lengua mexicana y muchos animales con nombres de esta lengua. Estos nombres persisten aun hoy". – Alfredo Barrera Vásquez.

LO QUE DICE RODAS

"Aunque hasta la fecha desconozco la topografía de los aledaños donde actualmente se encuentra situada la capital de la República de Honduras, para intentar un estudio sobre su etimología, solamente tengo que hacer uso de mis estudios del idioma quiché y de sus dialectos derivados, que como el chortí, tienen un mismo origen mayense.

También debemos tener en cuenta las corrupciones que en el transcurso del tiempo y del espacio han venido sufriendo la mayor parte de los nombres primitivos autóctonos, especialmente los de carácter toponímico, y con los cuales se designaban las regiones más importantes de estos países habitados por descendientes de los antiguos maya-quichés. Bajo estos conceptos creo, pues, que el primitivo nombre de Tegucigalpa debe de escribirse por Teguitzkalpa o Teguipzkalpam, y teniendo en cuenta también que tanto en el idioma quiché y otros idiomas y dialectos derivados del maya, su formología gramatical es esencialmente monosilábica aglutinante, el referido nombre de Teguitzkalpa, la exégesis de su etimología la describiré como sigue:

Te, se deriva de kate, con cuya expresión, desde la más remota antigüedad los maya-quichés y sus descendientes, citaban el de sus patriarcas como padres y madres de la raza. Hasta la fecha, los nativos kichés y cakchiqueles, bajo este nombre de kate, saludan a los ancianos venerables; pero cuando se trata de expresar la dualidad de anciana y anciano, los designan con la sola palabra de te o tek.

Guitz se deriva de: gui o itz. Gui en quiché y en casi todos sus dialectos derivados significa: "cumbre, periferia, superficie, cima, extremo, vértice"; fisiológicamente significa también "pelo y todo elemento que cubra una superficie". Itz, con sus declinaciones de atz, etz y otz, significa "magia, sortilegio, todo lo que tiene procedencia u origen divino o sobrenatural". Los chortís así lo llamaron y siguen llamando a los cerros bajo el nombre de guitz.

Kal, se deriva de: kakal, que significa: "lo que se adora, lo que se venera con amor o fe ardiente". En la novena tradición del Manuscrito de Chichicastenango, Popol Buj, en el versículo 86, se cita el pin zom kakal, o sea, la sagrada envoltura inconsútil que los cuatro capitanes mayas dejaron a sus descendientes como un recuerdo de sus enseñanzas venerables.

Pa, en este caso no debe interpretarse gramaticalmente como preposición sino derivado de pam, que significa: "región, espacio especial con determinados límites, y como por antonomasia a este concepto, bajo el nombre de pan, los antiguos mayas y sus descendientes así llamaban a la bandera como símbolo de patria.

Con las anteriores interpretaciones de los monosílabos del nombre de Teguiazkalpa, su etimología significa: La región de los cerros de los venerables ancianos, refiriéndose, sin duda alguna, a especial región donde los patriarcas chortís tendrían sus templos o sus altares sobre la cumbre de los mencionados cerros. Hasta la fecha, casi todos los nativos mayas-kichés y sus hermanos de raza, sobre las cumbres de los cerros en donde van a depositar sus oraciones espirituales y sus ofrendas de un pom sagrado y sus flores de aromas especiales, y a cuyos antiguos altares, equivocadamente, los blancos llaman vulgarmente "brujería".

RAFAEL HELIODORO VALLE

TEGUCIGALPA DURANTE EL PERIODO COLONIAL

No se sabe a ciencia cierta desde qué fecha se principió a poblar lo que más tarde recibiría los nombres de Real de Minas de Tegucigalpa, Villa de San Miguel de Heredia y finalmente Tegucigalpa.

Es probable que en la década de 1550 a 1560 los habitantes de Comayagua hayan recorrido y encontrado vetas de plata en las montañas de Tegucigalpa y que desde esa época se haya iniciado una incipiente explotación minera en el área.

Según documentos fechados en 1589 en Comayagua y contentivos de informes de los oficiales reales se hace saber al monarca español que desde doce a quince años se descubrieron minas de plata en los cerros de Tegucigalpa, las que tenían una escasa producción por falta de azogue, dinero y mano de obra. Es decir que de 1574 a 1577 gran número de mineros estaban dedicados en pleno a la explotación minera y al laboreo de la plata, según los mencionados documentos cuyos originales hemos tenido a la vista en el Archivo de Indias de Sevilla.

Por ser un Real de Minas el poblado no tuvo una fundación formal como aconteció con Trujillo, Gracias, Comayagua y Choluteca, cuyos trazados originales se conservan con muy pocas variantes hasta nuestros días. Tegucigalpa nació al azar, con casas al pie de la montaña, a la orilla del río y en la parte más alta del cerro de La Leona, que habitaban mineros, comerciantes y esclavos negros que trabajaban en las minas. En el siglo XVIII los Alcaldes se preocuparon por el ordenamiento urbanístico del pueblo dictando una serie de medidas sobre las calles y las plazas y la importancia minera del área obligó a las autoridades de la Real Audiencia de Guatemala a crear la Alcaldía Mayor de Tegucigalpa desvinculada política y administrativamente de la Gobernación de Comayagua y sólo dependiendo en materia religiosa del Obispo de Comayagua.

A principios del siglo XVII el Real de Minas de Tegucigalpa, convertido en uno de los centros de riqueza más importantes del Reino de Guatemala, tenía un crecido número de familias españolas dedicadas a la minería y al comercio.

El poblado tenía una iglesia parroquial dedicada a San Miguel Arcángel, el convento de San Diego perteneciente a la Orden de San Francisco y el convento de La Merced perteneciente a la Orden de los Mercedarios, cada uno con una iglesia construida con nobles materiales.

A finales del siglo XVII fueron incorporados a la Alcaldía de Tegucigalpa el Curato de Choluteca y la Guardianía Franciscana de Nacaome, regiones estas de una gran riqueza argentífera, particularmente el mineral del Corpus, de donde se extraía oro y plata.

Al ser creada la Alcaldía Mayor de Tegucigalpa los Quinientos Reales que se pagaban por la extracción del metal y las alcabalas que se pagaban como impuesto por mercaderías pasaron directamente a la Casa Real de Guatemala, en donde se amonedaban las barras de plata enviadas por Tegucigalpa.

A mediados del siglo XVIII el pueblo de Tegucigalpa era, después de León en Nicaragua, y Comayagua en Honduras, la más rica población del Reino de Guatemala y la que tenía el costo de vida más alto de todas las de Centro América. Todos los Alcaldes Mayores se quejaban de sus bajos sueldos y de los crecidos precios de los víveres y de los alquileres de las viviendas. Cuando el Gobernador Heredia visitó Tegucigalpa se dio cuenta que era una de las más hermosas ciudades del área, con casas de dos pisos habitadas por hacendados, ricos comerciantes y propietarios de minas. En razón de lo anterior y ante los oficios interpuestos por los miembros del Cabildo se ascendió el Real de Minas de Tegucigalpa a la categoría de Villa de San Miguel de Heredia de Tegucigalpa. En ese tiempo se construía un nuevo templo parroquial bajo la dirección de arquitectos guatemaltecos y se levantaban dos iglesias novísimas, la de la Inmaculada Concepción a un costado de La Plaza y la Iglesia de los Mulatos y los Pardos en el Barrio Abajo, bajo la advocación de Nuestra Señora de Los Dolores.

Nuevos descubrimientos argentíferos en el área permitieron el establecimiento de nuevos comercios. Ante las constantes demandas de los moradores apareció en Tegucigalpa el grupo artesanal constituido por plateros, carpinteros, albañiles, tejeros y ladrilleros, arribando también a la villa artistas de Guatemala y Comayagua que pintaban y esculpían obras de tipo religioso para las iglesias y particulares.

La producción de plata iba en aumento y quejándose los mineros de los gastos que implicaba llevar sus lingotes hasta Guatemala, en 1780 se ordenó la compra de un solar baldío de una manzana de extensión para construir la Real Casa de Rescates, llamada posteriormente Casa del Cuño, ubicada en el edificio en donde ahora se encuentra la Tipografía Nacional. La construcción de la obra se terminó en 1782, informando don Joaquín José de Posadas, Administrador de la Real Casa, que de Comayagua llegaron veinte mil pesos, agregando que la plata introducida en la Casa de Rescates dio ese año tres mil quinientos pesos del Quinto que correspondió a particulares para labrar sus vajillas de plata, manifestando además que fueron trasladadas a Guatemala setenta y siete barras de plata para ser amonedadas, con un valor de setenta y cuatro mil cuatrocientos setenta y cinco pesos, seis reales y veinte maravedíes.

El período de mayor prosperidad de Tegucigalpa fue de 1750 a 1780, pero a partir del año mencionado una serie de calamidades diezma la población, llega la viruela y las fiebres tercianas y para 1800 no hay una sola familia de la villa que no lamente la muerte de una o varias personas. Las minas se inundan y faltan brazos para ponerlas de nuevo en funcionamiento y, en vísperas de la independencia, la Casa de Rescates sufre desfalcos y las entradas de plata, que no dejaban beneficio, apenas alcanzaban para pagar los sueldos de los empleados.

Pocos años antes el último Alcalde Mayor, don Narciso Mallol, construye el puente que lleva su nombre para unir Tegucigalpa con el pueblo de indios de Comayagüela.

Tegucigalpa, a finales del XVIII y principios del siglo XIX, compite económicamente con Comayagua, la capital, lo que da una idea de lo productivo del suelo y del trabajo creador de sus pobladores.

La población de Tegucigalpa según un censo levantado por la Diputación Provincial en 1820 era de 6,547 personas, de las cuales una mitad era de comerciantes, pardos ricos propietarios de minas y mulatos y la otra mitad estaba formada por mestizos e indios dedicados a las labores del campo. Componían la élite dominante de la ciudad setenta familias españolas criollas que dirigían los destinos económicos, políticos y culturales de la villa hasta que se firma el Acta de la Independencia, el 15 de septiembre de 1821.

En 1822 los Oficiales Reales informan a Guatemala que los miembros del Cabildo sustraen barras de plata para cubrir con su venta los sueldos de los empleados de la corporación municipal y de las tropas militares, cuyos gastos debe pagar el Estado. La Casa de Rescates tiene sus arcas exangües y la plata se dilapida en la creación de gran número de puestos públicos y militares, lo que hace que don Dionisio de Herrera, Jefe del Estado, ordene la supresión de la Real Casa de Rescates, con el consiguiente perjuicio para el Cabildo de Tegucigalpa.

La ciudad entra en un estancamiento económico que dura medio siglo. Convertida Tegucigalpa en capital de Honduras, las minas de plata entran nuevamente en un período de actividad, cuyos beneficios no quedan en poder de los hondureños sino de las grandes corporaciones internacionales.

MARIO FELIPE MARTÍNEZ CASTILLO

¿DE DÓNDE VINIERON LOS PRIMEROS COMAYAGÜELAS?

Para los historiadores ha sido difícil aportar pruebas contundentes sobre los primeros pobladores de Comayagüela, existiendo varios posibles orígenes. Se sabe que durante siglos, antes de llegar los españoles, tribus lencas ocuparon el interior de nuestro país, y, específicamente como dueños de la zona donde hoy se encuentra la ciudad gemela de Tegucigalpa, la región era denominada Pueblo Abajo o Barrio Abajo. Se dice que Comayagua tuvo mucho que ver con su nombre y origen, opinando algunos que Comayagüela es un diminutivo que indica "Comayagua la pequeña". Sobre el tema de la nominación es bueno recordar que el cosmógrafo español De Velasco en 1575, al dar la nomenclatura de las poblaciones tributarias de Honduras llama a esta ciudad "Comayagüa de los indios".

En la antigua ciudad de "Comallahua" (o lugar de muchos cómales), ha existido la creencia de que los aborígenes de un arrabal llamado Geto vinieron a establecerse después de la Conquista a esta comarca; mientras otros sostienen la procedencia de Lejamaní, pueblo indio de aquel valle, asentado en las agrestes montañas de la Sierra, Departamento de La Paz; opinan que los inmigrantes pertenecían a la Encomienda de un español de la familia De Cáceres, descendiente por el lado paterno del Capitán Alonso Cáceres, fundador de Comayagua y jefe expedicionario destacado por el Adelantado Montejo -residente en Gracias- contra las huestes del Cacique Lempira; el encomendero los hizo venir reuniéndolos en el paraje que denominó Pueblo Abajo para suplir mano de obra faltante en las minas de Santa Lucía.

En 1590, siendo Gobernador de Honduras o Higueras Don Rodrigo Ponce de León, se menciona que Lope de Cáceres Guzmán, encomendero de Tegucigalpa y Comayagüela, estuvo en la medición de Su Pelecapa o Supilicapa (hoy Hato de Enmedio), hecha a favor de Dn. Carlos Ferrufino, español de estas minas. Se deduce entonces que los indígenas, en suficiente número, poblaron el sitio, a mediados del siglo XVI.

Quienes se inclinan por la ascendencia de Lejamaní encuentran un fuerte nexo en la tradición del "guancazgo" entre las dos Vírgenes de ambos pueblos; todavía en 1900 venía la Virgen Dolorosa de Lejamaní y la visita era correspondida al año siguiente por la Virgen de Candelaria de Comayagüela. En el Archivo Municipal de Comayagüela (que lamentablemente se perdió hace algunos años por el descuido a que fue sometido en un cuchitril del hoy Palacio Municipal del Distrito Central), había documentos que confirmaban con detalles esta vieja costumbre, y dice el Maestro e historiador don Inés Navarro en su libro "Datos Históricos y Geográficos de Comayagüela", (Tip. Ariston, 1900), que a ambos pueblos no los detenían ni los rigores del invierno para cumplir la tradición. La festividad se celebraba por septiembre u octubre, hasta que una violenta crecida del Río del Hombre, camino de Comayagua, casi arrastra a la Patrona de Lejamaní y su numerosa comitiva, por lo que hubo que trasladar la celebración a febrero, durante la estación seca.

A principios de este siglo los ancianos del barrio La Cuesta recomendaban a sus descendientes seguir tal costumbre si querían vivir felices, pues cierta vez que no se cumplió, una peste cruel diezmó enormemente la población.

Entre los cuesteños se señalaba a Jano, Departamento de Olancho, como el sitio de sus antepasados; narraban que cerca de allá hay una montaña llamada La Chorrera de donde brotaba un hermoso río, navegable en parte, tributario del caudaloso Aguán. Como los xicaques se robaban a los niños que iban a traer agua, el Rey, para proteger a los janeños, ordenó trasladarlos al interior del país; la población se bifurcó en el tránsito, asentándose unos en Lejamaní y otros en el cerro de Jutiapa, extendiéndose luego hasta el lugar llamado El Toncontín ("Toncontín" es una danza indígena antigua y sagrada que todavía bailan los indios de Yucatán); y que tal predio pertenecía a Dn. Jesús Estrada; de allí poblaron La Cuesta y cubrieron la margen izquierda del Río Choluteca donde se asienta hoy Comayagüela. En 1900 todavía existían cerca de Jano, los vestigios de un pueblo llamado "Comayagüela viejo". Se hace necesario mencionar aquí otra versión que incluye a un Coronel Domezain quien se internó en La Mosquitia apresando a 500 habitantes, con los cuales se dice fundó Comayagüela.

Los nombres geográficos de la ciudad en referencia sí pueden ubicarse en el origen náhuatl o mejicano: "Cucuterique" (hoy las Crucitas) significa cerro áspero; "Sipile" agua del sipe; "Camaguara" agua amarilla. Los cuesteños llamaban al burro "quinicho" que en mejicano significa ratón; "to-to-ques" denominaban a sus antiguos caciques; "tapianes" a los criados del Alcalde Mayor; "mazaguales" llamaban al pueblo plebeyo.

En cuanto a su iglesia, construida entre 1788-96, el mismo historiador Inés Navarro afirma que fue precedida por una ermita, en solares de la casa Agurcia (2a. avenida, No. 47) después utilizados para camposanto; la construcción propiamente dicha comenzó cuando, por disposición del gobierno, el cementerio fue trasladado al pie de Las Crucitas; la Municipalidad de Comayagüela en 1858 obtuvo la donación del terreno donde estuvo la antigua ermita y la Corporación y vecindario traspasaron su posesión, por servicios prestados, al benemérito Presbítero Alejandro Flores.

Es interesante consignar los maestros de artes y oficios y operarios que participaron en la construcción de la iglesia: el pintor José Miguel Gómes; los herreros Sixto Bustillo y Juan José Carías; los canteros Manuel Alvarado y J. Ramón Aquino; el calero llamado Martín y el maestro albañil Teodoro; como oficiales y operarios Juan José Aquino, Juan Benito Flores, Francisco Cortés, Tomás Vivas, Andrés Santos, Martín Valladares, José María Juanes, los hermanos Claudio, Vicente, Felipe y Juan Anselmo Vargas. Todos hicieran el trabajo ganando 3 reales diarios y casi siempre se les pagó con las cosechas obtenidas de las siembras de la comunidad; en uno de tantos años se gastaron 18 fanegas de maíz, y de valores en metálico sólo se conoce una orden librada por Andrés de Cepeda, subdelegado de este partido, por 300 pesos que fueron cargados al fondo comunitario de los indígenas de Comayagua.

ELVIA CASTAÑEDA DE MACHADO

TEGUCIGALPA

La Real Villa de San Miguel de Tegucigalpa de Heredia, que a la fama de sus riquezas agregaba la del espíritu noble, patriótico y levantado de sus habitantes, partidarios incondicionales de la emancipación política de estos países, estaba a la expectativa de los sucesos que se venían desarrollando en favor de esta magna y redentora idea, cuando en la inolvidable tarde del día 28 de septiembre llegó de la antigua residencia de los Capitanes Generales el feliz mensajero que traía la buena nueva de haberse proclamado ante el mundo nuestra soberanía nacional. La fantasía se complace en imaginar la situación de la Real Villa en los solemnes momentos a que nos referimos y la honda conmoción y el indescriptible entusiasmo que experimentó el alma de su vecindario.

Nos figuramos su Plaza Mayor de forma cuadrilátera, su magnífica y esbelta Parroquia, su modesta Consistorial, la Casa Real de Rescates regenteada por el Maestro don José María Rojas, los conventos de San Francisco y la Merced, las demás iglesias menores y el famoso puente de piedra en construcción, que debía unirla con el pueblo de Comayagüela, y agrupadas alrededor de los principales edificios y formando calles estrechas e irregulares y barrios más o menos extensos, las casas de moradores, tan opulentos muchos de ellos que usaban vajilla de oro y plata en sus ágapes familiares.

Nos figuramos las habitaciones de estilo español de las familias Urmeneta, Cabañas, Serra, Selva, Agüero, Retes, Márquez, Vijil, Fábrega, Borjas y cien más; los establecimientos de comercio de don Manuel Antonio Vásquez, don Francisco Ponce, don Andrés Lozano, don Liberato Moncada, don José Miguel Lardizábal y don Ponciano Planas; las tiendas de comestibles de don Vicente Caminos y don Juan José Castillo; la escribanía de don León Vásquez; las sastrerías de don Dionisio Gutiérrez y don Baltasar Hernández; los talleres de carpintería de don Pablo Dávila y don Lorenzo Alvarado; las platerías de don León Zúniga y Nicolás Díaz, la zapatería de Andrés Godoy; la factoría de Ramón Muñoz; la herrería de Florencio Carías; la

46

Cohetería de José Antonio Vallejo y hasta el tejar de Jerónimo Valladares, todo animado por la copiosa afluencia de metales preciosos procedentes de riquísimos veneros en explotación en Santa Lucía, Cantarranas, Cedros, San Antonio, Yuscarán, Barajana y Potrerillos.

Nos figuramos las distintas emociones que delirio cuando ha sido necesario defenderlas. Sus representantes, con pocas excepciones, han sabido colocarse a su altura y corresponder a su confianza, y sus valerosos jefes han sabido conducirlo en todo tiempo a la victoria. Su espíritu eminentemente liberal lo ha impulsado a amar y perseguir los grandes ideales y a sacrificarse por ellos.

Sus tradiciones son gloriosas. Impulsado por su amor a la independencia, se ha presentado el 1º de enero de 1812 en la Plaza Mayor, armada de palos y machetes, a estorbar que se perpetúen en la Alcaldía los españoles que, prevaliéndose de este cargo, trataban de sostener a todo trance el régimen colonial.

Restablecida en 1820 la avanzada Constitución de Cádiz, recibe la noticia con aplauso y hace públicas demostraciones de entusiasmo porque comprende que se podría trabajar con éxito por la emancipación. Proclamada ésta y en vista de las exigencias del Gobernador Intendente de Comayagua, don José Tinoco y Contreras, que sin fijarse quizá que así destruía los vínculos de unión centroamericana, previno a este Ayuntamiento no obedecer a ninguna autoridad de Guatemala, y al recibir una respuesta que contrariaba sus planes, quiso someterlo por la fuerza a sus insensatas pretensiones; el pueblo, en masa, sin distinción de clases sociales, corrió espontáneamente a empuñar las armas y se preparó para la lucha, manteniéndose a la defensiva, a pesar de sus ventajosas condiciones, por no querer derramar estérilmente sangre de hermanos.

La actitud firme y decidida de Tegucigalpa, sosteniendo la independencia absoluta que había jurado al propio tiempo que los Llanos de Santa Rosa, Gracias, Omoa, Trujillo, Olancho, Choluteca, Santa Bárbara y otros pueblos contra el Gobernador Tinoco, partidario incondicional de la anexión a México, le valió el título de ciudad, y a su Ayuntamiento el de patriótico.

Con este motivo, y, como una merecida alabanza, decía el Capitán General en su oficio:

—El distinguido carácter, la loable firmeza, el celo que ha desplegado en el sistema de unión, el tino con que se ha dirigido en los asuntos ocurridos y la virtuosa consecuencia con que sostiene el juramento que prestó solemnemente al acta de 15 de septiembre último, sellarán para siempre la memoria de ese vecindario.

Y hay más todavía sobre este punto.

Si quisiéramos aprovechar las altas y saludables enseñanzas de la historia, una lección elocuente y de sensatez nos dio el pueblo de Tegucigalpa, cuando convocado por sus autoridades para decidir sobre las apremiantes exigencias de Tinoco, manifestó unánimemente "que en materia de independencia se estuviera a lo dispuesto sin hacer mutación alguna, en consideración a que la discordancia de opiniones o falta de unión en los pueblos en circunstancias tan críticas, podían acarrear las mayores desgracias y la ruina de la patria".

Siguiendo las tradiciones del pueblo de Tegucigalpa, lo vemos en seguida llenarse de hondo dolor y profundo desagrado por la anexión de Centro América al efímero imperio de Iturbide, pelear con bravura y con denuedo en defensa del Jefe Herrera cuando Milla lo sitiaba en Comayagua; formar parte de las falanges morazánicas y recoger laureles en el campo de batalla; seguir a Cabañas en sus incansables luchas por la federación; acompañar a Guardiola y a Xatruch en la guerra contra los filibusteros acaudillados por el célebre Walker; y en tiempos posteriores dar inequívocas muestras de un carácter indomable y de un valor y arrojo a toda prueba. Y no paran allí sus timbres de honor y de grandeza: de su seno ha salido una constelación de varones ilustres que han brillado con luz esplendorosa en el cielo de la República: Francisco Morazán, hombre de genio, figura excelsa, paladín esforzado de la Unión; José Trinidad Cabañas, abnegado patriota, uno de los personajes más brillantes de la epopeya centroamericana; José Trinidad Reyes, sacerdote modelo, poeta inspiradísimo, abeja de oro que con mieles de Palestina supo fabricar ricos y sabrosos panales hondureños; Marco Aurelio Soto, estadista que supo engrandecer y transformar a su país; y Ramón Rosa, político sagaz, notable publicista y renombrado literato.

Un pueblo que ha sabido ser grande, un pueblo de tan raro valor cívico, un pueblo que ha dado hijos tan egregios a la Patria, bien merece el homenaje de nuestra admiración y respeto, bien merece que lo amemos entrañablemente. ¡Salve, pueblo heroico y generoso!

ESTEBAN GUARDIOLA

TEGUCIGALPA, PRIMERAS IMPRESIONES

Mientras caminábamos por una pequeña colina, Esteban Travieso llamó mi atención hacia un claro en los árboles a través del cual obtuve mi primer vistazo de Tegucigalpa, situada en la extremidad noroeste del extenso llano, conocido con el nombre de "El Potrero". El sol acababa de salir tras un banco de nubes cargadas y las torres blancas y los campanarios de la ciudad brillaban en la tarde a la luz del sol. Un magnífico arco iris tendía su comba en el valle y el verdor de las montañas adyacentes, mezclados con los tintes purpúreos del declinante día, aumentaba el encanto del paisaje, inseparable de estas recónditas reliquias de los mejores tiempos de España. Continuamos nuestro viaje por una sabana adornada de flores y moteada de cactus.

A intervalos echábamos un vistazo a la ciudad por entre el follaje; el crecido número de personas nos hacía ver que era día de fiesta y mientras más nos aproximábamos al lugar el tañido de las campanas nos llegaba débil y musical a través de la brisa. El llano por el cual nos acercábamos a la ciudad árido y seco durante la estación del verano. Aquí el General Cabañas con doscientos hombres fue derrotado en 1838 por ochocientos guatemaltecos.

Llegamos ahora al río Guacerique, que fluye lentamente por un terreno plano y desagua en el Río Grande cerca de la ciudad. Este río lo vadeamos fácilmente y en la ribera opuesta nos encontramos con varios ciudadanos a caballo, quienes al ver a Travieso (hijastro del General Morazán) lo rodearon y cambiaron saludos con él. Cuando les fui presentado se volvieron formando una especie de escolta triunfal. En alegre galope arribamos a la pequeña ciudad aledaña de Comayagüela. Tiene ésta distinta jurisdicción de la de Tegucigalpa, y hallándose situada románticamente, por las tardes es el punto de reunión de los ciudadanos.

Llegamos y cruzamos por el puente de piedra que atraviesa el río a la entrada de la ciudad. El Río Grande aumentado con las aguas del Guacerique y las del Río Chiquito, baja del parte-agua divisorio entre Yoro y Tegucigalpa. El puente tiene diez arcos y los estribos terminan en filo para desviar la fuerza de las aguas; el viejo puente que construyeron los españoles, fue arrastrado en 1830 después de lo cual, se me dijo, el actual fue construido por trabajadores de Guatemala. Aquí es donde comienza la ciudad de Tegucigalpa.

Entramos por una calle pavimentada bordeada de casas bonitas de piedra y adobe revocado, y las paredes pintadas de azul, rojo, crema o blanco según el gusto de sus propietarios. Los balcones con rejas; estrechas y herbosas las aceras; los techos entejados, los patios empedrados, el estilo peculiar y sencillo de la arquitectura, el grito de los vendedores ambulantes, el despliegue ecuestre y los rostros de ojos negros, con mantilla que contemplan indiferentes desde las residencias frías como prisiones, me hicieron recordar más a La Habana que ninguna otra ciudad que yo hubiese visto en Centro América. La falta del eterno estrépito de las cornetas y los tambores y la ausencia de los volantes de Cuba, sin embargo, pronto destruyeron en mi imaginación el parecido.

Todas las calles de Tegucigalpa tienen nombre, y la ciudad me impresionó a primera vista como una excepción a las consabidas ciudades centroamericanas, arruinadas y de apariencia desierta. Ésta es el cuartel general de la moda y de la elegancia en Honduras. Mis cartas de presentación más bien eran fuente de perturbación, porque el primero a quien yo me presentara, en cumplimiento de la costumbre establecida me consideraría como su huésped durante mi permanencia.

Del grupo de ellas, finalmente, seleccioné una del Presidente Castellón para el hospitalario señor José María Lozano, uno de los más ricos vecinos de Tegucigalpa. Travieso, que era sobrino del señor, aprobó mi elección y nos encaminamos hacia la Calle de Morazán, contestando mi compañero los atentos saludos que le daban de todos lados. Entramos a la calle pavimentada, y más adelante, por la ventana de la sala, con rejas, vimos por un momento, y desaparecer luego, las cabezas de dos señores ya de edad. Al rato el propietario de la mansión salió a la calle y estrechó afablemente la mano de mi compañero. Tan pronto como fui presentado, la casa con todo su contenido fue puesta "a mi disposición".

LAS MUJERES DE TEGUS

Creo que todo viajero en Centro América atestiguará el carácter generoso y el noble corazón de las mujeres. Hospitalarias, gentiles y sufridas, sobre ellas recae una gran parte del trabajo que se hace en los cinco Estados. Alguien ha observado que bien puede decirse de la mujer centroamericana: "Crió, hizo tortillas y murió". Esto desde luego, no se aplica a las mujeres de familias acomodadas. Las mujeres de las clases pobres son, de hecho, las esclavas en el país. En Tegucigalpa el agua que se emplea en los diarios menesteres es acarreada por ellas desde el río, de una distancia de cien pies, cuesta arriba, donde a menudo observé su afanosa marcha y su fatigada respiración.

Con la excepción de la política y guerra que han arruinado a Centro América, las mujeres soportan la mayor parte de las cargas de la vida, pero, alegres y felices, se hallan siempre conformes con su condición social.

No recuerdo jamás haber oído una palabra descompuesta o bromas de ninguna mujer en Honduras. Su índole es franca y alegre, y al extraño que llega cansado pronto se le da la bienvenida en la mesa familiar. Yo siempre seguí la política, al llegar a una casa, de congraciarme con su dueña.

El cambio de cumplidos formales, reliquia de la vieja España, está perdiéndose gradualmente. Todo el mundo es cortés, no sólo entre las más altas sino también entre las más bajas clases sociales. El más sucio vagabundo sin zapatos, emplea un lenguaje comedido cuando se dirige a uno y parece imbuido de un sentido innato de fineza.

Los hombres más amanerados que yo he encontrado en el mundo los vi entre las personas educadas de Honduras. Sus caracteres más sobresalientes son una buena crianza, la urbanidad, y el deseo de ser agradable en reuniones. Las reyertas y disputas en la sociedad son casi desconocidas, y si una nueva persona llega a una reunión, todo el mundo se pone de pie y lo saluda.

Las anteriores no son observaciones generales basadas en unos pocos casos, sino que se aplican a lo que se conoce como alta sociedad en Honduras, o al menos, en Tegucigalpa. Una "reunión" de caballeros es una escena que se recordará como un contraste con las de turbulentas discusiones que frecuentemente tienen lugar en lo que se denomina sociedad pulida de comunidades que calificarían a sus vecinos tropicales de Honduras como semicivilizados.

¿QUÉ COMEN EN TEGUS?

El almuerzo consiste comúnmente de arroz cocido y frijoles, ensalada, pan, mantequilla y queso, tortillas, café con leche y frutas, y mientras permanecí en el país raramente varió. En la cena se sirve sopa de fideos, carne asada, ensalada y muchas de las legumbres que en los Estados Unidos son comunes. Además de esto, hay "carne de olla", picadillo de carne, con aceite, arroz y plátanos, "hígado", salchichas fritas en manteca y con ajo, nacatamales, carne cocida, caldo y por último, arroz cocido en mantequilla y chiles. Las "verduras", acompañamiento imprescindible, con los plátanos, pedazos de ayote y repollo. Éstas son las viandas sólidas y corrientes en el país, pero hay, a menudo, sopa de pan y una mezcla de arroz con legumbres cuyo nombre local se me ha escapado. Éste es el menú usual en el interior de Honduras. En la costa, a juzgar por un relato dado por Handerson, es más variado y quizás igualmente suculento. En una comida se sirvió a un grupo de ingleses: gelatina verde de tortuga, manatí en salsa curry, sopa de galápago, pastel de carne de lora, venado asado, pecarí ahumado, conejo cocido a la India, hicotea estofada y gelatina amarilla en caparacho.

El descontentadizo extranjero hallará pocos licores en cualquier parte de Centro América. Los vinos, por lo general, son una burla a su nombre. En los días de la dominación española, el cultivo de la vid se prohibió y desde esa prohibición dictada por la madre patria, la vid no se ha vuelto a importar. Los vinos consisten, en su mayoría, de imitaciones baratas traídas de Belice, Trujillo o de la Bahía de Fonseca adonde llegan barcos ingleses e italianos. El St. Julián Medoc, el Jerez, la Champaña y una variedad de mezclas etiquetadas Elixir d'Amour y con otros nombres parecidos se encuentran en las tiendas. El aguardiente del país es quizás el licor más inofensivo que se pueda tomar en Centro América. Los médicos, extranjeros y nativos, recomiendan su uso cuando se viaja. Éste, generalmente, se pone en la mesa durante las comidas, en una pequeña garrafa de vidrio y se sirve como pousse-café.

El chocolate que se prepara en la América Central es algo parecido al que se importa desde México, pero el método de prepararlo es diferente. Después de un viaje en un día caluroso, no conozco nada más confortable y al mismo tiempo más deliciosamente agradable, que una taza de chocolate de Honduras.

El pan blanco, en pequeños bollos, se vende en las esquinas de las calles o se deja a la puerta de las casas por un panadero que en pernetas, anda ambulante con su provisión sobre la cabeza. Las tortillas son preferidas por todos y se encuentran calientes y humeantes en toda la mesa. Durante la cuaresma los devotos católicos se abastecen de ostras de la Bahía de Fonseca, de donde las traen en sacos a través de las sierras, y se venden por libras. Estas ostras se comen con papas.

Observé que dos veces a la semana se servían en la mesa papas que don José María, evidentemente, había conseguido como un manjar para mí. Siempre veía él con orgullo y reiteradamente me invitaba a que colmara mi plato. Eran pequeñas y blancas, pero sabían muy bien como cualquiera de las viandas preparadas. Supe que la patata fue importada en Centro América desde el Perú, pero uno de los curas de Tegucigalpa me aseguró que era indígena y que se le podía ver creciendo en estado silvestre en las montañas. Nunca oí que se confirmara este aserto.

La patata sólo puede cultivarse en las tierras altas. En Santa Lucía, poco más o menos a 4.500 pies sobre el nivel del mar, vi un pequeño campo sembrado de patatas del cual en marzo se suplen varias familias de Tegucigalpa. Se venden a medio (seis centavos). La patata se siembra inmediatamente después que las lluvias han humedecido suficientemente la tierra para podérsela arar. El método de cultivo es una burda imitación del que se emplea en la América del Norte. Los tubérculos crecen rápidamente en los terrenos de bajío. En las montañas de Guatemala también se cultivan y desde muchas leguas de distancia se las transporta a lomo de mula. Un día, en la mesa me aventuré a asegurar, con toda la indiferencia que podía fingir, que las patatas en California pesaban tres libras (que no es un tamaño excepcional). Don José María miró alternativamente los nobles vegetales en el plato que estaba ante nosotros, y luego a mí, con una sonrisa incrédula pero recordando inmediatamente la cortesía del anfitrión, lo aceptó con un movimiento de la cabeza. Era obvio que él tomó lo que dije como un mero cuento de camino real.

En la mesa, por lo general, se observan maneras tranquilas y siempre corteses. Raramente se produce la hilaridad durante las comidas. Después de comer viene el café, las jaleas o las frutas en conserva y una variedad de confituras azucaradas. Se brinda a la salud del Señor y de la Señora de la casa, como en todas partes, con el primer vaso de vino o de cualquiera otra bebida. Es difícil conseguir sirvientes en la democrática Honduras, en donde todo individuo sano está expuesto a que lo agarren para soldado. Los pocos que se pueden conseguir son torpes y necesitan meses de adiestramiento para hacérseles útiles. La preparación de los alimentos se lleva a cabo en un pequeño edificio de adobe detrás de la casa de habitación y en una hornilla hecha de barro a la cual se la llama fogón.

WILLIAM V. WELLS

LA QUIETUD SOMNOLENTE DE TEGUCIGALPA

Tegucigalpa, aunque no es el asiento del gobierno de Honduras, es la ciudad más grande y de más importancia en la república. Su población es hoy de 12.000 habitantes y se halla compuesta de una mitad entre "mestizos" y mulatos y otra mitad entre blancos, negros, cuarterones e indios. Los blancos puros están en pequeña minoría. La ciudad, que está regularmente trazada, tiene alrededor de dos siglos de existencia, y fue conocida en los días de los primeros colonizadores españoles con el nombre de Teguzgalpa. Desde la Independencia su población ha disminuido debido a la emigración de las familias aristocráticas españolas, cuya riqueza, acumulada con el producto de las célebres minas de plata del departamento, fue repentinamente trasladada a España y La Habana. Con su fuga y el comienzo inmediato de las guerras, que acabaron con menguar las energías del país, la industria minera del departamento terminó.

Los negros, que habían trabajado los "minerales" como esclavos, se convirtieron mediante un decreto legislativo en personas libres y los mineros, desanimados con los impuestos, abandonaron sus labores. Los trabajadores de las minas fueron reclutados a la fuerza para las pequeñas luchas entre los Estados. Las minas fueron abandonadas o aterradas a propósito por sus dueños, que, no obstante, han retenido su derecho sobre ellas, año con año. Con la decadencia de esta rama de la industria, que había servido para sustentar al pueblo, la ciudad decayó también viviendo en una quietud solemne, de la cual aún no se recobra.

Tal es el presente estado de Tegucigalpa, otrora la ciudad minera más importante de la América Central. Sus iglesias grandes sólidamente construidas, y sus residencias particulares, son hoy apenas tristes reliquias de su antiguo esplendor, que atestiguan por sí mismas el deterioro que ha sufrido en un cuarto de siglo de indolencia. Varias minas han sido reabiertas en los últimos diez años y se han reanudado las operaciones, pero los dueños no tienen los medios, la información, ni la energía de sus antepasados, y sus métodos no son sino una débil imitación de los que emplearon los viejos españoles.

Durante mis dos visitas a Tegucigalpa y sus alrededores, en las que gasté casi dos meses, hice gran acopio de notas y extractos de las obras españolas y guatemaltecas relacionadas con la historia de las minas de plata y la condición política del pueblo. El país descrito es uno cuyos recursos, unidos a un clima templado, son a propósito para atraer la atención de los norteamericanos; y razonable es suponer que eventualmente llegará a ser poblado por la raza anglosajona, por el hecho de que nuestras gentes pueden vivir ahí todo el año sin preocuparse por su salud.

Los edificios principales de la ciudad son sus pocas iglesias y viejos conventos, ahora despojados de sus antiguas riquezas, pero que todavía preservan el estilo medio morisco de su arquitectura. La mayoría de ellos ha sido tristemente descuidada. El edificio más grande y más venerable es La Parroquia, que ocupa el lado Este de la Plaza del mismo nombre, tan solo superada en las cinco repúblicas por las catedrales de León y Guatemala. La catedral de Tegucigalpa fue construida a expensas de un devoto sacerdote de la gran familia de los Zelaya, cuyas ramas se extienden al presente por todo Centro América.

El único reloj público en el Estado es el que se encuentra en el campanario de una de sus torres. El edificio es elevado y abarca una manzana completa. Del cuerpo del templo se levanta una sólida bóveda; sobre la cúpula se levanta una corona, rematada con una gran cruz dorada. El edificio es de ladrillo cocido fabricado en el país, argamasado y encalado. El exterior se halla adornado con nichos en los cuales se ven santos de bulto y en relieve varias escenas bíblicas. El interior es amplio y está adornado con burdos cuadros de los apóstoles y de la Sagrada Familia. En el interior se extiende una galería por todo el contorno, en una parte de la cual, el coro, hay un órgano pequeño y maltrecho que emite notas disonantes durante las misas cuando acompaña a los coros.

El clima de esta región de Honduras no es superado en salubridad por ningún otro de Centro América. Podría escribirse un libro ilustrando la calidad pura y balsámica de esta atmósfera de altura. Durante mi permanencia la única hora incómoda era temprano de la mañana cuando el aire era siempre demasiado fuerte y cortante. La tabla termométrica que yo llevé en varias partes del país y en varios meses, muestra mejor la uniformidad de la temperatura en esas montañas. En algunos días la lluvia, después de caer con furia tropical, dejaba la atmósfera cristalina y vigorizante, como sólo se ve a veces después de una tormenta en el verano, en Nueva Inglaterra. En los días más ardientes es raro que el calor sea opresivo, y en las épocas más frías apenas si se necesita de calefacción para sentirse cómodo. Es a propósito mencionar aquí una tormenta de nieve y granizo que cayó en diciembre de 1848. Jamás antes se había visto nieve en las tierras altas del país, ni nunca el mercurio había bajado al punto de la congelación; fue, por consiguiente, lo más sorprendente. Se observó un cúmulo de nubes negras formándose lentamente hacia el Noroeste y al centro, a poco más o menos una legua hacia el Suroeste de la ciudad. De pronto se oscureció el ambiente con la "caída de hielo", como dijeron mis informantes, y la tierra quedó cubierta con la nieve. Fueron destruidos árboles, plantas y pájaros. El hielo quedó diseminado en un área como dos leguas cuadradas y en tal cantidad, que se conservó en el suelo por espacio de dos semanas.

Este fenómeno, ocurrido en una zona tórrida, puede incitar a investigación de los entendidos en la materia y está corroborado por todos los habitantes de la ciudad, pocos de los cuales habían visto nieve. En algunas zanjas profundas la masa congelada tenía hasta cuatro pies de espesor. Muchos de los granizos pasaban varias onzas. Los señores Vijil, Lozano y Ferrari y muchas personas más presenciaron el acontecimiento. Las aguadoras llegaban a la ciudad con pedazos de hielo que pesaban de doce a veinte libras, envueltos en una tela y balanceados en sus cabezas. Se les usaba para enfriar el agua potable. El hielo cayó por espacio de una hora. Se elevaron plegarias en las iglesias, agradeciendo a los santos su intervención para que la ciudad no fuera destruida por un gran chubasco de hielo.

WILLIAM WELLS

EL JUEGO DE GALLOS

Las diversiones públicas son casi desconocidas en Honduras. De oídas se conocen los teatros, los museos, las partidas de juego, las excursiones campestres, las partidas de caza, etc. Las funciones religiosas despiertan un entusiasmo de fervor ocasional, y luego la "cancha de gallos" se convierte en el verdadero centro de distracción; este pasatiempo es pasión en el pueblo y una fuente de ingresos para el Gobierno. El privilegio de establecer una cancha durante ciertas festividades religiosas se otorga por las autoridades al mejor postor y, llenadas las formalidades requeridas, la cancha se abre al público y un soldado descalzo hace de portero, cobrando dos reales de cobre por cabeza; los menores de edad no son admitidos, y el propietario de la gallera que admita a una persona de esta categoría se expone al pago de multa.

Los juegos de gallos comienzan con la Pascua y, por lo común, continúan hasta los últimos días de marzo. Las reglas del juego se fijan en la puerta de la entrada y se designa un juez a "viva voce" para que decida en todas las peleas. Apuestas tan altas como $1,000 se hacen a la pata de un gallo y el pueblo llega al más grande acaloramiento durante estas peleas.

Este deporte no es considerado ofensivo a la dignidad de los más altos funcionarios oficiales, y hasta a los curas en sotana se les puede ver apostando un puñado de pesos a una de las dos aves combatientes o disputando vigorosamente con los más bulliciosos del grupo sobre los méritos de varios ejemplares en la cancha. Esta costumbre llegó con los primeros españoles y ningún pilluelo de nuestro país espera con tanta ansiedad el Día de Acción de Gracias o Navidad, como los tegucigalpenses el "tiempo de los gallos".

WILLIAM WELLS

LOS DOMINGOS EN TEGUCIGALPA

En los días domingos es cuando uno puede ver cómo transcurre la vida en Tegucigalpa. Se considera ese día más como de recreo que de devoción. Las tiendas permanecen abiertas al público y exhiben el surtido de sus mercaderías con el mejor provecho, ya que a los trabajadores se ha pagado y todo el mundo tiene dinero. Los comercios están bien abarrotados con artículos de todas clases: vino de jerez importado vía Belice a $1.00 la botella y champaña a $1.25. Los establecimientos principales se hallan en la Plaza y en las calles adyacentes. Muchos comerciantes son de La Habana, de donde se trae considerable cantidad de mercaderías. Las tiendas de géneros se hallan repletas de los que me parecieron costosos trajes y en cuanto a los artículos para mujer vi casi todo lo que se podía desear; al igual que la tienda de abarrotes del campo norteamericano, tienen toda cosa de fácil venta.

El mercado está pletórico de frutas durante la mañana y temprano de la tarde. Estas consisten, en parte, de limas, naranjas, nísperos, papayas, cocos, limones, bananos, jocotes, higos, piñas y melones que se despliegan en tentadora profusión sobre grandes lienzos de tela, en cueros o canastas, a lo largo del vestíbulo de las barracas que se encuentran a un lado de la Plaza de la Parroquia. Con un medio de plata (seis centavos de oro) se puede comprar toda la fruta que uno es capaz de consumir sin enfermarse. Las mujeres del mercado permanecen alrededor, en grupos, y pasan su tiempo platicando unas con otras, o a menudo riendo a carcajadas con los soldados, o con los holgazanes que siempre se encuentran congregados bajo los aleros.

Para gozar de la vida en estas regiones montañosas, uno debe levantarse temprano a fin de respirar la deliciosa brisa de la mañana, cuando el rocío está todavía fresco en las hojas de los plátanos y los empedrados de la ciudad no han recibido el calor del sol. Nada puede superar a las sensaciones del madrugador cuando sale y se encamina con el aire fresco, hacia la Plaza; o si le agrada la emoción, cuando va a algún sitio recóndito, fuera de la ciudad, y se agrega al grupo alegre que chapotea en las locas aguas del río. De allí se puede ir a la cumbre del Zaposuca, al Noroeste de la ciudad, desde donde se domina Comayagüela y las vegas del Río Grande. Al regresar, una taza de café o de chocolate, y luego dar un paseo o deleitarse con un libro, o con La Gaceta de Guatemala, hasta el desayuno. Este tiene lugar alrededor de las diez de la mañana, aunque a menudo se demora hasta cerca del mediodía.

La mayoría de los nativos de Honduras viven en la planta baja de la casa. Si uno pregunta la razón de esto en Nicaragua aprende que es por temor a los temblores, pero en Honduras es porque los antepasados construyeron de esa manera, siendo toda innovación desagradable para el español. El apartamento principal llamado sala sirve como cuarto de recepción y es donde la familia pasa la mayor parte del día "haciendo nada" en la mañana y, como un amigo mío me dijera una vez, se sientan en la ventana por la tarde y por la noche; para descansar de las fatigas de la mañana. El corredor, a menudo, se extiende alrededor de la casa y la parte trasera da hacia un patio empedrado que, por lo general, contiene varios árboles frutales y se halla rodeado por muros altos de adobe protegidos con tejas. La cocina está a un lado y el establo al otro. Todas estas pequeñas construcciones están siempre blanqueadas con esmero. El orgullo del español se traduce en tener una inmensidad de pecheras limpias y su casa recién pintada.

El dueño de la casa recibe a sus visitantes cuando estos entran, y al despedirse les acompaña hasta la puerta llevándoles su bastón y su sombrero. Si uno es especialmente bienvenido, o si la visita se considera como un honor, el anfitrión lo acompaña por todo el corredor hasta la puerta de la calle, y debe uno considerarse feliz si logra hacer el saludo final y dice el último: ¡Adiós, Señor mío! porque no importa cuántas veces lo repita, Don Fulano considera un baldón a la etiqueta si no dice él la última palabra al despedirse. Yo experimenté esto a menudo y declaro jamás pude ganar una victoria verbal a mis anfitriones.

Las residencias de las clases más acomodadas son limpias y frescas, tienen preciosos jardines en la parte posterior adornados con bonitas flores y con pájaros en jaulas de madera. La floricultura no es práctica, por lo general, y en las tierras altas uno rara vez se encuentra con flores silvestres del tamaño y belleza que debe esperarse en los trópicos. La Naturaleza parece haber reservado sus colores más espléndidos para el plumaje de las aves y ha compensado así su ausencia en el reino de las flores. Los jacintos, las rosas, los claveles y las madreselvas, blancas y azules, se ven a menudo y las últimas con frecuencia alcanzan tal frondosidad en estado silvestre que ahogan e impiden el crecimiento del maíz, por él trepan y florecen.

Entre las aves de Tegucigalpa y sus alrededores, vi guacamayas, cardelinas, verderones de pecho moteado, cardenales, todos amarillos de soberbio plumaje, loros y otras más. Algunas de éstas no son corrientes en las tierras templadas del interior, pero se traen desde sus nativos llanos de la costa. Hay también una muy bonita especie de zorzal anaranjado con pecho negro, la chorcha. El ave del paraíso o una que se le parece, se encuentra en Guatemala y en Honduras y se le mata por la maravillosa belleza de sus plumas. Es el quetzal (Trogons Resplendens) y que en Honduras se llama a veces "paloma real" por su parecido a la paloma. Todo su cuerpo es de un color rojo pálido, la cabeza tiene un tono más oscuro y las alas de un verde metálico brillante.

La cola de este espléndido pájaro tiene siete plumas, que alcanzan una longitud de poco más o menos tres pies. Un ejemplar, según supe, fue exhibido en la Exposición Universal de París en 1855 mas, con esa excepción, creo que esta rara criatura no es conocida de los ornitólogos. Lo mismo puede decirse de muchos otros vistosos habitantes de los bosques del interior de la América Central.

TEGUCIGALPA EN EL SIGLO XIX

Sin duda, los espectáculos y diversiones de que disfrutaron los habitantes de Tegucigalpa en el siglo pasado tenían usualmente motivación religiosa: las paseadas y bailes callejeros en diciembre al son de las guitarras y de los acordeones, el robo y hallazgo del Niño Perdido, las carreras de bombas, los fuegos artificiales en la plaza de la Parroquia (a los cuales convocaba alegremente la campana del Cabildo) y las pastorelas del P. José Trinidad Reyes.

Ramón Rosa cuenta que en su niñez, durante las fiestas de Navidad, asistía, acompañado por su ayo, Julián Patojo, "a ver los nacimientos y... los títeres; en principio de cuaresma, a tomar ceniza; en Semana Santa, a visitar monumentos; en Corpus, a contemplar altares; y en las fiestas de Mercedes y de San Miguel, a admirar las churriguerescas mojigangas, dispuestas por los gremios, y los horribles diablos vencidos por la espada de nuestro patrono...".

En la plaza de la Parroquia (hoy Morazán) se lidiaban toros en algunas festividades. Antes de las corridas, los animales eran paseados por la ciudad al compás de jubilosas músicas. También desfilaban los lidiadores. En torno de la plaza —como nos cuenta doña Guadalupe Ferrari v. de Hartling en su libro Recuerdos de mi vieja Tegucigalpa, escrito a sus 82 años de edad— se levantaban barreras y tablados. Sobre estos últimos se colocaban sillas. Una mujer pintarrajeada de negro y a quien llamaban Rita, Chiflada, bailaba en el ruedo para hacer más amena la fiesta. En este mismo lugar —cuando doña Guadalupe era todavía una niña— se instaló la maroma de José Escarriola, de cuya nacionalidad no da referencia la viuda del compositor Hartling.

En realidad, Escarriola trajo dos espectáculos a Tegucigalpa. El segundo era un globo. Éste "volaba alrededor de la población y caía en perfecto estado". El entusiasmo de los tegucigalpenses con esta novedad era desbordante. En la ciudad había un farmacéutico llamado José Morales, de origen guatemalteco, que se atrevió a volar con

Escarriola en el aparato. El globo aterrizó en esa ocasión cerca de la Piedra Grande.

Cuenta doña Guadalupe que el día de San Juan (24 de junio) y el día de San Pedro (29 del mismo mes) era costumbre en Tegucigalpa pedir el gallo. Se reunían de veinte a veinticinco muchachos y armaban gran alboroto frente a las casas habitadas por personas con los nombres de Pedro y Juan. El alboroto concluía solamente cuando los así llamados regalaban a los escandalosos jóvenes con monedas de cobre o con frutas. El 24 de junio se celebraba lo que se denominaba la corrida de gallos. Se ponían dos postes a uno y otro lado de la calle y en cada uno de ellos se ataban los extremos de una cuerda. En mitad de aquella, que quedaba tensa, se colgaba un gallo con la cabeza hacia abajo. Varios jinetes, en briosos corceles, galopaban por la calle y, al pasar cerca del desdichado animal, procuraban arrancarle la cabeza de un tirón. El divertimiento duraba hasta que el ave moría descabezada.

En los años 1888/89 fue construido el Salón de Retratos en el antiguo Palacio Nacional. En este salón se ofrecían veladas literal-musicales. Allí actuó la Estudiantina de Señoritas, dirigida por el maestro filarmónico don Felipe Pineda. Formaban la Estudiantina las señoritas Salvadora Ferrari, María Ariza, Dolores Inestroza, Camila Bustamante, Delfina, Luisa y Filomena Lagos, Isolina Lozano, Mercedes Agurcia, Isabel Midence y Guadalupe Ferrari. También en el patio del edificio de la Universidad, contiguo a la Iglesia de la Merced, se celebraron actos culturales que deben considerarse como parte del proceso formativo del teatro en Honduras.

En tiempos del general don Luis Bográn fue escenificada en este lugar (en honor del propio Bográn) la pastorela Rubenia, de Reyes. En el elenco femenino figuraban Eugenia Bonilla, Isabel, María y Matilde Lardizábal, Guadalupe Ferrari y María Galindo. En el elenco masculino se inscribían Rafael Ugarte Figueroa y Manuel A. Bonilla. Dolores, de este último apellido, representó a la Virgen y Maximiliano Ferrari a San José. Guadalupe Ferrari, que tenía entonces 16 años, encarnó a Delmira. Actuó cantando y acompañándose a sí misma con una guitarra. Ella, no obstante, ni emitió voz alguna de su garganta ni arrancó un solo acorde al instrumento. Simplemente fingía cantar y tocar. La voz era de Felipe

Ugarte, un buen viejo que tocaba bastante bien la guitarra y tenía la habilidad de cantar como mujer. También participaron en el canto Hortensia de Zelaya y una veterana solterona llamada Mercedes Retes. Los tres se hallaban ocultos tras el telón de fondo. El público premió ruidosamente la actuación y alguien echó a volar sobre el escenario "palomas con versos amarrados en las patas" (Recuerdos de mi vieja Tegucigalpa, pág. 110).

Ramón Rosa, Ministro Universal del gobierno de Marco Aurelio Soto, fue fervoroso amigo del arte escénico. Rosa fue propietario de cuatro casas en Guatemala y en una de ellas, la que ocupó con su familia, construyó "un teatrito para la representación de pequeños dramas como entremeses, sainetes, zarzuelitas, etc." El propio doctor Rosa le dio este informe a don Esteban Guardiola (Boceto Biográfico del Doctor Ramón Rosa, por Esteban Guardiola, Tipografía Nacional, Tegucigalpa, D. C., sin fecha de impresión). De nuestro Juan Ramón Molina poco o nada sabemos de sus aficiones teatrales, a no ser que conocía a Shakespeare y escribió sonetos dedicados a varios personajes del genial poeta de Stratford, como Hamlet, Ofelia, Desdémona y Otelo.

TEGUCIGALPA, LA MEJOR CIUDAD DEL ESTADO

El Departamento de Tegucigalpa es el más pequeño, pero el más poblado relativamente, de las divisiones políticas del Estado. Puede describirse como ocupando un plateau interior, cortado al norte y oeste por las montañas de Sulaco y Comayagua, y al sur y este por la de Hule y Chile. La elevación de este plateau es de 3,000 pies sobre el nivel del mar. Es bañado por el río Choluteca, que casi describe un círculo, llevando su curso entre las montañas, que rompe en una estrecha garganta, pasando a los ricos llanos de la costa del Pacífico.

La ciudad de Tegucigalpa tiene 16,360 habitantes. Está situada a la falda sur del cerro del Picacho, en su base. Contiene un puente —hoy,1907, en construcción— que une a la capital con Comayagüela y por bajo del cual corren unidos los ríos Choluteca o Grande, Guacerique y Chimbo o Chiquito. Existen aquí los supremos poderes: Poder Ejecutivo y Judicial. Tiene buenos edificios, entre los cuales descuellan el Palacio del Poder Ejecutivo, el del Legislativo, Dirección General de Rentas, Correos y Telégrafos, Hospital General, Palacio de Justicia, Penitenciaría, Casa Ayuntamiento, la Iglesia Parroquial, Universidad, Casa de Moneda, Tipografía Nacional, varias iglesias, Banco de Honduras y otros. Cuenta con un mercado, 4 parques. —Concordia, Plaza de Morazán, Plaza de la Merced y de San Francisco—Tiene varios monumentos, entre los que sobresalen la estatua ecuestre de Morazán, en bronce, los bustos de Cabañas y Reyes y la estatua de Valle, en mármol.

La temperatura del departamento es fría y su clima no puede ser más saludable. Su suelo no es tan productivo como el de los otros, pero está lleno de minas de gran valor. En efecto, es un distrito mineral, y hasta que los disturbios políticos del país hicieron casi imposible la prosecución de este ramo de industria, las minas eran la principal riqueza y ocupación del pueblo. Las de Yuscarán son todavía trabajadas, así como las de San Antonio y Santa Lucía. Las de oro y plata de San Juan, Cantarranas, no pueden ser mejores, pero apenas explotadas, y es muy probable que en lo sucesivo las encomienden a compañías europeas o americanas. Los nativos no quieren establecerse en sus inmediaciones porque el clima es muy frío.

La montaña de Agalteca, en la parte noroeste del departamento, es una vasta masa de metal puro de hierro. Algunos dan el ciento por ciento y se forjan en la mina misma, sin sufrir la primera fundición. Desde que el interés de las minas comenzó a declinar, los propietarios se han ocupado más en la cría de ganados, de los cuales venden una parte en el Estado de El Salvador.

Tegucigalpa, capital del departamento, es sin duda alguna la mejor ciudad del Estado, y tiene de 9 a 10,000 habitantes. Está en la margen derecha del río Choluteca, en un anfiteatro entre montañas, y regularmente construida. Tiene seis iglesias. La parroquia es la segunda de la catedral de Comayagua. Un hermoso puente de piedra de diez arcos sobre un río, une la ciudad con el suburbio llamado Comayagüela. Tuvo primeramente algunos conventos y una universidad; esta es hasta ahora de una existencia nominal . También tiene un cuño, pero que sólo acuña al presente moneda provisional de cobre, y de un valor muy bajo . El comercio de Tegucigalpa se hacía todo por Omoa y Trujillo; pero desde el establecimiento del puerto libre de Amapala, toma una gran parte esta dirección.

La universidad de Tegucigalpa, cuyo rector es actualmente el doctor don Carlos A. Uclés, tiene tres facultades: de Ciencias, de Jurisprudencia y Ciencias Políticas y de Medicina, Cirugía y Farmacia. Existe también un Instituto Nacional, una Escuela Normal, una Escuela Superior de Señoritas, un Gabinete de Física y Química, una Biblioteca Nacional y una Escuela de Artes y Oficios. — Notas de "La Bandera Liberal".

E.G. SQUIER

TEGUCIGALPA EN 1895

Si hubiera habido periódicos en aquella época, o alguien hubiera llevado un diario curioso de sucesos y sucedidos sería fácil hacer una semblanza de Tegucigalpa. Lo único que se puede afirmar es que era capital centroamericana en más retraso; y ello es fácil probarlo: Ramón Rosa pudo hacer tal semblanza en el capítulo final de su biografía de José Trinidad Reyes; pero la atisbó.

La Iglesia de la Merced era uno de los centros de la vida social de ciudad. En su interior vivía Reyes, procurando evitar las visitas impertinentes que le interrumpían sus vagares y soñares. La Fiesta de la Virgen de la Merced era, con la de San Miguel, patrono de la ciudad, uno de los atractivos de los forasteros que, para presenciarla, llegaban desde las poblaciones aledañas, hasta de Tatumbla y de Maraita, en donde había muchachas bonitas que vestían con telas de color y llevaban soguillas de coral.

Las casas en donde había más fiestas eran las de doña Raimunda Milla y don José María Lazo, y a ellas concurría el Padre Reyes. Era costumbre ofrecer a los convidados, en las fiestas caseras, mistelas y bocadillos y cuando había bodas o bautizos se partía el pastel y se bailaba al son del violín de Felipe Ugarte, "Felipillo". Había otro violín famoso, el del "Maestro Pablo", y más de alguna niña de padre rico suspiraba por viajar por Guatemala para comprar un piano como el que había llevado el Padre Reyes, o, cuando menos, un clavecín. Las señoritas y los donceles, al vaivén del rigodón, se atrevían a aproximarse por la punta de los dedos.

La gente de Tegucigalpa era una sola familia en grata convivialidad, a pesar de que la política metía en ella la cola del diablo. Aquella bucólica atmósfera daba a Tegucigalpa un aire de nacimiento; en la lejanía muchas gentes, al pasar por la tarde, a lo largo de La Leona, para contemplar el paisaje del viejo Real de Minas, se santiguaban apresuradamente, temerosas de que la leona, que según las malas lenguas merodeaba en aquel sitio, fuera a secuestrar algunos de los niños.

No había mercado, ni circo, ni periódico, ni alumbrado público, servicio de bomberos, y sólo de vez en cuando títeres, y los zopilotes hacían el primer cortejo fúnebre a la bestia que caía muerta en los alrededores, y tenían a su cargo el servicio de salubridad pública. Los periódicos de Guatemala o de Panamá, llegaban con algunas noticias del mundo a las casas de algunos acomodados. Tampoco había banco ni hospital y escasos mendigos aparecían los sábados a las puertas de las casas para pedir "una limosna por el amor de Dios".

La vida de Tegucigalpa era regulada por los toques de la campana parroquial, desde el ángelus matutino hasta la oración vesperal.

Las familias Bonilla, Lazo, Vásquez, Uclés, Ferrari y Ugarte, eran las sobresalientes. Una de las mujeres más bellas en cien leguas a la redonda era Lastenia de Ugarte.

Los cerdos y los caballos aparecían en las casas, lo mismo que las carretas tiradas por bueyes y hasta osaban entrar en la plaza de la Iglesia Parroquial.

Los criados aplacaban a los niños llorosos con la amenaza de: ¡Vienen los indios y te van a comer!. Eran los de Curarén o de Texiguat, a quienes utilizaban siempre los bochincheros profesionales, al grito de "¡Viva Guardiola!" o "¡Abajo los cachurecos!". Algunas loras de la vecindad eran adiestradas por tener vestido verde, para chillar: "¡Mueran los liberales!".

El General J. Santos Guardiola, el Doctor Juan Lindo, el General Trinidad Cabañas, y don Felipe Jáuregui, eran los personajes más encumbrados en la vida política del país. Y Comayagua ya tenía celos de Tegucigalpa, porque todo Presidente de la República, después de tomar posesión, hacía una visita a la segunda. Una carta de Tegucigalpa a Comayagua requería dos días a matacaballo.

"La Maestra Escolástica" tenía ratos de emoción cuando los niños de su escuelita cantaban:

"Eras clavel, eres rosa,
eres clavo de comer,
eres azucena hermosa
cortada al amanecer".

Los niños "no usaban vestidos cortos" y era un gran lujo que alguno de ellos llevara sombrerito de vicuña. En la escuela principal de la ciudad no había bancos para que se sentaran, a pesar de que ya Honduras era el país de la caoba y el cedro.

En la plaza central, la incipiente calle del comercio y los portales de la casa de Lazo, los vendedores ofrecían los artículos más codiciados: rosquillas de Ojojona, chocolate de Guayaquil, queso de Olancho y naranjas de Güinope, lo mismo que colchas de Juticalpa y sombreros de Macholoa, o loza vidriada de Comayagua. Como no había boticas, también se vendían allí, la ipecacuana, la "escorcionera", la mostaza para los emplastes y los orines con "zapoyolo", y era un lujo comprar jabón de Castilla, panes de manteca de las "niñas Vásquez", y rosquetes de "ña Cipriana".

No había más ruido que los de los pianos de las señoritas que hacían escoleta, y los loros desde los columpios de las jaulas imitaban a los políticos espetando discursos.

Sólo había una imprenta: la de la Universidad. Algunos padres de familia amorosos pensaban hacer un viaje expreso a Guatemala o a Belice para comprar un piano para la señorita de la casa, que estaba en estado de merecer.

Guatemala era algo así como París, e ir a Belice, era una hazaña porque había que hacer antes de emprender el viaje, a pesar de que los caminos eran seguros porque los arrieros podían llevar ganado hacia Guatemala o conducir mulas cargadas de oro y plata sin que el vil metal se les fuera a pegar en las manos.

Había un reloj público de argenta que "daba estrepitosos repiques en las grandes y solemnes festividades".

No había escuela superior para señoritas; éstas obedecían tanto a sus papás que ninguna de ellas osaba casarse sin su permiso después de celebrarse "junta de familia". La palabra divorcio era totalmente desconocida. Las mamás ponían en orden a los niños hablándoles de "El Duende" o "El Fantasma" y a los esposos nocheriegos recordándoles la inevitable presencia de la "siguanaba".

En algunas de las casas ricas era de buen tono poseer objetos de plata; el tintero del señor, lo mismo que sus estribos para montar, y el freno del caballo, piezas de vajilla y la bacinica de la señora.

Aunque ya el chisme se regaba como la madreselva o "cundeamor" en las tapias, sólo la gente vulgar empleaba apodos para llamar a los cristianos que habían recibido un nombre en el bautizo. De manera que sólo había un "Chémula", así como una librería en toda la ciudad, la de un amable y decidor antillano a quien llamaban "Monsieur", cojo por añadidura.

Había también gran deseo de recibir la visita de un fotógrafo que había llegado de la capital de Guatemala, un alemán de apellido Herbruger a quien muchos llamaban "el brujo" porque reproducía sobre el papel los rostros de las personas...

En la escuela de la "Maestra Escolástica" había un niño muy preguntón y vivaracho que se llamaba Ramón Rosa.

RAFAEL HELIODORO VALLE

TEGUCIGALPA LEGENDARIA

Sabéis, amable lector, ¿cómo era Tegucigalpa en el año 1821, al proclamarse la Independencia de Centro América? Figuraos una modesta aldehuela, con tres o cuatro avenidas, de oriente a poniente, y unas seis o siete callejuelas de norte a sur, recostada en la falda sur del cerro El Picacho, ostentando el aspecto inconfundible del típico poblado hecho por el esfuerzo del conquistador español en tierras americanas; con sus casas antañonas de grandes aleros, asentadas sobre paredes de adobes de un metro de espesor; con sus ventanales y su único portón de entrada, en las residencias de los ricos mineros, y tendréis una idea aproximada de lo que fue, a principios del siglo pasado, esta ilustre ciudad de San Miguel y Heredia.

Se tiene conocimiento de los censos o empadronamientos levantados en 1791 por Fray Fernando de Cadiñanos, Obispo que fue de la Diócesis de Honduras; del de 1801, hecho por orden del Comandante General Gobernador e Intendente de esta Provincia, don Ramón de Anguiano, de los cuales nos habla el doctor Antonio Ramón Vallejo en su "Anuario Estadístico" de 1889, pero se desconocía, hasta hace poco tiempo, el Censo que se levantó de la población de Tegucigalpa, de enero a marzo del año de 1821.

Don Dionisio de Herrera, en un discurso que dijo en una de las sesiones de la Asamblea Ordinaria del Estado, en 1826, calculó la población de Honduras en 200.000 habitantes.

El censo de 1881 dio la suma de 307.289.

En el censo que se levantó en un solo día, el 15 de junio de 1887, el número de habitantes inscritos fue de 331.917.

El del 31 de diciembre del mismo año, dio una población de 335.258.

El número de habitantes de Honduras, el 31 de diciembre de 1889 fue de 396.048.

Por la información anterior, nos enteramos de cuál era la estadística de población de la República de Honduras, en las épocas citadas; pero nada sabíamos de la referente a su capital, pues parece que entonces no se practicaban censos especiales, y por eso consideramos de sumo interés el censo de Tegucigalpa, de 1821, que sirve de pauta importantísima para conocer la evolución fundamental de la ciudad, en poco más de un siglo de su existencia, permitiéndonos insertar aquí los siguientes datos curiosos del referido documento:

Según el Censo que se comenzó a levantar el de enero y se terminó en marzo de 1821, por orden del Noble Ayuntamiento, y el cual fue hecho por don Vicente Coronel, oficial pluma, aparece que Tegucigalpa tenía entonces 483 casas, 2.225 mujeres, entre menores de 14 años, de 14 a 45, de 45, etcétera, solteras, viudas y casadas.

Hombres, menores de 14 años, de 14 a 45, de 45, etcétera, solteros, casados y viudos, 3.804. Total de habitantes: 6.029.

Oficios: 6 eclesiásticos, 310 labradores, 41 comerciantes, 7 mineros, 41 carpinteros, 83 sastres, 61 zapateros, 43 tejedores, 28 herreros, 20 músicos, 4 pintores, 14 plateros, 8 coheteros, 3 fundidores, 5 barberos, 9 curtidores, 3 talladores, 19 escribientes, 19 impedidos, 16 fatuos, 10 tejeros, 2 escultores, 22 esclavos, 31 mujeres, y 436 de todos los oficios.

Según un informe del Ayuntamiento, del 17 de junio de 1820, existían en esta ciudad las siguientes tiendas de mercaderías: de don José María Uncal, de ropa, del Regidor, alférez real, don José Vijil, de ropa y otros efectos; de don Severino Retes; de don Carlos Selva; del Comandante don José Sierra; de don Tomás Mayor Sierra; de don Miguel Lardizábal; de don Baltasar Sandoval; de don Andrés Lazo; de Petrona Granado; de don Mariano Urmeneta; de don Ignacio Vega; de don Francisco Aguirre; de don Ambrosio Echeverría; de don Ponciano Planas; de don Gregorio Alonso Cuesta; de don Antonio Rosa; de don León Rosa y de don Francisco Lazo. Total: 19 tiendas, resultando nueve pesos, cuatro reales, como impuesto de la visita practicada por el Regidor encargado de hacerla.

No creemos demás agregar estos datos. Tegucigalpa es un nombre indígena, formado así: Teguz, cerro; Galpa, plata. Cerro de Plata.

Real de Minas se llamó hasta 1762.

No se conoce el acta de la fundación de esta ciudad, pero el doctor Vallejo dice: "nos atrevemos a decir que Tegucigalpa fue fundada 1579".

Don Alonso Fernández de Heredia, Presidente de la Real Audiencia de Guatemala, le concedió el título de Villa de San Miguel y Heredia, Real de Minas de Tegucigalpa, el 10 de junio de 1762.

La Junta Consultiva de Guatemala le concedió el título de ciudad, el 11 de diciembre de 1821.

Fue declarada capital de la República de Honduras, el 30 de octubre de 1880, por el Congreso Constituyente de aquel año, en la administración del doctor Marco Aurelio Soto.

Se encuentra a 3.000 pies sobre el nivel del mar.

El censo de población de la República, levantado el 30 de junio 1940, dio el total de 1.109.833 habitantes.

La ciudad de Tegucigalpa, sin incluir la de Comayagüela, tiene actualmente 29.791 habitantes, con lo cual se comprueba que su crecimiento ha sido muy lento en el transcurso de más de un siglo, por todas las causas que no se escapan a la mente del hombre estudioso.

Hemos expuesto los datos estadísticos que anteceden, para hacer resaltar el hecho histórico, trascendental, único, si se quiere, en el istmo centroamericano, de que, en tan humilde población, en una pobre aldehuela, en "una modestísima agrupación de mineros", como Tegucigalpa en las pasadas centurias; enclavada solitariamente en una de las escarpadas estribaciones de los Andes centrales, vinieron a la vida tantos varones ilustres que son timbre de gloria para la patria centroamericana por la elevación de sus ideales y por sus pugnas sacrosantas por el triunfo de la libertad; y basta solamente recordar que aquí nació, como en un pesebre —que dijéramos— por la sencillez del sitio, aquel nuevo Mesías de la redención patria que se llamó Francisco Morazán, que es, para Centro América, el sol inextinguible que ilumina constantemente la senda de su futuro destino en la concurrencia del mundo.

Para nosotros los hondureños, la figura del General Morazán, encarnación del principio y del fin de nuestra entidad nacional, como conglomerado histórico en la marcha de la civilización; y desde cualquier punto psicológico que se le enfoque, sin las gafas ahumadas de los prejuicios ancestrales, tenemos que reconocer que él es el símbolo luminoso que nos ampara con su prestigio incontrarrestable, siendo el genuino representativo de la nacionalidad hondureña, el semidios de nuestra historia; y, por eso se dice, internacionalmente hablando, Honduras, la Patria de Morazán, como también se expresa, Venezuela, patria de Bolívar; Estados Unidos, patria de Washington; México, patria de Juárez; Argentina, patria de San Martín, etcétera,

etcétera, formándose así la galería perdurable de los grandes representativos de las naciones de que nos habla Emerson.

Y el General Morazán, por haber nacido en modesta cuna, por haber sido un hijo del pueblo, que supo domeñar la soberbia de una casta privilegiada entronizada, marcando nuevas rutas al ideal patrio, es la razón fundamental, por la cual, hasta ahora, no le perdonan los espíritus empecinados que dirigen contra su memoria inmortal la campaña sistemática, desde hace un siglo, la que más propiamente dicho, va enderezada sutilmente contra el alma de Honduras, de la cual es él su legítima encarnación.

También en esta capital vinieron al mundo Dionisio de Herrera, Diego Vijil, José Antonio Márquez, Joaquín Rivera, Francisco Antonio Márquez, José Antonio Vijil, Trinidad Cabañas, Juan Lindo, José Trinidad Reyes y otros muchos personajes de gran relieve en la vida centroamericana, tanto en el ciclo libertario, como en épocas posteriores, y que sería largo enumerar, y por cuya razón, quizás, escribió el poeta, en elogio de Tegucigalpa, la ciudad legendaria, nido de águilas y cóndores, las siguientes estrofas:

"Diste a la Gloria tus regias legiones
de bellos poetas y graves guerreros,
que ilustraron sus egregios pendones
con áureas rimas y bravos aceros.

De épica lucha en pro de altos feros
lleva tu nombre preclaras visiones,
cuando a través de los rojos senderos
iban tus hijos en férreas misiones."

SALVADOR TURCIOS

TEGUCIGALPA, LA SIESTA Y EL CHOCOLATE

Tegucigalpa era, en el tiempo a que me refiero, una ciudad muy pequeña, juntamente con Comayagüela apenas tendría de cinco a seis mil habitantes. Distinguíanse éstos por un espíritu levantisco que no les ha abandonado nunca, por un entusiasmo irreflexivo que muchas veces les ha llevado a defender malísimas causas, como tendremos ocasión de verlo en el curso de estas narraciones, y por cierta generosidad y desprendimiento que les hace ver con indiferencia la vida misma, poniéndola en peligro, cada peso, por cualquier bagatela. El hijo de Tegucigalpa es por lo común inteligente, sobrio y guasón. Desgraciadamente, no ha tenido buenas escuelas donde educarse. Es víctima de las pasiones políticas, que los ambiciosos han sabido atizar en su ánimo, hasta arrastrarlo a cometer escándalos y aún crímenes repulsivos.

Si bien la buena sociedad era muy reducida entonces, en cambio se entregaba con mucha frecuencia a honestas distracciones. Los paseos campestres de la Laguna eran muy renombrados. Allí se pasaban días enteros, bajo verdes enramadas, bailando, cantando y comiendo sabrosamente.

El espíritu que animaba esas fiestas bucólicas era el del famoso Padre Reyes. Hacía este versos satíricos contra algunos de los concurrentes, que luego se recitaban en los salones, y hasta amenizaban las célebres Pastorelas, encontrando ocasión y manera apropiadas al cantarse los intencionados cuandos, que el público aplaudía a rabiar. Lo particular en todo esto era que el Padre Reyes no tenía nada de agresivo. Por el contrario, su corazón sólo abrigaba sentimientos caritativos y generosos; pero, en su afán de mantener muy altos la alegría y el buen humor de los circunstantes, a veces se le iba un poco la mano. Nadie se daba por ofendido con aquel evangélico sacerdote. Todos le concedían el derecho de decir y hacer lo que quisiera, ya que sin él las festividades mejor preparadas decaían y degeneraban por falta de alma que las animase.

Dichosos tiempos aquellos, que no volverán jamás; la sencillez en las costumbres, la pureza del corazón, la ausencia de todo cuidado por el porvenir, eran las cualidades de aquellas buenas gentes, cuyo recuerdo llega, de vez en cuando, a refrescar nuestro ánimo abatido, como deliciosa brisa de los bosques a los que, agobiados de cansancio, vamos acercándonos rápidamente al fin de la jornada.

Cuando llegaba a la población un extranjero se apresuraban los vecinos a visitarlo y a ofrecerle sus servicios de la manera más espontánea y sincera. Todas las puertas se abrían para él, y se alojaba donde mejor le convenía. Si enfermaba, las señoras le cuidarían con el mayor esmero, suministrándole cuanto pudiera necesitar. Para encontrar algo parecido, preciso sería remontarse a los tiempos bíblicos o ir a buscarlo entre las tribus nómadas del desierto. Podía el extranjero elegir la profesión que mejor le conviniese, que nadie pondría en duda su capacidad para ejercerla. Se le llamaría con entera confianza a la casa de un enfermo para que lo curase; se le daría ocupación como ingeniero, como militar; etc., etc., aunque nada supiese de las materias que forman tales profesiones. Muchos aventureros hicieron su agosto, dejando burlada la buena fe de tan sencillas gentes. Aprovechando tan favorables condiciones, un tal Rousseau, tipo del embaucador, que se hacía pasar por médico, se casó con una hermosa muchacha, valiéndose de mil tretas, y luego la abandonó para siempre.

El comercio se hacía con Belice o con La Habana, en donde tenían los ingleses y los españoles grandes depósitos de mercaderías. El Pacífico no se había abierto aún al tráfico de estos países, y no existían ni el ferrocarril de Panamá ni la flota de vapores que después han venido a recorrer el litoral del Sur, poniéndolos en contacto con los mercados principales del mundo. Cierto es que por el Lago de Nicaragua, el fundador de la casa de Vanderbilt había establecido una ruta; pero ésta la seguían únicamente los pasajeros del Este, atraídos por la fama de los depósitos de oro, descubiertos en California.

Centro América compraba lo que había menester en Belice o en Cuba, haciendo su tráfico por el puerto de Omoa. Cuando un comerciante de Tegucigalpa se dirigía a Belice, viaje que no se efectuaba sino después de mucho pensarlo y de hacer testamento, pedía a los comerciantes la plata bruta que pudieran tener para completar sus compras. Nadie rehusaba esa petición y se la entregaban sin exigirle ni un simple resguardo. A su regreso, después de realizadas las mercaderías, la devolvía escrupulosamente. Vendíanse los efectos con una utilidad enorme, verdad es que las expediciones eran tan tardías y molestas que no era posible llevarlas a cabo sino en muy contadas ocasiones. Al llegar una de estas expediciones despertaba el más vivo interés en el vecindario. Todos querían ver o comprar lo nuevo que traía el comerciante. Su pequeña tienda se vaciaba bien pronto y el resto del año el buen hombre dormitaba sobre el mostrador o conversaba alegremente con los miembros de tertulia que a ciertas horas se reunían puntualmente.

Aquellos eran los clásicos tiempos de la siesta y del chocolate. Al tocar la campana la oración, descubríanse respetuosamente los hombres y las mujeres rezaban. Eran personajes de mucha importancia el Cura, el Alcalde y el Administrador de la renta de tabaco. Nadie se quedaba sin misa los domingos, rezándose en todas las casas el rosario por la noche, criados y señores reunidos para el efecto. Sentíase verdadera devoción por ciertas imágenes a las que se les atribuía el poder de hacer milagros: y eran pocas en el año las romerías que se llevaban a cabo en los santuarios de Suyapa, Santa Lucía, Maraita y hasta Esquipulas, de donde traían los peregrinos, al volver, panecillos de tierra blanca con la imagen del Señor que las buenas gentes se comían con la mayor unción.

En mantillas estaba la instrucción. No había escuelas públicas y los niños aprendíamos a leer y el catecismo de Ripalda en casas particulares como las de las Borjas. La escritura, la aritmética, la gramática latina por Nebrija y la filosofía de Balmes enseñándolas dos o tres individuos que tenían fama de sabios. La Universidad estaba recién fundada, haciéndose todavía algunos Doctores por acuerdo gubernamental. Los únicos que habían tenido alguna preparación, y que habían recibido en realidad grados universitarios fueron, según creo, el mismo Padre Reyes y don Máximo Soto, quienes habían seguido un curso regular de estudios en Guatemala y en la ciudad de León, siendo ellos los fundadores del que hasta hoy es nuestro primer establecimiento de enseñanza.

No había más que un solo periódico en toda la República, la Gaceta Oficial, que publicaba las disposiciones del Gobierno, y uno que otro verso detestable. De libros no hay que hablar. Fuera de las novenas y de las biografías de los Santos, apenas se conocían otros. Desde entonces han pasado más de cincuenta años y en tan corto tiempo una inmensa muchedumbre de hombres de ciencia y de literatos ha venido a invadirnos, amenazando arrasar con cuanto existe. ¿Qué habrá dentro de otros cincuenta años? Muy difícil es preverlo; pero, a juzgar por el paso que vamos, lo más probable será que habremos para ese tiempo conquistado el planeta imponiendo nuestras ideas a todo el Universo.

JOSÉ ANTONIO LÓPEZ GUTIÉRREZ

LA ESPAÑOLÍSIMA TEGUCIGALPA

Mi tío Fabián era un hombre de pequeña estatura física, de maneras sinceras pero algo tímidas, huraño y reservado como mi madre. Muy poco sociable. Sus ojos de rápidas miradas eran como saetas que se van directamente a fondo.

Con frecuencia salíamos los dos después de las cinco de la tarde. Con él conocí los encantos de la españolísima Tegucigalpa, como era entonces. Íbamos a La Concordia; al parque Herrera, donde él me contó brevemente algo sobre la actuación de los presidentes que había tenido nuestro país; al parque La Leona, desde donde admiré a la ciudad, a la hora solemne del crepúsculo, mientras abajo, en la catedral, las campanas llamaban al rosario.

Contemplé Tegucigalpa desde ese parque suspendido en la altura de una de las colinas que la rodeaban, y que están pintorescamente habitadas con casas de aleros que se encaraman en los cerros con callecitas serpenteantes. Conocería después Nueva Orleans, la populosa Nueva York, alegres y lindas ciudades del Estado de Florida, París, Bruselas, Amberes, Hamburgo, Viena, Madrid y tantas otras ciudades del Viejo y Nuevo Mundo, pero mi corazón persistiría siempre el cariño a la españolísima ciudad que era entonces de calles andaluzas, de casonas románticas, de iglesias en penumbra, de jazmines del cabo, de poetas y soñadores.

A través de las conversaciones de mis compañeras, de la lectura de periódicos y revistas, de los comentarios de Dolores, me fui dando cuenta de la vida de la capital. Existían en Tegucigalpa tres clases sociales. La "aristocracia", integrada por familias de viejos apellidos españoles y algunos advenedizos adinerados, que se habían improvisado en la política. Esta clase bailaba en el "Club Tegucigalpa", o en "Palacio", donde doña Anita de López Gutiérrez, esposa del entonces presidente de la República, era reina por su indiscutible elegancia y exquisito don de gentes. Se divertían en tertulias exclusivas, donde el prójimo (de su misma alcurnia) era despedazado o ensalzado; las señoritas tocaban al piano y cantaban romanzas sentimentales, y los hombres les hacían el amor con versos y madrigales.

La clase media estaba compuesta de empleados de las diversas oficinas del gobierno, de pequeños comerciantes y empleados del comercio y la banca. Ésa se divertía en los cines, en los paseos de campo en El Hatillo, La Granja, Valle de Ángeles u Ojojona... en los conciertos del Parque Central... y en buscar la manera de poder bailar alguna vez en el casi inaccesible "Club Tegucigalpa". El pueblo, armazón de una ciudad, lo forman en la capital hondureña el obrerismo en general, los conserjes de las oficinas privadas y del gobierno, las mujeres del mercado, las abnegadas esposas de los albañiles, carpinteros, zapateros, etcétera. Éstos también van a los conciertos de las bandas marciales en los parques, pasean por La Leona y La Concordia, bailan en tiempo de Navidad y en sus fiestas particulares, durante las cuales comen tamales y torrejas y beben puro "guaro", mistela o rompopo.

Pero el alma de Tegucigalpa es la clase intelectual y universitaria. Por sus calles quietas y bajo los atardeceres propicios iluminados de celajes e impregnados de melancolía, tejen sus sueños los poetas, los prosistas románticos y exaltados; hilvanan sus crónicas y comentarios los periodistas; discuten a Byron, a Víctor Hugo, a Zola, a Voltaire, etcétera, los eruditos en literatura. En aquel año de 1922-23 triunfaban Carlos Alberto Uclés, Luis Andrés Zúniga, Froylán Turcios, Lucila Gamero de Medina, Vidal Mejía, Salatiel Rosales, Ramón Ortega y muchos más "poetas trashumantes" de mirada perdida, gesto ausente, sombrero de fieltro ligeramente ladeado y el indispensable bastón.

Así recuerdo yo a Froylán Turcios, impecablemente vestido, con chaleco, leontina de oro y bastón, fino sombrero y aire de suficiencia, cuando iba a la escuela con mis libros y cuadernos de tercer grado de primaria bajo el brazo. Era Tegucigalpa la Atenas de la república, donde literatos y estudiantes de Derecho, Ingeniería o Medicina, discuten en tono enfático los últimos problemas mundiales, el último libro o la última extravagancia de algún personaje continental... ya fuera un hijo del Rey Alfonso de España o Rodolfo Valentino, de quien mi tía política Dolores vivía enamorada.

Se fue el año escolar. Vinieron las vacaciones; yo había salido muy bien en mis exámenes y pasé el cuarto grado. Mi madre, ansiosa de soledad, decidió ir a pasar esos dos meses a una casita de campo que a unos cuatro kilómetros de la ciudad tenía mi tío Fabián.

ARGENTINA DÍAZ LOZANO

EL ORNATO DE LA METRÓPOLI

La metrópoli hondureña, aunque a saltos menudos, va camino del progreso, a lo menos en cuanto se refiere al ornato.

Hace muy pocos años que en materia de teatros, nos sentíamos felices con el galerón que levantó don Antonio Lazzari, en donde hoy se encuentra el elegante Teatro Variedades, ya que antes de esa época apenas si contábamos con la barraca del Mercado de Los Dolores, a donde venían a trabajar las compañías de comedia y zarzuela, desalojando para ello a los pobres vivanderos, que cargaban con sus matates de granos y tubérculos en busca de otros sitios y en sacrificio de las manifestaciones del arte y de la distracción de los demás habitantes de la culta.

Con el impuesto aplicado a los juegos, el Presidente General Manuel Bonilla construyó el coliseo nacional, que dicen los inconformes que costó muy caro y resultó un elefante gris, pero que al fin y al cabo era un teatro de verdad, donde ya se pudieron admirar espectáculos completos.

Después vino la construcción de otros salones hasta culminar con el Teatro Clámer, que es el sumun del buen gusto, la comodidad y la elegancia.

Tegucigalpa, pues, con una población reducida, cuenta ya con cinco teatros, cual más cual menos, que ya es mucho contar y para todos hay público, hasta para el Apolo de Comayagüela, que en el sitio en que está ubicado para surgir se anticipó dos lustros.

Pero no era a estos aspectos a lo que especialmente queríamos referirnos, sino a los que tienen relación con las casas de salud y hospitales de gerencia particular, por los cuales parece que van tomando un patriótico interés los elementos de mayor visión, entre los que integran el gremio de los médicos y cirujanos y los que sin serlo mueven sus caudales en busca de negocios de utilidad y de provecho.

El Hospital San Felipe es un establecimiento de beneficencia pública, que marcha bien cuando hay Gobiernos que cumpliendo con sus deberes le prestan toda la atención requerida, como sucede en la actualidad.

Tenemos además, en la esfera de las actividades particulares, La Policlínica de varios facultativos, y la Casa de Salud del Doctor Manuel Guillermo Zúñiga, dos establecimientos que gozan ya de un merecido crédito en toda la República.

Y como en materia de adelantos la gracia está en empezar, tras esos centros está por surgir otro, en las pintorescas alturas de Viera, que por la seriedad de los factores sociales que le enfrentan y la capacidad científica de los profesionales que lo dirigirán, no es aventurado predecir que será, si no el mejor, uno de los más eficientes y mejor presentados en Centroamérica.

Quien piensa en La Policlínica, por fuerza se imagina, admirándola, la figura simpática y múltiple, optimista y sana, del Doctor Salvador Paredes, aunque rabie por los elogios.

Cuando se vea, elegante y sobrio, atrayente y acogedor el edificio del Hospital Viera, sobre la altiplanicie de la ciudad y vis a vis con el soberbio Picacho, que echará sobre la casa sus vientos aromados, por un natural impulso de reconocimiento se asociarán entre otras, dos figuras eminentes:

El Doctor Nutter: bondad, sabiduría y experiencia.

Y el Doctor Zúñiga, energía, capacidad y dinamismo.

ALEJANDRO CASTRO DÍAZ

RADIOGRAFÍA DE TEGUCIGALPA

En el corazón de Honduras, rodeada de altos picachos y unida por redes de carreteras con las principales ciudades del país, recostada sobre el cerro Sapusuca, hoy llamado El Picacho, a cuatro kilómetros del majestuoso Aeropuerto Internacional de Toncontín, se levanta la bella y acogedora ciudad de Tegucigalpa, capital de la República, fundada por los españoles probablemente el 29 de septiembre de 1578, con el nombre de "Real de Minas de San Miguel de Tegucigalpa".

Asentada en las faldas de El Picacho a una altura de 3.100 pies (945 metros) sobre el nivel del mar, goza de un clima delicioso que nunca llega a desesperar por sus calores ni insoportables fríos. Su topografía es muy irregular, sus calles son estrechas y quebradas en algunos sectores, lo que le da un aspecto auténticamente colonial, pero todas son pavimentadas. Tegucigalpa forma con la ciudad de Comayagüela, de la cual está separada por el Río Grande o Choluteca, la capital de la República.

El doctor Antonio R. Vallejo, notable historiador hondureño, nos deja lucir en algunos de sus estudios que Tegucigalpa comenzó a poblarse en la explanada que se extiende desde La Plazuela hacia el sitio en que actualmente se levanta el Palacio Nacional. Esto quiere decir que su límite Norte sería la Calle de la Ronda; al Sur, los Altos de La Hoya y los ríos Choluteca y Oro o Chiquito; al Poniente, los "Naboríos de los indios" cuya iglesia era la ermita de El Calvario y, al Oriente, el mismo Barrio La Plazuela. El sector de El Guanacaste comenzó a poblarse a mediados del siglo XVIII, y La Leona, ya muy entrada la segunda mitad del siglo XIX.

Como en todas las ciudades coloniales, en Tegucigalpa se levantaron las casas de los principales moradores cerca de la plaza mayor o haciendo cuadro con la mole de la Parroquia. Rozando las faldas del cerro Sapusuca, corría hacia el Oeste la Calle de La Ronda y una cuadra más al Sur, del Convento de San Francisco siguiendo el mismo rumbo, arrancaba la Calle de la Amargura pasando por la iglesia de San Sebastián y rematando en los Naboríos. Por su angosto pavimento de puntiagudas y lustrosas piedras azuladas, pasaba la procesión del Viernes Santo, durante la cual, caldeadas por el sol del mediodía, rezaban devotamente las mujeres y los frailes entonaban las lamentaciones del Viacrucis; la otra calle, la del Resucitado, corría como ahora paralela al costado Norte de la Parroquia, mientras la calle de La Plazuela venía desde los Altos de la Moncada.

Una cuadra hacia el Sur de la Plaza Mayor estaba el Convento y Iglesia de La Merced, cuya placita abundaba en atractivos durante las fiestas que, en honor de la Virgen de Mercedes, organizaban varios gremios de la población y sus alrededores.

Construcciones de adobe o de bahareque formaban las angostas callejas transversales, las cuales, muy temprano de la noche, se poblaban de silencios y misterios; la luna plácida era el farol obligado que alumbra cauteloso el rostro de las vírgenes a través de las rejas de viejos hierros retorcidos, y los suspiros de los galanes se perdían como los recuerdos en el recoveco de las callejuelas solitarias... Nadie cruzaba por la plaza más allá del toque de oración; quizás algún vagabundo perdido entre las densas nubes del alcohol se atrevía a trasnochar; quizás un arrogante caballero lanzaba alguna vez en pos de una aventura tejida entre romances y ensueños; sólo "el sereno" desafiaba impertérrito el curso continuado de las horas, durante los crudos inviernos o en las noches tibias y tranquilas del verano.

En los días de fiesta, en los domingos, la Plaza Mayor cobraba inusitada alegría, porque entonces los "achines" tendían sus manteados a la vera de los anchos aleros para vender baratijas y novenas de santos milagrosos, dulces y polvorones amasados por hábiles manos femeninas. Después de la misa, cuando el cura echaba la bendición final, las doncellas salían con recato, esquivando las ardientes miradas de sus pretendientes; y las indias hermosas, de tez rosada y torneadas pantorrillas, lucían sus "chales" de vistosos colores contrastando con las negras mantillas de las damas de sociedad.

En la fiesta patronal se quemaba pólvora, se cantaba las Ave Marías a la puerta de la iglesia y había retreta; salía San Miguel Arcángel a echar un vistazo a su querida Tegucigalpa y se entonaban "salves" en las casas de los ricos, levantadas con el trabajo y la fatiga de los esclavos.

Por las tardes, se reunían en amable tertulia los señores que siempre estaban desocupados, en alguna casa principal. Allí se comentaban los sucesos importantes que eran casi siempre chismes y diretes enderezados contra el Alcalde o contra alguna dama de encopetada familia; no se leía la prensa, porque no existía, y así pasaban los días tranquilos, sin tumultos, sin esa nerviosidad moderna que deja poco tiempo para gozar de las cosas sencillas, llenas de sabor de los pueblos de antaño. Los días de semana pasaban monótonos; la mayor parte de la gente estaba en sus "chácaras" o en los "ingenios" de sus minas de oro y plata. Éstos eran tan ricos y productivos que el Rey ordenó una "Casa de Rescates" allá por 1768, nombrando como primer Administrador a don Joaquín Posadas. Así se levantó un gran edificio media manzana al Sureste de la población, en donde está actualmente la Tipografía Nacional.

Después de consagrada la iglesia Parroquial de San Miguel Arcángel, el cura don Juan Francisco Márquez levantó la Iglesia de Nuestra Señora de los Dolores por el año 1782, con la cual la población aumentó a cinco el número de sus templos.

Poco a poco la población fue creciendo; los años se deslizan, termina el siglo XVIII y se recibe con júbilo el XIX; los habitantes se multiplican; se comienzan a construir nuevas calles y vecinos ricos dejan La Ronda para construir más allá; la población crece y crece; ya los "naboríos de los indios" se están poblando de ladinos; hay un grande y monumental puente de piedra que une a Tegucigalpa con Comayagüela que comienza a perfilarse como villa de callejas rectas y anchas... hay una Universidad, escuelas y un Hospital; las tertulias se hacen todos los días; se leen los periódicos y se comentan las opiniones de los hombres de pluma; el comentario ya no es contra el Alcalde ni se hace el chisme para despellejar a una dama de encumbrado abolengo; ahora los hombres son ciudadanos y hablan de política; en estériles discusiones algunos holgazanes pierden su tiempo mientras su tierra sigue árida y las minas no producen.

Pero la vida pasa de prisa; el hombre de negocios y el obrero trabajan sin descanso y el campesino siembra su heredad; hay ruido de automóviles y de máquinas y música de radios y teatros y películas. La ciudad se transforma y Tegucigalpa aprisiona la pendiente de los montes y se extiende, se extiende...

Ahora entre palacios de piedra rosada y verde y entre el perfil de la moderna arquitectura que ambiciona los espacios, quedan como una reliquia de los tiempos idos, sus casonas de aleros anchos y mugrientos, sus conventos transformados, sus viejos templos de singular belleza y "sus rincones más íntimos con sus estrechas callejuelas pobladas de silencios y recuerdos borrosos ya por la pátina del tiempo".

JOSÉ REINA VALENZUELA

EL SINGULAR ENCANTO DE LAS VIEJAS IGLESIAS

Cada vez que tengo tiempo visito la Iglesia de la Concepción en Comayagüela. Aparte del afecto familiar, –ahí, bajo el altar de N. S. de Guadalupe, está enterrado mi ilustre abuelo D. Valentín Durón–, vuelvo a ella por el recuerdo. Esta vez, la misa de réquiem que me llevaba fue a una hora después de la señalada, permitiéndome así, en la soledad tranquila, darle rienda suelta a la imaginación y a las remembranzas, mientras observaba la entrada y salida de los feligreses. Estábamos solamente, el Sacristán que hacía el aseo, y yo.

Era temprano de la mañana y noté que casi toda la gente que entró me era desconocida. Me preguntaba: ¿qué se hicieron los comayagüelas de antaño, los que otrora poblaban este templo? Con la ayuda del recuerdo volvía a ver, reconstruía el escaño familiar, toda la familia de rodillas mientras la buena madre enseñaba el rosario. Del breve ensimismamiento me sacó primero una enfermera joven, quizá empleada del hospital vecino.

En silencio estuvo arrodillada un rato frente al altar mayor e, igualmente, se marchó callada y contrita. En seguida entró un obrero también joven. Éste se detuvo un momento frente a la imagen de la Virgen, se santiguó y salió rápidamente.

Vino después una señora de edad, con todas las trazas de las mujeres que tienen un puesto de venta en el mercado. Canosa, de vestir humilde, recorrió y fue repasando todos los altares sin hincarse, tocando los pies a las vestimentas de las imágenes, a la vez que hacía la señal de la cruz. Casi al mismo tiempo entró un artesano de mediana edad. Éste estuvo rezando una oración en voz alta y se marchó luego, siendo seguido por una adolescente, modistilla o quizá oficinista, la que estuvo absorta un rato para salir, apresuradamente, mientras observaba su reloj de pulsera.

El siguiente personaje, bajo, gordo, sin rasurar, con pantalones azulón desteñido, sostenidos por tirantes, quien caminó contoneándose con dificultad por el pasillo central hasta el altar mayor, santiguándose, sin detenerse, frente a los altares laterales y, de pie, seguramente por su gordura, rezó su jaculatoria y se alejó, tosijoso, sin volver a ver a derecha o izquierda. Mientras, detrás de donde me sentaba, estuvieron fugazmente hombres de todas las edades y de todas las clases sociales, ajenos a presencias extrañas, abstraídos exclusivamente en la súplica que los llevó al templo.

Entretanto, volví la mirada en derredor y me puse a recordar. Mirando hacia el coro me acordé del Maestro Agustín Maradiaga, de su discípulo, Medardo Cerrato; del Maestro Manuel Sosa, del Maestro hijo a su vez del Maestro de Capilla, el filarmónico de la Catedral, D. Felipe Ugarte, algunos hace tiempo muertos. Quizá su adiestramiento musical era escaso, sin embargo hicieron sonoras misas y solemnes marchas religiosas, que estropeaban con sus lamentables voces. Sin embargo, instrumentos mágicos los salvaban como los salvaba también el fervor religioso que los inspiró siempre.

Otras cosas eran las dulces voces de Adela Valladares, de Ticha Lagos y de Abelina Cárdenas, cuyos gorjeos nos servían, a los rapaces de mi tiempo, para adormecernos, mientras el P. Basilio Gómez ofrendaba abundante incienso a Nuestra Señora en los rezos de las Flores de Mayo. A mi derecha tenía el lienzo de la Patrona Guadalupana, regalo del General Manuel Ramos en 1724. Recuerdo que, en mi niñez, me extrañaba no ver "de bulto" a la Virgen Morena, extasiándome en cambio, con el rostro de la Bella María Magdalena, con la figura del apuesto San Juan, con las venerables barbas de San Pedro y, sobre todo, con la imagen del Señor Resucitado.

En la media luz de esta mañana nublada no dejé de evocar a fantasmas dormidos. "Por la noche –decía la conseja– un cura sin cabeza ejecuta el armonio". Lo contaban los párrocos de antiguo y era tema obligado de la tertulia en mi casa, cuando todavía no teníamos luz eléctrica. "Yo lo vi, —y nos crispábamos al escucharla— nos relataba la beata vecina, —mientras subida en una escalera, arreglaba sola las cortinas del altar mayor para la Fiesta del Corpus—¡y salí despavorida!".

Yo prefería escuchar a los grandes predicadores peninsulares que, de cuando en cuando, nos visitaban para la Feria de Concepción. El R. P. Aníbaro, después de la celebración, tomaba chocolate con galletas en mi casa. Rollizo y mofletudo, me sentaba en sus piernas y me maravillaba con sus leyendas de la lejana España. "Algún día irás por allá, gandul, ¡y te enamorarás de mi tierra!" El erudito prelado se transportaba en sus oraciones desde el púlpito. La Concepción de María era su tema favorito y nos electrizaba cuando, como era costumbre entonces, a medio sermón pedía una Salve y nos obligaba a hincarnos. En el silencio que seguía se podía oír la caída de un alfiler. En los ojos de la Niña Inés Padilla se me antojaba que había lágrimas de emoción.

En la ensoñación poco a poco, me había ido quedando solo, sin reparar ya en los extraños que entraban y salían. Y es que el templo ha cambiado, ha sido remozado, los RR. PP. Franciscanos lo han convertido en una iglesia nueva y moderna que, desde luego, conserva ciertas antiguas huellas, con las ventajas del culto que ahora demanda auditorio y librería, escuela y biblioteca parroquiales. Aquí dejaron, su pequeña fortuna el P. Nicolás D'Antonio, hoy Obispo de Olancho, y su espíritu misionero centenares de frailes norteamericanos.

A medida que avanza la hora, disminuye el trajín. ¿Qué es lo que pide la enfermera, qué la oficinista, qué la vendedora del mercado? ¿Cuál es el ruego del maestro de obras de pantalones de azulón, cuál el del estudiante y el de la modistilla? La egregia Villa de Concepción, a la que D. Marco Aurelio Soto le regalara una estatua de mármol de la libertad, ha dejado de ser lo que fue en mis primeros días. Con el alcaraván del patio pasaron el perfume del jazmín de parra y el del limonero, la alegría temprana de la campánula. Pero la fe se mantiene enhiesta y la esperanza renace todos los días, aunque sea por un fugaz instante, frente al tabernáculo donde está la Divina Eucaristía. Y eso no lo podrán cambiar jamás ni los tiempos ni los hombres.

JORGE FIDEL DURÓN

TEGUCIGALPA CON MORENETA

En la capital hondureña hasta las calles me recuerdan a Ciudad Real, pero, eso sí, un poco más escarpada. Casas bajas molineras, las calles estrechas y aceras reconcomidas como las uñas de una niña. En esta capital de provincia todo es chico, pueblerino, con encanto. Por ser pequeña no tiene autobús, pues no caben por las menguadas y tortuosas callejuelas. Cumplen sus veces una horda de microbuses Volkswagen que van echando chispas con los neumáticos por el adoquinado desigual; van demasiado de prisa y dan sustos no aptos para infartos de miocardio. El echarse a la calle en Tegucigalpa es jugar a la lotería de unas llantas de microbús.

Ciudad de las siete colinas. Bueno, no sé si serán siete, pero bastantes sí que son. Y, además, el decirlo, le da empaque de gran señora ciudadana, que nunca viene mal y hace patria. Pero Tegucigalpa no posee ambiciones desmedidas, ella va a lo suyo, sin más. Las casas van trepando por las colinas como una marabunta de cemento y teja; y esto de la teja es una buena señal, y única hasta ahora en lo que llevamos recorrido de Centroamérica. Se cubren aguas con una teja roja, como en la Mancha, y por eso, el bermellón de arcilla cocida con el blanco de las casas en las faldas de algunas colinas, le dan un embrujo de albaicín; hasta algún que otro ciprés gitano surge por los patizuelos.

Leo en el periódico: O. L. A., enfermo. Claro, con eso no me entero de la misa la media, y tengo que preguntar a Luis Alonso, aprendiz de camarero y sin parentesco con el de las bodas, que me sirve el desayuno. "Es el presidente, no más", me dice. ¡Ah! Oswaldo López Arellano, que se aqueja de gripe. Bueno, no es grave; hay continuidad en el poder... menos mal, pues aquí tienen fama de solucionar todo a golpe de revolución y el odio y la inquina política llegan a términos de barbarie, aunque luego se lamenten los extremismos.

Sobre el cielo de Tegucigalpa se asoman unos nubarrones grises, casi negros, como si la ciudad se empinara y el cielo bajara. Es un cielo semejante al de Méjico, de sol, lluvia y viento agresivos, y los árboles se comban como un ligero bambú, y las torres coloniales de las iglesias se apiñan en un rezo mudo y sin tañido de campanas al par que recortan su blancura en la negritud del cielo. Estoy en la ventana de mi cuarto y sobre Tegucigalpa veo cómo un velo de luto tormentoso tapa al Monte de Plata. La ciudad de varios pisos irregulares se inquieta y corre a cubrirse del agua. Las tejas, con el agua que cae, comienzan a refrescarse. Las palmeras que coronan el espinazo de las montañas que yo veo a mi derecha, tiemblan frenéticamente al viento. Un guardia, de uniforme y casco blancos, se protege en el marco de una puerta. La circulación y su pito se paran. Hay silencio: sólo silba el viento.

La tormenta amaina. La vida vuelve a pasear por las aceras y el pito de plata ya silba. Salgo a ver la Catedral, de traza española, blanca y con "sosiego" antiguo, como dijo Foxá. La Catedral de Tegucigalpa está frente al hotel, en la otra esquina, calle por medio de un patio ajardinado y de un ábside algo descolorido. La portada sobresale y domina la plaza de Morazán, que es un pequeño pulmón de la ciudad y remanso de los viejucos de sombrero de fieltro y ala ancha, que vienen a tostar sus canas y a cabecear sus historias. En medio de la tertulia de esta placita que esquiva el ruido de la circulación, se erige la estatua ecuestre a Morazán que desde su caballo de bronce mate, sueña horizontes e imperios que levantar. Su brazo es de mando y de sugerencia; su postura, idealista y ambiciosa como las de 1842. Su ideario fue provisional, no cuajó en su tiempo, pero ahí está como lema y esperanza e impregnando un poco la actualmente pergeñada integración de Centroamérica. Observo que no cayó en terreno baldío la sangre del soñador hondureño.

Pero ante esta presencia apabullante y dominadora del general Morazán uno piensa, y echo en falta, el recuerdo, el monolito al bravo Lempira, indio de la tierra, que luchó cual león contra el estandarte español. La vivencia actual de Lempira es continua, pero vulgar, mercantilizada, manoseada y sin duende histórico. Su efigie aparece constantemente en la moneda nacional. Uno, en el fondo, respeta los personajes de la Historia, pero el que en Honduras cabalgue Lempira a lomos de níquel o el que Balboa en Panamá haga lo mismo, le da al viajero una sensación extraña, rara, como falta de sensibilidad nacional. Tan anormal le suena como que al dólar le pusiera el nombre de Franklin o a la peseta el de Isabel La Católica. Pero, claro, como es una opinión, y no vale nada, hay que aguantarse. Toda esta suerte de pensamientos se fragua al tener que pagar en moneda hondureña el trabajo primoroso y veloz de un joven limpiabotas, al pie de la Catedral.

Penetro en la luz tamizada de la Catedral. La planta es de cruz latina, y el piso, de baldosín feo. El altar mayor, de un barroco local en oro y con un medallón de la Trinidad, que lo preside, en el centro. Hay una talla de San Miguel, muy guerrera. Su peana, el sagrario, y los bajos del altar, son de plata repujada y fabulosamente trabajada. Un J. H. S. monumental, de mármol, sostiene el nuevo tabernáculo aislado y en posición avanzada, siguiendo las normas nuevas del Concilio. Delante de ambos se preparan un catafalco para un funeral y un pequeño altarcito con una estrella enorme de metal para conmemorar la Virgen de Fátima en el 13 de mayo. Dos candelabros gigantes, también de plata, se elevan hacia la cúpula. Todo el interior de la Catedral es de un blanco brillante recién pintado.

En una capilla lateral, medio a oscuras, un Ecce Homo original sentado y apoyado en su talla, orilla un confesionario. Un grupo de la Sagrada Familia cae a la izquierda y en él noto que el Niño Jesús tiene una cara de pepón, a pesar de los quince años que representa. Toda la Familia va de raso blanco, como si fuera al templo para que el Niño se pierda a ocuparse de las cosas de su Padre. En la capilla del Evangelio se guarda el Santísimo, y unas viejas rezan sentadas. Según voy volviendo al atrio me fijo en uno de los altares secundarios. Está dedicado a la Virgen Morena de Montserrat, a la Morenita. Me sorprende y reacciono recordando la canción de Mosén Verdaguer:

"Morenita sois.
Es que el sol os toca.
Es que os toca el sol,
el sol de la gloria.
Morenita sois.
Morenita y blonda".

Como se ve, la presencia de Cataluña alcanza hasta todos los rincones y llega aquí, íntimamente, a acunarse en el regazo del cielo y el sol hondureños. Me entero que lleva aquí la talla desde 1856, como agradecimiento a un deseo concedido. Donde debía estar el Sagrario hay una escena en miniatura de la vida de San Antonio de Padua, el santazo italo-portugués. El motivo es tan grande como un pequeño nacimiento.

Sigo hacia el atrio. Mi vista se cruza con la de algunas beatas que rezan en alta voz. Un altar a Judas Tadeo, con vara de caminar y hacha del martirio que padeció. En el frontispicio del coro, un lienzo representa una descomunal Última Cena. La humedad del templo la ha estropeado. Pienso que en la Catedral no hay muchos exvotos. Y otra vez en la plaza, que me recibe con la tarde recostada en su espalda.

De vuelta en el hotel. Desde mi habitación oigo cómo se anuncia un salón de belleza. Veo cómo la noche se va arrastrando por las colinas. Las casas y las chabolas se encienden como una vela. Los grillos cantan a la luna de plata hondureña y las cuestas se hacen más suaves en la noche de Tegucigalpa. El pulso de la ciudad comienza a pararse. Me duermo.

LUIS MARAÑÓN RICHI

UN AVIÓN AL CAER

Desde San José de Costa Rica a Tegucigalpa se sobrevuelan unos bosques tupidos y una ristra de montañas de una altitud media de dos mil quinientos metros, aproximadamente. Las calvas de los picachos casi se pueden tocar con el ala del avión y si el piloto apurara, o se las diera de intrépido, les haría cosquillas. Los bosques quedan anclados en lo hondo de las montañas. El terreno, agreste y quebrado, es variadísimo y se regala entre subidas y zonas umbrías como si la piel de Honduras estuviese picada de viruela.

Agustín de Foxá, que también se alzó a estas latitudes, recuerda a Honduras como "montañosa, fruncida, verde, honda como su nombre". Me parece exacta la explicación de Foxá. Ahora bien, Honduras, al menos nominalmente, engaña, pues con ese nombre recortado, tristón y en profundidad oculta, vela un cuerpo vasto, rico en recursos, jaranero como la gente que lo pisa. Porque el hondureño es persona abierta y agradable de trato y dispuesto siempre a pegar la hebra con la sabia compañía de un "highball" a tiempo. En Honduras la gente sabe que las bellezas naturales no están reñidas con el "drinking" a la hora justa.

Honduras, desde lejos, es decir, a través de libros o de comentarios que se llegan, parece menos de lo que es. La misma Tegucigalpa —el Monte de Plata de la tradición— de la que nos habían hablado en diminutivos, al encarárnosla pudimos apreciar que en puridad se trata de una población enorme que se desperdiga trepando por un sinfín de colinas, como si fuera una Roma en pequeño, y valga la comparación..., que no vale, pero queda.

Lo que no da el pego al viajero es la pista de aterrizaje de Tegucigalpa, tan pequeña y de unas proporciones tan limitadas que bien parecen propias de un aeroclub. El aeropuerto está ubicado a medio camino de una encrucijada de montañas que lo aprietan y, por eso, no puede dar más de sí. La pista de aterrizaje termina en un barranco ancho y tajante y el aterrizar tiene que hacerse de forma muy breve y los pilotos deben atinar en su maniobra. Por eso creo que los aviones en Tegucigalpa no aterrizan, sino que "caen" como pueden y se les deja. Y nuestro aterrizaje, que fue óptimo, dentro de lo escueto vino a ser como patinar en un trampolín de una piscina sin agua. Gracias a Dios se frenó a tiempo y no hubo chapuzón en seco.

La primera sorpresa del cielo y de la tierra hondureños es la alegría de toda la Naturaleza. El aire que sopla es bullanguero, transparente, que orea las mentes y el cuerpo ante la vigilante mirada de un sol alto y benévolo. Este no "pega", sino que se limita a dar suaves golpes en la espalda. Las montañas que vemos aquí y allá son como las de Guadarrama, de picos en sierra y en un cielo azul fijo que los mantiene y enmarca. Hay mucho monte bajo y pinares que se empinan cuestas arriba, y también piedras de granito que se aferran a las lomas.

Estos parajes me recordaban continuamente a Camorritos o a Cercadilla en el mes de abril. De todas formas, pienso que es un conjunto natural con ganas de reír y vivir, y esto siempre es demostrativo de una clara idea de lo que es la vida y cómo se debe tomar.

Esta "joie de vivre" hondureña contrasta con la leyenda inmovilista y sin esperanza de Copán, que allá en el oeste se arrastra entre sus piedras muertas. En la linde con Guatemala se estampó como un sello en seco el recuerdo de una leyenda en la que el reo, condenado a muerte, maldijo a su pueblo. Vino a ser un aojamiento a la "civitas" entera, y en artículo mortis, y a causa de ello se transformó con los años en una bellísima estatua de piedra. Copán, que es una montaña de piedras sacras, configura un paisaje similar al bíblico de las hijas de Lot, sólo que trasplantado al corazón e historia mayas, viene a ser el contrapunto hondureño por antonomasia.

El que viaja no suele ser un dogmero improvisado, pero cree ver en Honduras que sus ansias de sol, luz y vida van un poco de la mano de esa impronta copaniana, pétrea y anquilosada. Quiere Honduras romper este encanto retardatario pero lo hace muy lentamente, sin atreverse a levantar las costras inmovilistas con la energía que se debiera. Creo en lo que el colombiano Arciniegas apuntaba: "Honduras, la tantas veces oprimida...". Y en verdad, una leyenda le oprime pero también una historia de caciques irresponsables que no se preocupan de que el país avanzara a ritmo más vivo. Y por eso, ese ambiente, ese deseo de vitalidad, abierto al sol y al aire, se debate contra el lastre oscurantista de los políticos antañones. Porque conviene señalar que el pueblo hondureño ya no se contenta con poner los cueros al toque del cariño solar, sino que ambiciona algo más...

LUIS MARAÑÓN RICHI

CARRRERA EN MICROBÚS

La manera mejor de pulsar el ambiente de Tegucigalpa es cogiendo un microbús. Las distancias por la capital son largas y el microbús, rápido y menudo, va sorteando bocacalles y haciendo esguinces a las esquinas, como una moto: de tal suerte que el pálpito de la ciudad va surgiendo a cada parada obligatoria y a cada pitido de guardia.

Tegucigalpa, incluso a ruedas de un Volkswagen azulenco, resulta una ciudad difícil de caminar, por ser ciudad trepadora y de pequeñas cuestas y el microbús, como las calles mismas, se va adhiriendo a la ciudad como una enredadera gigante y móvil. Se sube y se baja sin parar y el río que atraviesa, de porte parecido al Manzanares, unas veces se esconde y otras da la cara.

En una calle céntrica, una tienda con el rótulo de "Nasser" ofrece en su escaparate unas delicadas prendas interiores de señora. Nos dicen a nuestro lado que aquí, en el comercio, se dan mucho los árabes —¡ah! ya— bastantes salvadoreños, judíos y, ahora, menudean los japoneses. Esto último salta a la vista, pues en cada esquina se anuncian máquinas de fotos o electrodomésticos nipones.

El edificio que domina Tegucigalpa es el palacio del Presidente, que se yergue en unos "rosas" acusados del más puro estilo manuelino. Por dentro, y siguiendo la tónica colorista, se viste de azul celeste. En su torre del homenaje ondea al sol la bandera de cinco estrellas. Hay una nube negra en el cielo que agudiza el azul de la bandera. Un Mannekenpis de escayola blanca desagua sus necesidades en el brocal de una fuente interior. La Guardia Nacional, armada de casco y fusil automático, hace el relevo, y noto que los soldados de caqui y botas de tanque tienen un "foulard" lila que choca por lo coquetón del talle.

Rodeamos totalmente la penitenciaría que está enclavada en el corazón de la ciudad. Pasamos delante del Chico Club, regentado desde hace muchos años por un gallego de la Lugo provinciana. No existe casi industria en Tegucigalpa. La dejan toda para San Pedro

Sula, que cae al norte y tiene fama de calurosa. Aquí, por lo visto, sólo viven el comercio, la Administración, la Asamblea, la Universidad y la Embajada Americana, con 80 empleados. También vive en Tegucigalpa la sede del Banco Centroamericano de Integración Económica y el "boom" por seguir los cursillos de cristiandad.

Un mozo que va en el asiento de al lado, al saber que soy español, me pregunta por Coneja. Niego con un mutis "sorpresivo".

—Sí, hombre, Coneja Cardona, el futbolista.

— Ya. Ese creo que está en el Atlético Madrid y que cuando juega mete todos los goles.

Mi interlocutor respira tranquilo, y ufano de su orgullito patrio. Queriendo evitar más profundidades balompédicas, miro insistentemente a través de la ventanilla del microbús, pues no quiero comprometer mi ignorancia "futbolera".

Las casas son muy bajas, de un piso escaso. Sólo le exceden un par de edificios de altura respetable, de cristal y aluminio, como únicos y dignos representantes de los rascacielos de la nueva ola.

La Asamblea está pegada a la Universidad. Se sostiene sobre unos pilares de betón forrado de aluminio. La construcción es bella, moderna y novedosa para Honduras. Tiene una traza aérea y está enclavada en el límite de la vieja y la nueva Tegucigalpa. Mira al monte y al valle. En esta misma plaza, la de la Universidad, pequeña, deliciosa, de vida estudiantil y de amores silenciosos, uno se encuentra recordando el pequeño soneto del catalán López Picó:

"La plaza, sonora
de sol y una voz de niño.
En el aire una paloma."

Veo mucha mezcla de razas por la calle. Unos niños compran unos polos. La dueña del carro de polos los hace en el momento rascando una barra de hielo y poniéndolos en un cucurucho después de haberlos entintado con un salpicón de esencia que tiene en una botella de litro. ¡Y a la boca! La verdad, la "higiénica" operatoria de los polos me produce escalofríos y como una tentación para que se lleguen las amebas.

La Universidad es chiquita, como un Ayuntamiento andaluz de segunda. Su fachada es de amarillo desvaído. Entran y salen muchos jóvenes. A la Universidad hay adosada una iglesia primitiva de artesonado bastante interesante y que regentan los franciscanos. Está dedicada a la Virgen de Suyapa, de devoción popular, milagrera y otorgadora de mercedes, que se apareció allá por el 1747. Dentro de la iglesia hay un San Benito negro, cosa que me sorprende. Otra vez en la plaza.

En la misma fachada de la Universidad hay una placa dedicada a Morazán con la siguiente inscripción: "Porque la libertad ha recobrado el imperio del orbe, 1841".

El micro trepa hasta la linde del Country Club. Desde éste se divisan las chabolas colgadas, como una Cuenca venida a menos, y la decoración de unas montañas enhiestas y llenas de quebradas y bosques tapa el horizonte..., ese horizonte por el que nos vamos a introducir en breves momentos ya que tomaremos el avión. Nos dicen que es una pena no hayamos podido ir a las Islas de la Bahía, o de Los Pinos, que están al nordeste y donde el mar es de esmeralda y la arena de la playa no es rubia, sino blanca. Ahí arriba, en la isla de Guanaja, situó Stevenson su Isla del Tesoro.

También allí Colón encalló en la playa que se llama "del Soldado". Hoy, en cambio, un vasco, Solavarría, anda montando un complejo pesquero. Lo que es la Historia y la literatura no encajan con el "New World" de chimeneas y humos. Uno, la verdad, y en este caso, se queda con las dos primeras. Por eso recuerda esas bellísimas líneas de Alejo Carpentier que en su "Siglo de las luces" dedica al mar de estas islas: "...en ese prodigioso mar hasta los guijarros del océano tenían estilo y duende... Y era la tranquila piedra con claridades de alabastro, y la piedra de mármol violada, y el granito cubierto de destellos, que corrían bajo el agua, y la piedra humilde erizada de bigarros...".

Y al releer estas frases de Carpentier, pura esencia del viejo Caribe, sentimos aún más el no haber podido llegar hasta las islas de ensueño, que siempre vivieron apartadas de los dos imperios hondureños: el de la United Fruit Co., y el de don Tiburcio Carías. Ahora, en cambio, las islas se han sumado desde su orilla al paso hacia delante que inicia Honduras. Este avance lo comenzó el

Pajarito, de nombre Villeda Morales, y lo continúa en la actualidad López Arellano. Que no tropiece y que Dios les colme de gerentes y planes de desarrollo.

Damos fin a nuestra estancia hondureña y también a 36 horas de angustia futbolística. Al subir al avión nos dan la noticia y la alegría: el Real Madrid ganó, 2-1, al Partizán en Bruselas. Y van seis copas de Europa. Y el ¡hala Madrid! llena el fuselaje del avión. Las despedidas son breves, concisas, significativas. Gracias. A por la séptima. ¡Vivan los "ye-yés" de don Santiago! Pero también somos agradecidos. Suerte, Honduras.

LUIS MARAÑÓN RICHI

IGLESIAS CON TEORÍA

No niego que tengo mal de piedra santa. Y sin presumir de santón o beato diré que recorriendo iglesias me encuentro como pez en el agua. Las iglesias, piensa el viajero, son para todos y en ellas se ponen al mismo nivel las desigualdades existentes. No hay debajo de sus cúpulas ni altos ni bajos, ni cojos, ni sanos, ni ricos ni pobres. Todos somos iguales y a todos la iglesia acoge con el mismo amor. Se les habla con la misma fe y se les escucha con igual esperanza.

En la iglesia se está como en casa, cómodamente, a gusto. Por esas razones en la iglesia de los Dolores de Tegucigalpa me instalé a oír una misa vespertina con esa predisposición de espíritu conocida ya desde siglos. Y gracias a ello, todo lo que me rodea en el recinto no me enfada ni me alarma.

Todo lo más me sorprende, me incita a una comparación, a un contraste quizá, a una teoría piadosa de tipo arquitectónico. Los Dolores, edificada en 1732, se asienta en una pequeña plaza y atesora en la situación y arquitectura un leve esbozo de la "teoría religiosa" que plantean todas las iglesias de Hispanoamérica. Pero nadie mejor que Fernando Chueca, perito en la materia, para analizar en breves trazos esta doctrina. Para ello, espigamos unas cuantas líneas de su estudio aparecido en el número de mayo de la Revista de Occidente. Todas sus palabras certeras coinciden con la característica de los Dolores hondureño.

Dice Chueca: "La fachada del templo es un altar puesto a la calle".

Efectivamente, nuestro iglesuca de dibujo colonial, más cercano al portugués, es un retablo exterior. Hay en la fachada alegría, estatuas en los nichos, colores en las columnas, pórtico policromado, presidencia de una cruz y una imagen devota. Contornando fachada y columnas, unas bombillas de varios colores que se encienden allá para las fiestas.

En el centro de algún rosetón ornamental también hay una bombilla roja. Y sigo al técnico, "predomina el sentido escultórico y externo sobre el arquitectónico interno". Este matiz se da aquí también agrandado por el barroco del lugar.

El interior de Los Dolores, comparándolo con la fachada, presenta un barroco desvaído, excesivamente colorista y retocado por manos de muchos párrocos desconocedores del gusto arquitectónico. Toda la cruz latina de la nave huele a falso y a lugareño de poca manta. Las imágenes de los altares, tienen por colmo, unas coronas de neón que les da un "allure" de anuncio "pepsicolizado".

Las paredes y columnas interiores dialogan en unos amarillos acebrados que no dejan rezar con tranquilidad. (La única talla de valor y mérito es la de Nuestra Señora de los Dolores que posee una enjundia muy castellana, a lo Berruguete de su última época). El piso, de un dibujo estridente, también desdice a la iglesia, pues se parece al de una cocina del siglo XIX.

El sermón que pronuncia el páter anda todavía estancado en los modos de antes del Concilio, es decir, retoricismo y abuso de forzar la voz. Las mujerucas en sus bancos están como cohibidas, acoquinadas, sintiendo una honda culpabilidad de no saben qué. Termina la misa y salimos.

A los pies del atrio un mendigo pide limosna. Otro peregrino de mil trochas, se acurruca entre las bases de dos columnas.

La explanada que rodea la iglesia también cae dentro de la teoría de Chueca. En el fondo, este gran vacío que sirve para la iglesia, guarda una recia herencia española, pues en Hispanoamérica como en España, "cada iglesia, cada convento, tuvo su espacio sagrado en torno...", "la relación edificio-espacio tiene carácter tradicional, puramente hispánico", como dice Don Fernando. El templo español, estuviere donde estuviere, no sirve sólo para mejor dar culto a Dios, sino para dar tono y prestigio al pueblo o ciudad donde se halla ubicado.

La iglesia suele ser, las más de las veces, la razón de la existencia de un pueblo, de una persona importante, o de una raza y hasta sirve para manifestar un orgullico de índole nacionalista o provinciana. El complejo plaza-iglesia refleja también un modo de entender la religión y una actitud ante la vida o una forma de comportarse en la religión.

Con una buena iglesia y una gran explanada se da la sensación de señorío e hidalguía y esto acontece en Hispanoamérica. Y yo lo vi y lo veo en los Dolores de Tegucigalpa. Como ya es noche cerrada, la iglesia de esta ciudad acuesta sus cúpulas. Da la impresión de que la cruz se estira más y más para rezar en el silencio de un cielo colmado de estrellas.

LUIS MARAÑÓN RICHI

TEGUCIGALPA, LA CIUDAD QUE CONSERVA EL ESPIRITU DE LA AMERICA COLONIAL

En el centro de América, con sus costas bañadas por la amplitud azul de dos océanos, se encuentra la República de Honduras. Pequeño rincón del mundo que la naturaleza escogió como muestrario de sus maravillosas creaciones; estructurándola en zig-zag hacia lo infinito, formando deliciosos jardines en cada uno de sus valles, y en la serenidad acogedora de sus costas, paraísos tropicales adornados por la elegancia lánguida de las palmeras y la fragancia adornada de los bananeros.

Porque Honduras es eso; la cristalización de un afán de horizontes conocida realmente por muy pocos, bien podría ser la tierra extraña de encantadora belleza con que sueñan los viajeros de la tierra. De todos los que buscan en el encanto de los paisajes naturales esa serenidad de paz y de grandeza que parece haber huido de las grandes y modernas metrópolis, corrida por el trajín bullicioso y febril que impone el ritmo de nuestra época.

Es como si en ella se hubiera dormido el espíritu austero y sencillo de la vieja América Colonial. Pero, emprendamos el viaje imaginario...

Al arribar por el Pacífico a las playas hondureñas, nos enfrentaremos con la belleza indescriptible de Amapala, pintoresco puerto situado en la isla del Tigre, al que bañan las aguas tranquilas del Golfo de Fonseca, antiguo refugio de piratas y filibusteros en sus excursiones de saqueo y rapiña. Y, en un típico barquichuelo de remolque, continuaremos el viaje. Islas y esteros... de maravilla en maravilla, deseando no llegar nunca al término de ese andar.

Y así entraremos al estero de San Lorenzo, famoso en Centro América. Se costean las riberas de su puerto entre los mil gritos discordantes de loros y guacamayos, donde cantidades enormes de pájaros lucen en sus plumajes las más raras y bellas sinfonías del color...

Y ahora el trayecto cambia. Es una plateada cinta de cemento, la gran carretera del sur, que un día tendiera la férrea voluntad del general Terencio Sierra, por sobre la imponencia de graníticas cadenas de montañas, la que nos ha de indicar el camino de Tegucigalpa, la ciudad que románticamente prefirió quedarse en gran aldea del siglo pasado, al menos en espíritu.

Un recodo del camino y, la ciudad capital, bañada en sus millares de diamantes eléctricos, aparece en la lejanía. Cada segundo que pasa acorta la distancia y no tardaremos en entrar en Comayagüela, importante población íntimamente ligada a Tegucigalpa y separada de ésta, caso curioso, por un río, el caudaloso Choluteca.

Y la entrada en ella puede hacerse por el pasado o por el presente. No es una rebuscada paradoja, es la realidad. Dos enormes puertas facilitan el intenso tráfico diario que en ella se opera: uno, el antiguo y gigantesco Mayol; por él, más de una vez, pasó la historia de Honduras. El otro es el monumental Carias, modernísima obra de la ingeniería actual. Así están, frente a frente, las piedras milenarias de uno y las poderosas armazones de acero del otro. El pasado y el presente de Honduras.

Ya estamos en Tegucigalpa, ciudad colonial que se recoge entre apretados cerros en busca de un urbanismo tropical. En sus plazas y calles, entrelazadas caprichosamente conforme a las exigencias de su topografía y de su tradición, vive aún una de esas típicas y alegres ciudades andaluzas que trasplantaron a América el esfuerzo y ambición de los conquistadores españoles: las clásicas callejas, empedradas y partidas en dos por la acequia de un desagüe, casonas de rojos tejados y portales amplios, ventanas donde las rejas se transforman en diminutos jardines, iglesias añosas en que los campanarios son nidos y, la cruz de la fe, dos leños toscamente enlazados.

A cada instante se tiene la sensación de que ha de escucharse la voz grave de uno de esos serenos que, en otras épocas, anunciaban el paso de las horas.

Desde la baranda del Parque La Leona, construido encima del cerro que lleva su nombre, podremos contemplar a nuestros pies la alfombra mágica de mil destellos caprichosos que forma en sus luces la Tegucigalpa nocturna.

Y aquí y allá, bellos monumentos de la arquitectura maya, emergiendo de la exuberante vegetación del lugar, mudos testigos de una atmósfera romántica que todavía flota en Tegucigalpa, la ciudad que prefirió quedarse en gran aldea del siglo pasado...

VICTORIO ROMEO

EL REAL DE MINAS DE SAN MIGUEL DE TEGUCIGALPA

Allá arriba, entre pinos, está Tegucigalpa, o simplemente Tegus, como dicen los pequeños autobuses campesinos, cargados de mestizos de oscuro color. Tegucigalpa es una ciudad casi inverosímil por lo quebrado de su emplazamiento, entre barrancos y lomas, que hacen poco aconsejable el acceso por avión. ¿Cómo se les ocurrió a los españoles fundar una ciudad en aquellos andurriales? Cuestión de minas, como en tantos otros lugares de América, desde Zacatecas hasta Potosí. Tegucigalpa quiere decir "montaña de plata", y el mineral precioso comenzó a aflorar en 1578 con tanta riqueza, especialmente en los cerros de Santa Lucía y San Juan, que el simple campamento o real de minas se convirtió primero en villa y luego en ciudad, hasta recibir la capitalidad de la República a fines del siglo pasado.

La primitiva iglesia de madera ardió en 1742, pero el cura párroco, don José Simeón Zelaya, supo movilizar la riqueza de sus feligreses para construir antes de 1765 una magnífica "iglesia minera", digna hermana de las de Guanajuato, Taxco, La Valenciana y tantas otras de México. El maestro guatemalteco Ignacio Quirós trazó una fachada barroca gallardísima, cuyo primer cuerpo luce dieciséis pilastras almohadilladas que, en frase de González Galván, parecen un acordeón que invita a la danza a los arcángeles de las hornacinas: San Miguel, San Gabriel, San Rafael y otros cuatro menos ortodoxos que se llaman Uriel, Baraquiel, Hehudiel y Saltiel.

Los mismos siete arcángeles rodean a la Inmaculada en el retablo mayor, que es una gran máquina de plata repujada y de madera recubierta de oro, ricamente acompañada por otros dos retablos laterales del mismo primor y por un púlpito fastuoso que se me antoja único en su género. Como dice el citado arquitecto mexicano González Galván, "el tornavoz de ese púlpito remata en un carrito rococó, con aspecto de orfebrería, que parece una salsera o parte de un servicio de mesa, y lleva en su peraltado respaldo la paloma del

Espíritu Santo, guiando e indicando el rumbo a doce llamitas, sin duda los Apóstoles".

¿Será que en aquellas tierras interiores la imagen de la Iglesia como un carro era más eficaz que la de la barca de San Pedro, utilizada en la Europa mediterránea? Lo cierto es que en la vecina iglesia de La Merced hay otro carrito barroco encima del púlpito.

Hermosa es la catedral de Tegucigalpa, con torres que demuestran que allí hay pocos terremotos, y con recortados atrios, puertas y balaustradas.

En tono menor, también es bella la iglesia de Los Dolores, cuyo frente está cuajado de brillantes aplicaciones de cerámica, guardando restos de un soberbio artesonado barroco-mudéjar y dos buenos retablos de oro y rojo. La Merced y San Francisco conservan también reliquias mudéjares, porque es obvio que en los primeros tiempos las iglesias hondureñas se cubrían con hermosas labores de la madera de sus pinos.

¡Lástima que no hayamos podido visitar muchos pueblos —Santa Lucía, Ojojona, Suyapa y tantos más—, en los que estamos seguros de que habrá mucho que ver!

ERNESTO LA ORDEN

EL ANIVERSARIO DE LA CIUDAD HEROICA

Hoy cumple 105 años la ciudad de Tegucigalpa. Este rango lo conquistó en los albores de la Patria Grande, el 11 de diciembre de 1821, por sus sacrificios y su adhesión en la causa centroamericana.

Ese espíritu amante de la libertad que reveló Tegucigalpa en sus orígenes, se ha mantenido vivo a través del tiempo y así lo ha manifestado en las diferentes páginas que le ha tocado escribir en la historia de Istmo.

Su adhesión franca por la reconstrucción nacionalista se cristalizó en el representativo más alto que ha tenido la Patria Grande, en el mártir que cayó un día fecundándola con su sangre y dignificándola con su idea.

En ningún momento de su vida se ha visto en otro puesto que en aquel en donde la libertad la reclama o siguiendo, siempre compacta y nunca desilusionada, la bandera de la Unión, cuyos sagrados pliegues recogió de las manos del Héroe.

En estos últimos tiempos Tegucigalpa ha sido considerada como una ciudad empleomaniaca y haragana. Y eso es una aseveración injusta. Tegucigalpa, sus propios naturales, esos no están empleados y los más viven de sus rentas o negocios.

Tegucigalpa es el lugar de la República que más hijos de los departamentos tiene, y esos son realmente los que forman el batallón de los empleados. Es cosa igual, como si dijéramos que en la Costa Norte sólo hay trabajadores hondureños, cuando éstos en su mayor porcentaje son de los otros Estados hermanos.

Lo que sí cultiva Tegucigalpa es mucha política, al grado que hasta advenedizos vienen a esta pobre metrópoli a politiquear, confundiéndose en promiscuidad escandalosa con los nacionales, que los toleran, con tal de que sean partidarios.

ALFONSO GUILLÉN ZELAYA

TEGUCIGALPA BAJO EL GOBIERNO MALLOL

I

La obra de Alcalde Mallol en Tegucigalpa resulta fascinante para un español residente en Honduras y mucho más para un representante de España en este interesante país.

Para el hondureño actual, Mallol es un recuerdo simpático y nebuloso, "es el Alcalde que hizo el puente", pero estudiándolo encontramos algo más que esto: un hombre arquetipo del gobernante español en las provincias americanas. No es Mallol un genio, un hombre universal, un creador; pero es sí, una personalidad entera, estricto ejecutor de la ley, cumplido administrador y que, nombrado Alcalde Mayor de Tegucigalpa, puso todo su entusiasmo y los limitados recursos a su alcance para hacer florecer a aquella lejana provincia.

Y es, tanto para España como para Honduras, una de esas infinitas personalidades que contribuyen a unir nuestros dos países; un hombre representativo de una época y un sistema, y que cierra con broche de oro la etapa española en la historia de Honduras, ya que es el último Alcalde Mayor de Tegucigalpa, concluyendo así una serie de gobernantes que inicia aquel Juan de la Cueva, del que no tenemos otra referencia que su nombre, a quien Felipe II nombrará en 1578 primer Alcalde Mayor del Real de Minas de Tegucigalpa.

Hay además otro motivo para haber escogido el tema para este trabajo: la facilidad de su estudio. Hay un libro magnífico y extraordinariamente documentado, ya que ha recogido todo lo que existía en los archivos hondureños sobre Mallol, escrito por Rómulo E. Durón, el creador de la Historiografía hondureña, en su libro La Provincia de Tegucigalpa bajo el gobierno de Mallol, publicado en 1903; pero los datos que nos facilita no podían quedar completos sin los existentes en los archivos españoles, y el Licenciado Ernesto Alvarado García, en el tomo 33 de la Revista del Archivo y Biblioteca Nacionales, ha recopilado todos los documentos existentes en el Archivo de Indias de Sevilla sobre el último Alcalde Mayor de la Villa de Tegucigalpa que completan y complementan la obra de Durón, y nos permite darnos cabal idea de su obra y personalidad.

II

Tegucigalpa al comenzar el siglo XIX es una zona apartada de los dominios españoles, la Capitanía General de Guatemala era de una gran pobreza, los funcionarios públicos se pagaban con "el situado" que enviaba el Virreinato de Nueva España y que ascendía a 1,000 pesos anuales. La economía era primitiva, basada en el cultivo del añil después de la crisis en el mercado del cacao que se produce en el siglo XVIII. La guerra europea de 1792-1815 cierra los mercados a los productos centroamericanos, las luchas de Méjico por su independencia producen la suspensión desde 1811 de "el situado" a la Capitanía General.

La situación económica por que atraviesa el reino de Guatemala en vísperas de la Independencia es crítica, y entonces se concede la importancia que merece a una de las zonas más apartadas, en aquel momento la más atrasada y pobre del reino, la única que carece de imprenta, la Alcaldía Mayor de Tegucigalpa.

La Alcaldía Mayor comprendía los actuales departamentos de Francisco Morazán, El Paraíso, Choluteca, Valle y parte de La Paz. Es el centro de la zona minera, se explota el oro, y sobre todo la plata.

En 1788, con motivo de la reorganización administrativa de Carlos III, el Ayuntamiento Mayor de la Villa de Tegucigalpa fue suprimido por el Gobernador Juan Nepomuceno del Castillo, y una real cédula de 24 de julio de 1791 ratificó esta supresión, quedando incorporada Tegucigalpa a la Intendencia de Comayagua.

La crisis económica centroamericana aumenta la importancia de Tegucigalpa, en 1806 se discute sobre la capital más conveniente para la Intendencia, si Comayagua o Tegucigalpa, en Tegucigalpa no existe entonces interés por la capitalidad. Sin embargo, después que la Real Orden de 28 de abril de 1817 restablece la Alcaldía Mayor, la Junta Superior de la Real Hacienda propone al Rey que se extinga la Intendencia de Comayagua reduciéndola a un mero Gobierno Militar con sede en Trujillo y la autoridad civil en Tegucigalpa.

Sin embargo, no ha sido hasta muy entrado el siglo XIX cuando se zanjó definitivamente este problema y la capital pasó a

Tegucigalpa, que ni siquiera llegó a adquirir el título de ciudad en la época española, sino lo que obtuvo el 11 de diciembre de 1821 a las pocas semanas de la Independencia.

Tegucigalpa era entonces un lugar pequeño cuya población era ladina y española en su gran mayoría. Según el censo de 1777 era de 4,466 habitantes; frente a ella y separada por el río había una aldea cuya población era en su mayoría de origen indígena, Comayagüela. Comayagüela era un pueblo recién fundado, antiguamente sus vecinos vivían en casas desparramadas por el campo hacia Toncontín, poco a poco a lo largo de los siglos se fueron acercando a Tegucigalpa. Fundaron un cabildo, y únicamente bajaban al pueblo cuando este celebraba sesiones. En 1796 se fundó su parroquia y en la época española la iglesia es un aglutinante que tiene tanta o más importancia que el Ayuntamiento.

La Comayagüela de Mallol se extendía a lo largo de la Avenida Real entre la primera y octava calle, la habitaban unas 1,600 personas que tuvieron calidad de tributarios hasta que Mallol, en aplicación de la Constitución de 1812, los declaró exentos del tributo. El 20 de noviembre de 1820 Comayagüela deja de ser cabildo de indios y se convierte en Ayuntamiento de pleno derecho, entonces ya existía un puente que unía los dos pueblos que habían de convertirse en una sola ciudad.

La provincia en los albores de la Independencia es tranquila, el 6 de febrero de 1821, un mes justo antes de su muerte, escribe Mallol a la Audiencia: "El Estado de la Provincia es tranquilo, no hay sino cuatro díscolos a quienes podía poner en orden por medio de la fuerza, lo que sin embargo no he querido hacer". Las ideas favorables de la Independencia están sin embargo muy extendidas y en Tegucigalpa viven Don Joaquín Lindo, Don Dionisio de Herrera, etc.

III

Don Narciso Mallol nace en Valencia en 1779 y su trayectoria es la típica de un funcionario español de la época. Licenciado en Leyes en Alcalá de Henares, cuando la Universidad complutense no había pasado a Madrid, se recibe de abogado en 1797 cuando tenía 18 años, aprobado por el Consejo de Castilla, empieza a ejercer su profesión en 1800.

Es Fiscal de Rentas de Valencia, Jefe de la Contaduría de la Consolidación en Granada, Abogado de los Reales Consejos y es condecorado con la Cruz de Distinción de Madrid por su patriótica conducta al ser ocupada la capital de España por los ejércitos franceses en diciembre de 1808.

La Regencia, el diez de agosto de 1810, lo designa para la Alcaldía Mayor de Huehuetenango y Totonicapán.

Cuando llega Mallol a Guatemala es funcionario experimentado, minado ya por la tuberculosis que había de acabar con su vida, era como lo describe Durón "orgulloso y ordenancista, con gran seguridad en sus conocimientos como funcionario público, celoso de sus atribuciones que no consentía intervención extraña en manera alguna e inflexible en exigir todo el respeto debido a su autoridad, de pequeña estatura, delgado, de voz débil y aspecto enfermizo".

Precisamente su carácter fuerte e inflexible le hizo chocar con el Capitán General Bustamante quien le obligó a renunciar en 1814, pero Mallol se ha sentido ya conquistado por el mundo centroamericano. Vive en Guatemala pobre y arruinado; entonces, por Real Cédula de 25 de abril de 1816, consigue la designación como Alcalde Mayor de Tegucigalpa, cargo del que toma posesión el seis de diciembre de 1817.

Sus cartas de los primeros días están llenas de esos pequeños y nimios detalles tan comunes entre los servidores del Estado: se queja de la pequeñez del sueldo y de la carestía de la vida en Honduras. Cobraba 1,000 pesos al año y 500 más que le correspondían de la contribución de Cofradías, pero dice: "Pago 150 pesos al año por una casa ruin y diez mensuales al escribiente y la comida es más cara que en la capital", al hablar de la capital se refería a Guatemala. Poco a poco se acostumbra al nuevo puesto, el nuevo Capitán General, el Teniente General Don Carlos Urrutia y Mendoza, le tiene en gran aprecio, pero la tuberculosis le va minando. "No puedo caminar dos cuadras sin cansarme", escribe en 1820, así muere, muy próxima ya la Independencia, el 6 de marzo de 1821 y sus restos reposan en una tumba ignorada.

IV

Las funciones de un Alcalde Mayor en la época española son tan amplias como poco definidas, nada hay para él, ni demasiado grande ni demasiado pequeño, se rige por la Ley y su buen criterio. Mallol depende de la Real Audiencia de Guatemala y del Rey, los dos están demasiado lejos, solamente los asuntos más importantes y de trascendencia son sometidos a ellos, las decisiones superiores son lentas en formularse y más aún en llegar a Tegucigalpa.

A sus órdenes están los Tenientes de partido, los hay en Guascorán, en Danlí, en Cedros, en Cantarranas, en Nacaome, etc. Alcaldes los Tenientes eran casi siempre miembros de la aristocracia criolla, auxiliares preciosos que de su Gobierno son también los curas párrocos, que organizan la enseñanza.

La labor de Mallol en Tegucigalpa alcanza a aspectos nimios de policía, ordena que los perros estén atados con cadena y que si están sueltos anden con frenillos; si no, se les matará y su propietario deberá abonar dos pesos de multa. Tegucigalpa, en su época, es un pequeño pueblo donde los cerdos andan por las calles, Mallol ordena estén encerrados en los chiqueros y que si anduviesen sueltos por las calles se les mate y su carne sirva para alimentar a los presos.

También hay un bando de Mallol de once de agosto de 1818 en el que prohíbe el juego de chivo y Mallol con sus alguaciles visita las casas sospechosas a altas horas de la noche a fin de aplicar este bando a rajatabla; a los que sorprende jugando chivo se les obliga a trabajar en el puente o a pagar una multa de consideración para la construcción del mismo. No importa el apellido ni sus blasones, los infractores son castigados por Mallol por dedicarse a juegos prohibidos, y las multas se aplican a la obra que ha hecho conocido a Mallol: el puente.

El puente era una vieja aspiración de la ciudad. Pedro Martínez Zelaya, Regidor perpetuo de Tegucigalpa, es el primero que a fines del siglo XVIII se preocupa por la idea, pasan los años y se inician preparativos, pero se tropieza con un problema permanente que era la falta de fondos, se calcula que eran necesarios para su construcción 36,000 pesos, cantidad que desde luego, no existía en las arcas del Ayuntamiento. El Alcalde Mayor interino Simón Gutiérrez consigue en 1816 promesas de donativos de varios vecinos por valor de 2,000 pesos. Un constructor hondureño, José María Rojas, hace el diseño, el Teniente Coronel de Ingenieros Juan Bautista Jáuregui revisó dicho proyecto que fue aprobado por la Real Junta Superior de Hacienda. Cuando Mallol comienza a desempeñar la Alcaldía Mayor tenía ya unos proyectos perfectamente utilizables, carecía sí de dinero, pero no de dinamismo.

El seis de diciembre de 1817 se hizo cargo de la Alcaldía, el trece de dicho mes reunió a una Junta de Notables para tratar de dicho asunto y pocos días después se inicia la construcción del puente con tal éxito que el seis de agosto de 1818 puede escribir al Capitán General: "A los tres meses y días de iniciada la obra hay ya ocho bastiones y sobre ellos un paso de madera de más de ochenta varas con buen pasamanos que aseguran el paso del río". La forma como allegó fondos es muestra de su natural ingenio y entusiasmo: dos mil pesos los consiguió de la Caja Real, de donativos logró obtener 2,000; los habitantes de Comayagüela trabajaron gratis durante 7 semanas, los carpinteros recibiendo únicamente la comida y 20 pesos de gratificación, la piedra vino de La Pedrera gratuitamente, al igual que la madera, los mineros y gurruguses de Santa Lucía abrieron dos hoyos "el uno de balde y el otro por un concierto más corto".

La obra completa costó menos de 6,000 pesos. En el último invierno de la Tegucigalpa española se construían 100,000 ladrillos con destino a los arcos del puente; la muerte de Mallol le impidió ver concluida su obra, que no estuvo terminada hasta el año siguiente.

También pensó Mallol en construir el puente del Guacerique, excitó a los vecinos para que diesen donativos para su construcción, ya que era enemigo de forzar a nadie a contribuir; la suscripción constituyó un gran fracaso, sólo se consiguieron 23 pesos, el puente no se pudo construir hasta el tiempo del Presidente Policarpo Bonilla en 1898.

También surgió en la mente de Mallol la idea de un edificio que albergase todas las oficinas de la Alcaldía Mayor, algo similar al actual Palacio Nacional. Tenía una base sobre la que actuar: la Casa Real de Rescates que se comenzó a construir en 1784, en la cual, donde se levanta ahora la Tipografía Nacional, en la época de Mallol solo existían los cimientos.

Su intención era instalar allí la Alcaldía Mayor con todas sus oficinas, la fundición de moneda y el depósito de armas, que por cierto, y esto es prueba del carácter pacífico del hondureño, estaban guardadas en la casa particular de un oficial de milicias.

Mallol solicitó de la Real Audiencia que se le autorizase a obtener de los fondos de introducción de plata el dinero para verificar dicha obra. No consiguió dicha autorización, y el edificio no se concluyó hasta en 1897.

V

Labor destacadísima de Mallol es la que hizo en pro de la enseñanza. De su Gobierno proceden las primeras escuelas públicas organizadas en Honduras y los primeros maestros permanentes pagados con sueldo fijo.

Una Real Cédula de Carlos III estableció en 10 de mayo de 1770 que en cada pueblo americano debería existir una escuela pública "organizada simultáneamente por los Jueces Reales y los curas párrocos". Mallol procuró cumplir dicha Real Cédula. En Tegucigalpa no había escuelas públicas sino escuelas privadas dirigidas por los sacerdotes.

El Alcalde hizo el censo de los niños de edad escolar, de los que había 258 en Tegucigalpa, y en 1819 se abre una escuela pública de primeras letras con un maestro que recibe una pequeña dotación y se piden, a León y a Guatemala, 100 cartones y 200 cartillas para que los niños puedan aprender a leer y escribir.

Cuando Comayagüela se constituye en Ayuntamiento se le entrega el fondo de comunidad depositado en la Caja Real para que pueda mantener una escuela. Creó escuelas públicas en Guascorán, en Danlí, en Pespire, en Nacaome, etcétera; se procura en todas ellas que la dotación del maestro sea proporcional a los ingresos del pueblo y el número de niños. En Nacaome, por ejemplo, el maestro cobraba doce pesos (24 lempiras al mes), que serían pagados por el cura, por los españoles y por la Caja de la Comunidad de Pardos. En San Antonio de Oriente se obliga a los padres de los niños a pagar una módica cantidad al maestro, en metálico o en alimentos, pero cuando los padres son de modesta condición la enseñanza es gratuita.

VI

Mallol es también un creador de ciudades; hay una floreciente ciudad en la costa sur de Honduras cuya creación puede decirse que se debe a él. Nacaome era una población con casas de paja y barro y un solo edificio público, medio arruinado, que servía de casa cabildo y que constaba de sala de juntas, cárcel de hombres y cárcel de mujeres. Mallol transformó aquella población, hizo el trazado a cordel de la plaza pública y sus calles inmediatas y estableció que las casas fueran de tejas. Nacaome tenía a la sazón 600 almas.

VII

Pero si las minas constituyen para Tegucigalpa y su región la riqueza de mayor interés, no por eso pensó Mallol en abandonar la agricultura, sino que hizo todo lo posible por fomentarla. La recopilación de las Leyes de Indias, en la Ley 31, Título IV, Libro VI, establecía que las Indias debían cultivar cada año diez brazas de tierra con milpas, con destino al fondo de la comunidad.

Esta Ley era, como es lógico, de difícil aplicación. Cuando Mallol inicia su Gobierno, en la costa sur faltaban alimentos. Entonces, por un bando de diez de marzo de 1818, recordó su aplicación, estableciendo penas por vagancia a los que no cumplían la Ley, y aquí encontramos al burócrata integral: las comunidades debían hacer una lista de todos los que trabajaran, la lista sería por triplicado, una de las copias sería para la comunidad, otra para el Teniente de partido y otra para el Alcalde Mayor.

También estableció el cultivo obligatorio de frijol y de otros productos agrícolas, llevó el agua potable a Yuscarán y es el primero que estableció en Honduras el cultivo de la grana que tanta importancia habría de tener para la economía centroamericana a mediados del siglo XIX.

VIII

Mallol es un ejecutor de la Ley; para él esta prevalece sobre todo, y su Gobierno transcurre en una lucha en que están, de un lado, Mallol y las Leyes, y del otro la aristocracia criolla de la provincia de

Tegucigalpa, que estaba representada en los Tenientes de partido, generalmente comerciantes, mineros y agricultores acomodados.

El Teniente de partido de Cantarranas abusó de su autoridad y Mallol actuó con fuerza, pero sin violencia alguna, destituyendo al Teniente y suprimiendo el partido de Cantarranas, integrándolo en el de Cedros. Juan Ángel Arias, Teniente de Goascorán, y que por breve tiempo en 1829 fue Jefe de Estado en Honduras, fue encausado por Mallol debido a su conducta inmoral, ya que por un acuerdo antiguo del arzobispado se prohibía vivir separado a marido y mujer "ya que considera los gravísimos perjuicios que reportan a los cónyuges el estar separados y que según los santos cánones y las leyes reales no permitan el establecimiento y permanencia de personas casadas que vivan en distinto lugar separadas sin justas causas", según la ley octava, título III, Libro VIII de la recopilación de las Leyes de Indias. Arias vivía con otra mujer mientras que su esposa vivía pobremente en Comayagua con sus seis hijos, la tenencia fue suprimida e incorporada a Nacaome.

Los tres grandes propietarios de minas en Tegucigalpa eran los Gardela, los Xatruch y don Antonio Tranquilino de la Rosa, persona esta última poderosa e influyente, lo que no fue óbice para que Mallol prohibiese que los indios fuesen a trabajar a sus minas sin recibir un sueldo adecuado y todos sus gastos de viaje. En su oficio a la Real Audiencia de dos de septiembre de 1818 dice: "Ya no tratará como poder hacer andar leguas a los indios por dos o tres reales al día que se ocupen en el servicio de sus minas y haciendas".

En la época de Mallol, y aplicando las leyes españolas, se concedió el voto a los descendientes de negros y quedó abolida la pena de azotes.

IX

Al lado de Mallol, y colaborando en su administración, hubo una serie de personalidades que serían luego los futuros próceres de la Independencia, hombres preparados, con conciencia de que convenía al bienestar de su país, como don Dionisio Herrera, Secretario del Ayuntamiento, y sobre todo un joven de veintitantos años, "Oficial Pluma" en la Alcaldía Mayor, que es don Francisco Morazán, futuro prócer de Centro América.

Podemos resumir la vida de este gran español y gran hondureño con las palabras del Licenciado Ernesto Alvarado García: "Su labor progresista y su anhelo de servir a la nación lo elevan a la categoría de funcionario ilustre de Honduras y América Central y lo hacen acreedor de nuestra admiración y reconocimiento".

LUIS MARIÑAS OTERO

LA OBRA DE MALLOL EN TEGUCIGALPA

A don Simón Gutiérrez sucedió en la Alcaldía Mayor de la provincia de Tegucigalpa el licenciado Narciso Mallol, abogado de los Reales Consejos, condecorado con la cruz de distinción de Madrid, a quien nombró el Rey por título de 25 de abril de 1816, y tomó posesión de su empleo el 6 de diciembre de 1817.

Dícese que era Mallol de pequeña estatura, delgado, de voz de timbre débil, y enfermizo. Pero en aquella naturaleza había un espíritu vigoroso y emprendedor y una voluntad inquebrantable. Era orgulloso, irascible y violento, celoso de sus atribuciones e inflexible en exigir todo el respeto debido a su autoridad, y en mantener ilesas sus preeminencias.

Uno de los primeros actos de Mallol fue el de investigar si se había cobrado el 4% de la fundación de cofradías.

La ley 32, título 4°, libro 6°, de la Recopilación de Indias, prevenía que los indios sembraran maíz, diez brazas de tierra al año, con destino al fondo de comunidad.

LA CONSTRUCCIÓN DEL PUENTE

Mallol al tomar posesión de la Alcaldía encontró todo listo para dar principio a la construcción del puente sobre el Río Grande; los trabajos empezaron en enero de 1818, y a los tres meses y dos días, de haberse echado la primera piedra al cimiento, se concluyeron los 8 bastiones de que el puente se componía. Sobre ellos se colocó un paso de madera de más de 80 varas con buenos pasamanos que aseguraba el tránsito del río. Habían sido extraordinarios los esfuerzos de los vecinos de la Villa de Tegucigalpa y reducciones inmediatas, concurriendo al acarreo de piedras y cales, a proporcionar la madera sin costo alguno, y por su parte los carpinteros a hacer el trabajo sin más costo que la comida diaria y veinte pesos que se les dieron de gratificación.

El 20 de febrero, estando Ignacio Gómez y Midence, Alcalde de la Santa Hermandad, de sobrestante en la obra del puente, les dijo a los hijos del pueblo: "Hombres, dense prisa; es mucho trabajo lidiar con sujetos como ustedes; mejor diera yo diez pesos por la semana que me toca por no lidiar con semejantes brutos".

Entonces Luciano López, uno de los hijos del pueblo de Comayagüela, dijo a sus compañeros: "Hombres, ¿qué le andan aguantando a ése...? ¿No ven cómo los trata, como brutos de la sabana?" Gómez replica: "¡Ah, indio Luciano, indio altanero, que te andas entrometiendo! ¿A qué te doy?". Decía esto enojadísimo, con una piedra en la mano para aventársela. Luciano le dijo: "¡Tírela, y aguárdela!".

Don Ignacio tuvo a bien tirar la piedra y subirse por la escalera donde estaba trabajando y dijo: "¿Qué pensáis, indio embustero, que a mí me espantáis, cuando yo soy un hombre que ni aún con el arado en la mano, ni con hacha, ni con machete, ni con ningún trabajo a mí me asustan? ¿Me habías de asustar vos, indio embustero, cuando no sos capaz de aguantarme? Si te cojo entre mis manos, a pescozones o a puñetazos, te había de acabar".

Y después de este insulto Gómez fue a quejarse ante el alcalde Mallol. Este tuvo a bien pasar el trabajo del puente. Llevó a Luciano López a empujones hasta ponerlo en la plaza pública, y sin que estuviera justificado el delito ni tomar declaración a quienes pudieran haberla dada, válido de su autoridad y del falso informe de Gómez, hizo que le aplicaran a Luciano, allí en la plaza, cuarenta y un azotes. Luciano cayó muy enfermo, con un dolor cruzado que se infiere fue de la azotada, de donde resultó el no volver al trabajo. La audiencia dirigió a Mallol una Real Provisión en que le repitió la que prohibía a los indios el servicio personal.

Muy satisfecho se encontraba Mallol del estado en que se hallaba la construcción del puente y así, el 5 de agosto de 1818, escribía a Guatemala que sin inteligentes ni prácticos y sin máquinas con que agotar los golpes de agua, había dejado en tres meses y días sacados los cimientos de los siete arcos, levantados los bastiones y puesto un paso provisional de madera. La obra había resistido a las mayores y más repetidas crecientes que se habían visto. Lo había hecho todo con poco más de dos mil pesos, valiéndose de arbitrios. Había procurado donativos para cubrir esta cantidad, y esperaba tener la satisfacción de ver concluido el puente en aquel verano con ocho arcos, que se iban a construir sobre los pilastrones.

El diseño del plano del puente lo hizo José María Rojas y lo revisó y rectificó el Coronel e Ingeniero Juan Bautista Jáuregui.

Trabajaron en el puente el albañil Diego Monroy, don Juan Benito Quiñónez, a cuyo cargo habían estado los trabajos desde el principio, el maestro Miguel Rafael Valladares, don Domingo Matute, etcétera.

El 5 de octubre de 1818 escribía Mallol al Presidente de la Audiencia don Carlos Urrutia y Montoya, que al tomar posesión de su destino se hallaba la fábrica del puente en proyecto, con fondos tan escasos que no hubieran bastado para sacarla de cimientos a la superficie de la tierra; y que por todos los medios se esforzó en reunir algunas cantidades entre los vecinos que las habían ofrecido voluntariamente, alcanzando del supremo Tribunal de la Real Audiencia del Reino que se señalaran para la obra 1,500 pesos del Ramo de Propios sobre los 500 que tenían asignados de arbitrios; sumas con las cuales había logrado poner el puente en estado de servicio, con un piso de madera sobre los pilastrones.

MINAS Y REPARTIMIENTOS

Las disposiciones de Mallol sobre repartimientos habían desagradado a don Antonio Tranquilino de la Rosa. Este, en un escrito, hablaba de persecución del Alcalde Mayor y lo satirizaba con las expresiones de que él no había cursado las aulas, ni pisado las puertas de los Senados, con preocupación, con la expresión de niño de genio vividor, de hombre de menos mérito que él, amigo de solicitar distinciones y destinos, y con las de escándalo, crítica, murmuración y desprecio de toda la Villa.

El pecado original de Mallol para atraer sobre sí la indignación y la persecución de Rosa, venía de antes. Rosa se había opuesto a la construcción del puente. Además, "no le quedaba ya arbitrio más que para llorar" porque se había acabado su poder, se había acabado la autoridad con que había avasallado a sus súbditos y no tenía modo como poder hacer andar leguas a los indios por 2 o 3 reales para que se ocuparan en el servicio de sus minas y haciendas, trabajando en ellas a la voz, látigo y voluntad de un severo cómitre, revestido del poder que la autoridad daba a Rosa, pero que este depositaba completamente en los que le servían sus fines.

CULTIVO DE LA GRANA

Por Real Orden de 17 de enero de 1818 se dispuso que se auxiliara con fondos el cultivo y cosecha de grana, auxiliando el plantío de nopales, la crianza de la cochinilla y el cultivo y cosecha de la grana; que se diera a los pueblos para las siembras las cantidades necesarias de los fondos de la comunidad de los indios, en calidad de reintegro.

DISPOSICIONES DE POLICIA, ESCUELAS

El 10 de junio de 1818 el Alcalde Mallol dio un bando en que prevenía que todo el que tuviera necesidad de criar o conservar perros grandes o pequeños, los mantuviera con cadena o atados de otro modo en su casa, y en caso de tenerlos sueltos, les pusiera un frenillo seguro en términos de que no pudieran hacer daño. Se mataría el perro que se encontrara en las calles sin frenillo, y el que resultase ser su dueño pagaría dos pesos de multa, que se aplicarían al sustento de los reos.

En su visita a Nacaome señaló a cordel la plaza pública y calles inmediatas a ella, mandando que así se ejecutase para las demás. Nombró maestro de la escuela a don Cornelio Valle, con el sueldo mensual de 12 pesos, habiendo sido inaugurada la escuela con 30 muchachos.

Los pueblos, tanto de ladinos como de indios, debían recibir al Alcalde Mayor en la raya de su distrito o término, despidiéndole en la otra por donde saliera, llevando el clarín de estilo.

Para las escuelas de su jurisdicción se compraron, en Guatemala, cien cartones y doscientas cartillas.

El Director de la escuela de Pespire era en 1820 don Felipe Landa, con un sueldo de doce pesos mensuales, asistiendo veintidós niños. Mallol recomendó que asistieran los indios.

El 30 de junio de 1820, en cumplimiento de auto de la Audiencia de Guatemala, del 21 de marzo, examinó a León Vásquez de escribano.

JURA DE LA CONSTITUCIÓN

El 15 de julio de 1820 se juró en Tegucigalpa la Constitución española de 1812. En Choluteca se juró el 6 de agosto, en Nacaome el 13 del mismo mes, en Aguanqueterique y Goascorán el 20 de agosto y en Yuscarán el 8 de octubre del mismo año.

El 12 de octubre de 1820 Mallol hizo publicar el decreto de las Cortes de Cádiz de 1813 en que se abolía la pena de azotes.

ÚLTIMOS MESES DEL GOBIERNO DE MALLOL. SU MUERTE

Mallol donó a Santa Lucía una imagen de Nuestra Señora de los Desamparados y para la permanencia del culto donó el hato de San Antonio con sus bienes raíces.

Falleció en esta ciudad de Tegucigalpa, entonces villa, el 6 de marzo de 1821, a las diez y media de la mañana.

La obra que realizó fue progresista y de bienes para los pueblos, a pesar de algunos errores que cometió. Tal es la síntesis de la obra del Dr. Rómulo E. Durón, La Provincia de Tegucigalpa bajo el Gobierno de Mallol.

TEGUCIGALPA DE FRANCISCO MORAZÁN

Tegucigalpa principió por ser asiento de un mineral donde se explotaba una veta de oro llamada Mina Grande. La entrada al túnel o bocamina se describe y localiza a 84 metros al oeste de la confluencia del río Oro o Chiquito con el Choluteca. Pero la importancia de la población, durante la Colonia, radicó en ser el centro de otros fondos metalúrgicos de oro y plata, de mayor interés, distribuidos en torno de la incipiente Villa, tales como Sabanagrande, Tatumbla, Villa Nueva, San Antonio de Oriente, Valle de Ángeles, Santa Lucía, San Juancito, Yuscarán y otros.

El casco de la población constaba posiblemente, por la fecha en que nació Francisco Morazán, de unas 150 casas, alineadas en cuatro o cinco calles tiradas de oriente a poniente, y de unas siete u ocho avenidas, de norte a sur, arrimadas a las faldas de La Leona, sobre un terreno arcilloso y pétreo hacia la sierra de coloración rojiza u ocre, principalmente por el rumbo oriental y ámbar hacia el norte.

Por el sitio donde hoy se encuentran el Barrio Abajo y el de Las Delicias se contaban esporádicos ranchos de aborígenes.

Ambos poblados estaban y continúan metidos por entero en un hemiciclo o anfiteatro de graníticos cerros, a veces cortados a tajo, en forma inaccesible y profunda.

Les hacen guardia tres centinelas de piedra: el Picacho que está al norte, separado de El Cerro Grande y El Berrinche, que se encuentran al oeste, por profunda hondonada a la que refresca el plateado hilo de agua del Choluteca, deslizándose murmurante sobre la rocallosa geología de su lecho.

Con vista hacia el sur y el oriente, la herradura del anfiteatro se amplía abarcando entre sus ramas pedregosos riscos y a veces ondulantes collados que suavizan la aspereza del paisaje, frente a los abruptos y desnudos cortes de la sierra. Más allá, por los rumbos de Toncontín y de Suyapa, el ojo observador avizora el cordón azul de las montañas.

La flora del valle es eminentemente tropical: en la playa riberana crecen los amate y el higuerón silvestre, ofreciendo sus ramas generosas hospitalidad al zopilote, inspector sanitario de la zona, y al halcón que acecha su cotidiana presa. Los mangos, el naranjo, el aguacate, los platanares y el guanijiquil salvaje entrecruzan y reflejan su follaje sobre la transparencia líquida del río. Más allá siguen la espinosa y lactescente cagalera, y el carso, el tamarindo y el carbón entre las leguminosas.

El corpulento ceibo de refrescante fronda.

El matasanos, el papayo y el ciruelo indígena ofrecen el suculento banquete de sus frutos al par que el marañón y la guanábana regalan sus drupas al solista clarinero y su consorte, a la silbante chorcha de color de fuego y a zorzales concertistas y sinsontes, mientras en los barrancos en que su nido horada, el zulenco taragón lanza su cántico agorero.

En los claros de la sabana y en los cercados de los maizales y frijolares, alternan el lechoso y tóxico piñón con la plebeya patagorda, que en la pascua florece con la azul campánula.

El tomate, la piñuela y el jecomico junto al agualmeque frágil hacen compañía al caulote y al lustroso "indio desnudo", que bien merecido tiene el remoquete. Sobre el estéril de alba y caliza epidermis, medran los cactus, el petatillo, variedad de zarzas, esporádicas matas de mezcal, lianas urticantes y el cargo, la plebe de la democracia vegetal en la región.

Y en el linde del valle, en las estribaciones de la serranía, se ofrece el festón esmeralda de los pinos que trepan a la altura en confuso tropel con los robledales, el encino y el quebracho, para empenachar la cimera de los acantilados, y formar en el océano de la ondulante lejanía, el índigo de la andina cordillera, coronada de nubes y pinceladas de celajes.

Tal es el panorama y el paisaje agreste que tienen por delante la edad infantil y la adolescencia de Francisco Morazán, y que enmarca al rural poblado en que naciera. Localidad de acantilados, desde donde la mirada, como desde balcones de montaña, se hunde y pierde en lontananza hasta donde el tono turquí del firmamento se confunde con el azul telúrico del monte.

Panorama de riscosas lomas y de ásperos barrancos, entre cuyas malezas zumba el crótalo, el gavilán acecha a la pávida paloma y donde los búhos noctámbulos asustan con sus gritos a los supersticiosos campesinos, bajo el esplendor de las noches estelares.

JOSÉ ÁNGEL ZÚÑIGA HUETE

LA ESTATUA DE FRANCISCO MORAZÁN

Frente a la Catedral Metropolitana de Tegucigalpa, en el jardín que lleva su nombre, se levanta la estatua del Paladín de la unidad centroamericana, General Francisco Morazán.

Allí está el Héroe, erguido sobre brioso corcel, empuñando la espada de sus victorias: altivo y sereno, con la grandeza de su genio, desafiando el paso de los años y desdeñando a quienes le deturpan y pretenden restarle importancia y trascendencia a la revolución liberal que puso en marcha para transformar la secular estructura política, económica y social de las cinco parcelas que en su tiempo formaron una sola patria bajo la tutela de aquellas palabras luminosas: ¡Dios, Unión, Libertad!

Allí está Morazán, luciendo el vistoso uniforme de General, tal y como solían usarlo los grandes soldados de su época, y cubierta la épica cabeza con el bicornio clásico, como Bolívar, como San Martín, como Sucre y como todos los grandes generales de aquellos tiempos borrascosos, cuando luchaban por la libertad y por legarnos un continente grande y respetado.

Pero, ¡ay!, esa apostura del más grande de los centroamericanos; ese uniforme de entorchados y doradas charreteras; esas botas "federicas" que calzan los pies que pisaron las campiñas de la patria grande durante las penosas campañas de Perulapán y Las Charcas, y ese sombrero de dos picos con un morrión de plumas que sacude el viento; todo ese continente, todo ese atuendo, han servido para que los falsos críticos, los crudos en historia y los empecinados y exhibicionistas hayan inventado el "decir" de que esa estatua magnífica no representa la efigie del mártir inmolado en la tragedia de San José de Costa Rica el 15 de septiembre de 1842. Ellos han divulgado la especie de que la estatua representa a un Mariscal de Francia.

No se han puesto de acuerdo, sin embargo, ni se trata de Massena, el lugarteniente predilecto de Napoleón, de Bernadotte, de Ney o de Murat; pero así y todo, estos "grandes" de la farsa, "crudos" en

143

historia, se olvidan que el Duque de Rivoli, al tiempo de empuñar el bastón de Mariscal, era un hombre de edad madura, que el "valiente de valientes", Príncipe de la Mottawa, era de cara ovalada y facciones un tanto duras; que el Rey de Nápoles, Joaquín Murat, tenía la cara redonda y cubierta de rizada barba con ensortijados cabellos que no alcanzaban a cubrir su emplumado bicornio, y que quien fuera Rey de Suecia, Bernadotte, tenía el rostro ovalado y la nariz curvada un tanto.

Y, además, como ignoran lo que dice la Historia, no han reparado en la descripción que de Morazán hizo Dunlop, con estas palabras: "Su buen aspecto, sus facciones bellas e inteligentes, lo rosado de su piel y sus ojos azules probaban que su sangre no era la sangre mestiza. Sus maneras eran francas e independientes, bastante libres de la mezcla de orgullo e ignorancia, servilismo e insolencia, tan universales en los nativos de Hispanoamérica cuando ejercen la más pequeña autoridad".

También desconocen las expresiones de Stephens, que le conoció en Guatemala: "Tenía como 45 años, cinco pies y diez pulgadas de alto; era delgado, con barba y bigote, y llevaba espada y casaca militar abotonada hasta la garganta. Estaba sin sombrero y la expresión de su cara era suave e inteligente". También don José María Cáceres dice de Morazán: "El General Morazán era blanco, ligeramente sonrosado; el cuerpo delgado, alto y recto; el conjunto de facciones constituía una fisonomía tan perfectamente delicada que, viéndolo una vez, no se podía olvidar, recordando siempre mucho el tipo griego".

Pero los chúcaros en Historia no comprenden estas cosas y repiten de vez en cuando, con aire doctoral y tono de sensacionalismo, que el Morazán de la Plaza Central de Tegucigalpa no es Morazán. Ellos le hacen coro a los corifeos de Rafael Carrera y de Mencos; ellos repiten lo que, para herir la memoria del Héroe, inventaron los descendientes de algún "unionista pirujo", como les llama con razón Alejandro Valladares a esos farsantes de la unidad nacional.

Es lo cierto que la estatua fue mandada a fundir en Italia por el Gobierno de Marco Aurelio Soto, por Acuerdo de 27 de agosto de 1882, suscrito por Ramón Rosa como Secretario de Estado en el Despacho de Guerra, encomendándose la obra, junto con otras más, al escultor Durini según la contrata que se publica en las páginas de la Revista de la Academia de Geografía e Historia de Honduras.

La estatua fue inaugurada el 30 de noviembre de 1883, y en tal ocasión el Licenciado don Jerónimo Zelaya pronunció un brillante discurso, del cual tomo los siguientes párrafos: "Se destaca a nuestra vista el bello monumento erigido a la querida y venerada memoria del General don Francisco Morazán. El Gobierno del Doctor Soto tuvo la justa y feliz idea de decretar su erección el 27 de agosto del año último; y el General don Luis Bográn, que acaba de tomar posesión de la Presidencia por el libre sufragio de los pueblos, lo inaugura este día y lo exhibe a la mirada pública, como uno de los objetos más dignos de nuestra contemplación, de nuestro amor y de nuestro culto".

Claro está que no era posible engañar con la efigie de otra persona a hombres como Marco Aurelio Soto, Ramón Rosa, Antonio R. Vallejo, Adolfo Zúñiga, Jerónimo Zelaya y Luis Bográn. Los primeros habían mandado a fundir en bronce la figura gloriosa de Morazán, y los últimos tuvieron el honor de recibirla y colocarla en su pedestal en Tegucigalpa para la pública veneración.

JOSÉ REINA VALENZUELA

EL NEGRO BASILIO

Cuando Basilio Urrutia se despidió de su esposa Dominga Arriola, de sus compañeros de pesca y de su compadre Amador en una aldea de la Costa Norte de Honduras, contaba con el dinero preciso para venir a la capital en procura de una vida mejor.

Además de esto contaba Basilio Urrutia con una disposición afable y placentera, con dos metros de altura, músculos endurecidos por el uso del canalete y una voluntad firme y decidida.

Pero con lo que no contaba nuestro protagonista era que la gente de Tegucigalpa nunca había visto a un negro. Al día siguiente de su llegada, y a medida que avanzaba por las calles empedradas, centenares de ojos avispados seguían el acompasado andar de Basilio Urrutia. Éramos, al principio, niños desarrapados del Barrio Abajo, sorprendidos y un poco atemorizados, pues Basilio Urrutia nos recordaba, por su color, a ese personaje temerario y feo que es el diablo. A esa pandilla se iban agregando personas mayores, quienes por curiosidad seguían también al extraño visitante de color de azabache y pelo ensortijado.

Basilio Urrutia, un poco intranquilo, sin comprender claramente el motivo de la persecución de que era objeto, pero presintiendo un peligro, caminaba al principio con fingida indiferencia. Pero cuando se dio cuenta que la multitud aumentaba y se le aproximaba, aligeró el paso y después empezó a correr.

Dos policías de turno, al darse cuenta que un hombre corría perseguido por una ruidosa muchedumbre, pretendieron detenerlo, pero Basilio Urrutia, usando sus poderosos puños, en un instante los dejó tendidos en el suelo y siguió corriendo.

Los policías sonaron sus pitos y pronto aparecieron cuatro policías más. Reunidos un grupo de seis, emprendieron la persecución del negro Basilio. En aquellos buenos tiempos la policía no marcaba el alto a los presuntos delincuentes con disparos y matándolos como ahora, pues ninguno de ellos portaba armas de fuego.

El signo de su autoridad consistía en un garrote, corto y cilíndrico, llamado "clava", con el que se divertían golpeando la cabeza de los borrachos cuando daban mueras al Gobierno.

Los que se iban agregando al grupo perseguidor preguntaban de qué se trataba. Unos explicaban que se pretendía dar captura a un loco peligroso que se había escapado del manicomio; los de más allá aseguraban que se perseguía a un sádico que había violado a una menor de edad, pero otros, mejor informados, según ellos, afirmaban que el perseguido era un notorio criminal que se había fugado de la cárcel.

Basilio Urrutia, mientras tanto, cruzó a nado el Río Grande, en el lugar donde se encuentra actualmente el Puente Carias, o como se le llame ahora, y empezó a subir las empinadas faldas del Berrinche, perseguido de cerca por los seis policías.

Las mujeres que estaban lavando ropa en las márgenes del río recogieron apresuradamente las prendas tendidas a secar sobre las grandes piedras, imaginando que había empezado "una nueva revolución", las que eran frecuentes en aquella época tan convulsionada por sus repetidas crisis políticas.

Los seis policías, sudorosos y fatigados, subían lenta y trabajosamente las resbaladizas faldas del Berrinche en persecución de nuestro personaje negro. Pero lo que hacía más penoso su ascenso era que recién los habían calzado con unos pesados zapatones de dura suela conocidos popularmente con el nombre de "burros".

Cuando Basilio Urrutia llegó a la cumbre del Berrinche, miró hacia atrás y allí se detuvo, tranquilo y desafiante, esperando que se aproximaran sus perseguidores. Su silueta negra y magnífica se proyectaba nítidamente en la clara luz del día. Y cuando estuvieron a su alcance la emprendió a pedradas con ellos, con tal fuerza y certera puntería, que cada uno recibió su buena pedrada, obligándolos a retroceder huyendo cuesta abajo.

Cuando se les preguntaba a los policías cómo era posible que, siendo ellos tantos, se hubieran dejado imponer por un negro, respondían ingenuamente:

—Es que estábamos solos. La prensa desafecta al Gobierno aprovechó el incidente para hacer a su costa jocosos epigramas y paralelismos irritantes.

La desagradable experiencia de Basilio Urrutia debe haberse difundido entre toda la negrería de la Costa Norte de Honduras, porque pasaron muchos, pero muchos años, sin que volviera a asomar la cara un negro en Tegucigalpa.

YANUARIO LANDA BLANCO

GALLO

Su nombre de pila ha quedado perdido en los apolillados de un archivo municipal aldeano; además, no lo necesita: Gallo es Gallo simple y llanamente.

Enjuto de cuerpo, ganchuda nariz de bruja y sarmentosas manos, extraño personaje nos hace evocar la escuálida figura de don Alonso Quijano el Bueno. Don Miguel, si lo encontrara, le diría lleno de conmiseración:

—¡Hijo mío! ¿Qué has hecho? Dime, por piedad, ¿qué has hecho? Tú, el caballero, el muy hidalgo y noble señor de la Mancha, el protector de la sin par Princesa Micomicoma, ¿convertido en un ruin mecapalero? ¿En dónde está Rocinante? ¿Qué fue de tu adarga y de tu escudo y qué de tu hermosa Dulcinea? Que te haya vencido el ruin de Sansón Carrasco no quiere decir que te eches por la calle de en medio. Todavía hay tiempo: medita, rectifica, ¡en nombre de Aldonza Lorenzo, Reina Toboso, y de la muy noble flor de la Caballería Andante!

Y Gallo, el infatigable Gallo, con una fría mirada de desdén y con enorme momotombo de objetos inútiles y trapos viejos, proseguiría su marcha, su interminable marcha de extremo a extremo de la ciudad, jadeante, sudoroso, pero jamás rendido. Dentro de su pobre pellejo, retostado por nuestros candentes soles tropicales, pareciera llevar una recia armazón de acero, tal es la resistencia de este infatigable loquito.

¿Qué romería absurda o qué pecado atávico estará pagando este raro demente?

Siente sed de lejanías; el horizonte parece ejercer cierta atracción sobre su espíritu nómada; quisiera atrapar con sus pupilas el paisaje; lleva una extraña inquietud en las piernas; algo que lo impele hacia adelante..., y anda..., anda... anda...

El descanso le cansa, la comodidad le incomoda; puede llevar una vida regalada en el Hospital, que por varias veces le ha abierto sus puertas siempre acogedoras...

¡Y ha renunciado!

No está en él: hay una llama de inquietud secreta que lo impele a la aventura, al azar; el pobre Gallo no gusta de la paz hogareña, ni del yantar seguro: todo lo confía a la casualidad...

¡Y pensar que hay quienes aseguran que la vieja casta de la bohemia ha desaparecido por completo, que únicamente se encuentra en las anticuadas novelas de Murger!

(¡Descubríos, batallón de cuerdos, que va pasando un loco! Vedlo: lleva sobre las espaldas un enorme fardo de basura; parece querernos dar una ligera lección de filosofía: todo lo que cargamos los humanos no es más que basura..., basura, purita basura. ¡Gracias, buen Gallo, mil gracias por tu filosófico gesto!).

Cuéntase que cierto día un ser caritativo, por aliviarlo del peso abrumador de su agobiante carga, le escondió un enorme bulto compuesto de latas vacías y trapos sucios. El desventurado puso el grito en el cielo: le habían robado un tesoro, un inmenso tesoro... ¡Ese día retrasó su marcha reponiendo en el basurero su valiosa pérdida!

¡Pobre Gallo!

¿Qué espíritu de cíngaro de una tribu desaparecida hace muchos siglos habrá tomado forma en ese cuerpo atormentado? ¿El alma atormentada de Halliburton o Pierre Loti, el de los infatigables viajes por los desiertos orientales, habrá reencarnado en el cuerpo de este pobre y miserable loco?

¿O será el Judío Errante en persona, aquel desventurado Samuel Belibeth, quien, siguiendo el imperioso grito de una voz secreta que le ordenaba: ¡Anda!, pone una nota desconcertante y trágica en el alma de esta ciudad llena de sol y polvo?

¡Quién sabe!

Gallo: cuando un día —ese día fatal que todos tenemos por delante— andando por las calles te encuentres con la desnarigada con su guadaña al hombro, Dios te reciba en el Reino de los Cielos con tu enorme momotombo de cachivaches viejos, porque de otro modo te resistirías a entrar...

Tan acostumbrado te encuentras con tu fatigosa vida que el descanso te abrumaría de cansancio; tus espaldas se enconarían sin ese espantoso peso, y tu rugosa piel, curtida por el sol y azotada por las lluvias y el viento, se apergaminaría sin el sudor de sus poros abiertos.

¡Así sea!

DANIEL LAÍNEZ

PEDRITO

Pedrito Quesadilla era delgado como un espagueti y malhablado como una lora de arriero. De modales afeminados; andaba con pasitos cortos y menuditos, como una colegiala traviesa, imprimiéndole a las caderas gráciles movimientos de felino en celo. Bajo y fino; nariz ganchuda y delgado cuello largo como el de un ajoquín, en el que ostentaba —único signo de su virilidad— una saliente y aguda manzana.

Para Pedrito no tenía secretos la vida de la vecindad. Fue el primer periódico hablado con que contó el apacible pueblo de Comayagüela: estaba al tanto de los divorcios y de los motivos de ellos; de los casamientos por conveniencia, y hasta llevaba en su pobre magín un registro demográfico de los hijos mal logrados y de los no reconocidos o de paternidad dudosa, por ligereza de cascos de las niñas mimadas y antojadizas.

Pedrito era el dedo acusador de su pueblo; trituraba honras como trituraba cacahuates con su recia dentadura. En tiempos de la bíblica Herodías hubiera rodado su cabeza en la bandeja dorada de la cruel Salomé. Y sin embargo, Pedrito era querido; no, digo mal: era temido en todos los hogares donde encontraba café fuerte y pan moreno. Solamente así su lengua viperina dejaba de lamer, con supremo deleite, la llaga purulenta de la sociedad en donde había tenido la desgracia de nacer, pues para él nunca dejó de ser una desgracia el haber nacido en Comayagüela.

Recorría las calles como un cohete llevando una nueva, por lo general funesta, de uno a otro extremo de la ciudad. Sabía el día del cumpleaños de la fulana y el humilde regalo que había recibido de su amante o de su novio, pues se enteraba hasta qué punto habían las mujeres prodigado sus favores. En todas sus palabras ponía una intención maligna. Sus fuentes de información eran, por lo general, las barberías y los mercados públicos; pero en honor a la verdad, diremos que era él quien surtía dichas fuentes, con informaciones mañaneras recogidas en sus rápidas andanzas por las calles, pues era madrugador como un pájaro. Nadie como él conocía el Comayagüela íntimo, el Comayagüela por dentro. Si se le hubiera pedido un croquis de la ciudad, Pedrito lo hubiera trazado con los ojos cerrados y de un solo tirón, como quien describe su propia casa; y es que eso era Comayagüela para él: su hogar, su casa, su familia, su patria. Todas sus vagabunderías se circunscribieron a la Real Villa de Concepción. Pedrito Quesadilla nació, creció y envejeció en Comayagüela.

Él mismo se trazó un límite, que respetó hasta el último momento de su vida: el Puente Mallol. De allí no pasó nunca. Tegucigalpa fue para él una ciudad extraña. Sus gentes, desconocidas. En ella, Pedrito se hubiera perdido lo mismo que un abisinio en la Quinta Avenida de Nueva York. Pero Tegucigalpa sí lo conoció y hasta creo que se felicitó de no contarlo entre sus pacíficos habitantes.

Su flaqueza fueron los pies desnudos. Dios haya acogido los suyos en el seno de los cielos.

DANIEL LAÍNEZ

GOYITO

Pasan los años en raudo tropel sin tocar a este simpático muchacho, quien, en su inofensiva demencia, parece haber encontrado la fuente de la eterna juventud, sueño dorado del conquistador Juan Ponce de León.

—¡Cámara!

Y el simpático Goyito nos tiende su mano, una mano todo entusiasmo y cordialidad, y nos brinda su sonrisa, sonrisa singular la suya: sin dientes y sin ojos; sin dientes, porque las encías hace mucho tiempo quedaron huérfanas de ellos, y los segundos, porque los cierra, sin duda queriendo atrapar de una vez para siempre las imágenes que capta. Y la conversación se va desenvolviendo de una manera sencilla y espontánea.

Goyito es todo en nuestra capital: Comandante en Jefe de las Fuerzas Aéreas; Diputado por las minorías de Occidente; don Juan irresistible y contrabandista de aguardiente; gran político y políglota, como también policía de tráfico aéreo... Con frecuencia lo sorprendemos dándole vía a los aviones que surcan nuestro cielo...

—¿Qué dice Mr. Roosevelt, Cámara? ¿No sabe Ud. qué piensan hacer con los japonesitos?

—Ahí está el camaradita Roosevelt, Cámara; ya hizo popsicles en su refrigeradora los fondos de los japonesitos..., son muy traicioneros, Cámara; no hay que confiarse de ellos; hay que pelarles el ojo, como dicen los muchachos; pero lo que es con nosotros no van a pegar ni un brinco: allí tenemos el Vigía, allí nomasito en Amapala; déjelos que se acerquen; déjelos estar un poquito. Ahorita les estamos dando la papa...; pero ya les vamos a parar la mano, ¡se lo aseguro...! Son unos bandidos que no respetan pactos.

—¿Y Hitler, qué dice, Cámara? ¿Qué piensa de las palizas que le estamos propinando?

—¡Cállese, Cámara! No me hable de ese loco. ¿No había notado Ud. que le estaba fallando el tercer piso? Figúrese usted: ponerse de General en Jefe de los Ejércitos Nazis sin tener nociones de lo que significa eso; porque Hitler no es ni General ni Estratega, según me han asegurado. Pero lo que es Timochenko no le perdona sus locuras; con ese hombrecito sí que ha echado cuatro, lo mismo que Mussolini...

—Pero dicen que don Benito es muy valiente, Cámara; además dicen...

—¡Cállese, Cámara! ¡Cállese por favor...!

Y el plácido Goyito, disparado, sonriendo y gesticulando palabras incoherentes, mientras nosotros nos preguntamos:

—Pero... ¿qué culpa tuvo el Cámara Goyito de haber nacido con esa eterna sonrisa estereotipada a flor de labios y esa su alma grande y diáfana, siempre abierta para todas las inquietudes de la vida, como inmarcesible rosa de los vientos?

¿Quién puede culpar esa su alma volandera y ese su noble espíritu de pájaro errabundo?

Afable y servicial, Goyito es para todo y para todos. Su alma no ha sabido de rencor ni de la cizaña; vive, y con la vida le basta; es un enfundado en una recia armazón de hombre.

Camina siempre a la carrera, como en busca de algo, de algo que se le ha perdido en la ciudad y que quizá no llegue a encontrar nunca...

Cámara: ojalá Dios nunca tenga la ocurrencia de devolverte la razón sin razón de tanto cuerdo que ambula por nuestras calles... Doloroso, Goyito. Te volverías pedante, necio y torpe. Te preguntan tantas cosas estas gentes que, como "El Licenciado Vidriera" del inmortal Cervantes, no te quedaría más remedio que llorar a solas y en silencio tu propia desventura...

DANIEL LAÍNEZ

ROMA

Roma llegó inesperadamente; se instaló aquí como una etapa de su viaje a la Ciudad Eterna, y se ha ido quedando poco a poco, familiarizándose entre nosotros, a tal grado, que ya habla muy poco de su proyectado viaje a la heroica ciudad de los Césares.

Al principio causó sensación: los niños la seguían por las calles y las comadres se asomaban a la puerta de sus casas para verla pasar vestida de negro, con un maletín y una sombrilla en las manos. Desde el principio su figura inspiró curiosidad; su indumentaria toda negra, desde las medias hasta el sombrero, ponía una nota de duelo en el corazón de las gentes; luego su figura fue tomando carta de ciudadanía entre nosotros, y ya no despierta curiosidad, pues a decir verdad, cuando llegó a estas acogedoras tierras hizo una polvareda tremenda... Ahora Roma ya nos pertenece; nos pertenece como la Catedral, como el Picacho o como el Puente Mallol; la miramos con la misma familiaridad con que miramos, desde que abrimos los ojos, el árbol de El Guanacaste, o la falda de Juana Laínez, sin extrañeza, con familiaridad, con un cariño de hermana...

Roma es la andariega más grande que ha parido la tierra; recorre hasta el último rincón de la ciudad vendiendo versos. Bonito trabajo, ¿verdad? Ofrece su mercancía lírica con la misma sencillez con que ofreciera duraznos o perotes.

Tiene versos para todas las ocasiones: para cumpleaños, recibimientos profesionales, bautizos y defunciones, y no es muy remoto que de repente aparezca con cantigas laudatorias para los divorciados.

De un tiempo a esta parte su indumentaria ha cambiado notablemente: de su tradicional vestido negro ha pasado al blanco, pero al blanco de una blancura angélica; ha escogido una tela blanca y brillante, de esas de las que por lo general usan para las túnicas de los santos y de los querubines. Ha ido, por otra parte, dejando a un lado la iglesia y se ha vuelto quiromántica; tira las cartas los viernes, como una gitana vieja, prediciendo el porvenir de las personas, trabajo que no le impide confesarse el sábado y comulgar el domingo.

En los velorios de los cadáveres de personas de alguna significación, Roma no falta; encaramada en una silla, pronuncia el responso lírico, encomiando las virtudes del difunto —si carece de ellas se las inventa—, responso que después manda a imprimir para su venta, teniendo sus principales clientes en la familia y amistades del desaparecido.

Roma se ha sentido Reina en varios torneos: desde el gentil torneo de belleza, hasta el muy noble de la laboriosidad; el último concurso que escapó de las manos fue el de "Miss Comercio 1948", efectuado en esta Capital. Afirmaba Angelinita Candia —pues así se llama esta lírica incorregible— que ella era la única que podía empuñar el cetro de dicho reinado, y entre las razones más poderosas que exponía era que ella poseía un pequeño negocio en su casa de habitación del barrio La Plazuela, además que ella nunca había vivido de un empleo público, como muchas de las pretendientes, agregaba Roma con una sonrisita maliciosa...

El torneo pasó, y Roma, con los labios y las mejillas pintarrajeadas de achiote y empolvada como un payaso de feria, y con el mechero de un rubio sucio brotándole rebelde debajo el gorro, con su sombrilla y su valijín desteñido, Roma protestó a grito pelado por todas las calles: ¡No! ¡La única Miss Comercio soy yo! ¡Yo! ¡Las demás son unas impostoras malditas...!

Pero después ha venido la calma, y la pobre Reina destronada se ha ido resignando poco a poco, y ha vuelto a sus andanzas por nuestras calles como si el cetro que ayer se le escapara de las manos fuera una simple ramita de zacatustle...

DANIEL LAÍNEZ

PAULITA

Esta pobre demente parecía haberse escapado de una de las tantas maravillosas páginas de Juan José de Soiza Reilly.

Su locura era extraña. Miento, era divina y santa: un entrañable amor por los perros...

Pero no creáis, por ningún punto, que amaba a los perros aristócratas, a esos perritos de salón que duermen la siesta sobre la fina y perfumada falda de la niña histérica y mimada que reposa en el mullido lecho de la opulenta alcoba.

¡No!

La dulce y andrajosa Paulita amaba a los perros; pero a los perros sin dueño; a esos perros vagabundos y sarnosos que tanto abundan en nuestros pueblos; perros del hampa; perros que husmean en los toneles de la basura en busca de un descarnado hueso para hincarle los colmillos; perros humildes y tristes que no atacan ni muerden por su lamentable condición de desheredados de la fortuna. Perros que solamente ladran...; ladran ladridos tristes y crueles..., y eso únicamente al filo de la medianoche, de esas noches embrujadas de lunas fantásticas...; y tienen razón: a esa hora no encuentran nunca una cocina abierta en donde colarse —sorteando los puntapiés de la implacable hija de casa— para agenciarse una tortilla dura que engañe el vacío morral de su estómago.

Evoco a Paulita deambulando por las calles de esta Tegucigalpa legendaria, seguida por su estado mayor de lamentables canes, vagabundos y hambrientos, ¡tan lamentables y sarnosos como ella misma! Iba, invariablemente, platicando sola, con sus negros y melancólicos ojos cargados de misterio; tendía la mano suplicante al transeúnte, recogía la limosna y proseguía su camino, siempre charlando a solas y seguida de su fiel batallón canino, cada vez más numeroso y lamentable, con la frente ceñida por un mugriento pañuelo; su singular cabeza huérfana de pelos —la que lucía al sol como un coco en verano— y sus dos huacalitos debajo del brazo; uno en donde recogía los trapos sucios y los papeles viejos que iba encontrando al paso, y el otro —pequeñito y renegrido— en donde le servían en el estanco el infalible traguito de aguardiente, el que saboreaba con un placer rayano en lo inverosímil. Al llegar al rastro los perros la rodeaban, moviendo la cola, como un anticipo de agradecimiento; le pedía la ración al carnicero y la distribuía como madre amorosa, equitativamente, entre todos ellos.

Después bajaba al río; encendía una hoguera con las astillas, trapos sucios y papeles viejos que recogía, y a la piadosa sombra de un ámate se sentaba a descansar y a discurrir con ellos. Los trataba como a niños juguetones y traviesos, y después de acariciarlos amorosamente, les narraba yo no sé qué historias sombrías, dolorosamente humanas, que ellos escuchaban en el más profundo de los silencios...

¿Dije que tomaba? Bueno, ahora comprendo: quería olvidar su propia historia; sus luchas; su vida de mujer trabajadora, llena de ilusiones y esperanzas; y ante todo y sobre todo, su calvicie...

¡Oh, su calvicie, causa primordial de su demencia! Y recordaba..., y recordaba y no podía callar...; y eran sus palabras tristes, tan tristes y dolorosas como los ojos de sus famélicos perros... La pobre Paulita narraba a los canes la verdadera y dolorosa historia de su vida...

(Cárcel y azotes..., y para colmo de infamias, la despojaron despiadadamente de sus largas y negras trenzas. ¿La causa? ¡Una simpleza! ¡El machetón ignaro, producto de las montoneras sangrientas! Eso y nada más.) Cuando ya iba oscureciendo emprendía el regreso a su pobre ranchita sin techo y sin puertas, siempre seguida de su estado mayor canino.

Murió Paulita en una celda del manicomio. Murió como una perra... ¡Alejada de sus perros! Dolorosa muerte fue la suya...

Me imagino en mis noches de meditación y de vigilia que la plegaria que elevaron a Dios tus hijitos los perros, esos perros sarnosos vagabundos a quienes tanto amaste, por el descanso de tu alma, divina Paulita, fue un largo, un angustioso, un terrible y fantástico aullido lanzado en la medianoche de desolación y de angustia de sus pobres almas huérfanas... ¡Que Dios lo haya oído...! ¡Es muy justo!

DANIEL LAÍNEZ

ORDEN QUE DEBÍA OBSERVARSE EN LAS CORRIDAS DE TORO EN LA PLAZA DE TEGUCIGALPA EN 1818

Don Narciso Mallol, Abogado de los Reales Consejos, Condecorado con la Cruz de Madrid, concedida por S. M. a los que en los memorables días uno, dos y tres de diciembre de ochocientos ocho se distinguieron en defensa de la Patria, y Alca.

Mor. de esta Prova.&a. Por cuanto conviene que se guarde el mejor orden en las corridas de toros que se acostumbran celebrar, y han a celebrarse para evitar desgracias y perjuicios que son consiguiente: Por tanto ordeno y mando lo siguiente.

1°.– No saldrá a la plaza ningún ebrio, viejo ni muchacho de menor edad bajo la pena a los primeros, que les está asignada por bandos, y a los viejos y muchachos de ocho días de cárcel.

2°.– Nadie arrojará a la plaza cosa alguna por poder resultar perjuicio a la carrera, bajo la pena de 25 azotes al indio o mulato, y cuatro pesos de multa a los españoles aplicados a obras públicas.

3°.– Nadie maltratará a los toros con piedra, palo o punta u otro instrumento, bajo la misma pena del artículo anterior, y solo se permite puyarlos y poner fisgas a los designados por el gobierno, o que se les dé licencia en el acto bajo la pena de un peso de multa u ocho días de cárcel según la calidad y circunstancias del contraventor.

4°.– Se advierte que se permiten las músicas y todo regocijo durante la carrera, no siendo en perjuicio de tercero.

Y para que llegue la noticia de todos se publicará en el primer día de corrida en la plaza principal antes de darse principio.

Fecha en Tegucigalpa a treinta de septiembre de mil ochocientos dieciocho.

Es conforme al original, que se conserva en el Archivo Nacional de Tegucigalpa, D. C.

JOSÉ TRINIDAD REYES, PRECURSOR DEL TEATRO MUSICAL HONDUREÑO

En su concepción original, la pastorela es una pieza teatral de pequeña magnitud, surgida en la Edad Media como la lauda escénica de San Francisco de Asís al ser introducida en el oficio de la Natividad, más precisamente en el Salmo Deus Regnavit, acoplado sobre el texto Pastores dicite; es decir, siguiendo una de las narraciones del nacimiento del Niño Jesús, referente a la presencia de pastores en la adoración.

Esta escena fue cobrando amplitud hasta poner de relieve la vida de los humildes pastores, sea en sus aldeas como en las verdes llanuras de Europa y el Cercano Oriente con sus poéticos rebaños de Oriente. Son estas últimas escenas las que inspiraron a Vivaldi, Haendel, Bach y Beethoven, en los famosos oratorios de Navidad los primeros tres, y la Sinfonía Pastoral, del último.

No tanto el rebaño en sí, sino la vida rudimentaria, pero feliz de los pastores y pastoras es lo que debe haber influido en el padre José Trinidad Reyes al componer sus obras, ya que en nuestros valles nunca se han podido observar rebaños de ovejas en la forma en que aún se ven en algunas regiones del viejo mundo. De todas formas, es interesante comprobar un punto de coincidencia común entre la lauda de San Francisco de Asís y la pastorela del Padre Reyes, y es la finalidad de instrucción religiosa a través de la recreación artística mediante composiciones poéticas para ser interpretadas con música sencilla, como sencillos y humildes son los pueblos para los cuales fueron hechas.

Musicalmente las pastorelas Revenía, Olimpia, Elisa, (Albano, Noemí y Nicol que son las que más conocemos) son de una temática muy elemental y en ellas se nota la repetición de melodías de una obra a otra, si bien con algunas diferencias de tonalidad. La habilidad de los arreglistas de las pequeñas orquestas encargadas de su acompañamiento debieron salvar sin duda la escasez de riqueza melódica que se confronta en muchos de sus pasajes. Son más sugerentes los temas de los villancicos escénicos como Las Cuadrillas o el Villancico de los Animales, el Villancico Jocoso o Los Sapos y el Villancico al Niño Dios, escrito este último en tonalidad menor o fúnebre. Todos están enmarcados dentro del ritmo pastoral de 6/8 y 12/8, al estilo de la forma tradicional europea.

Las pastorelas del Padre Reyes ofrecen para su realización teatral problemas más complejos que los que encuentran los músicos, debido a que en algunas escenas aparecen simultáneamente ángeles y pastores, vestidos respectivamente a la usanza oriental, según la época del nacimiento de Cristo, a la vez que se ven campesinos hondureños. Todos estos personajes, en determinados momentos, hablan de guitarras, nacatamales, torrejas y lugares geográficos tanto de Judea como de Honduras. Esto, para un público no acostumbrado a las incongruencias, un simple Deus ex Machina, constituirá un problema de imperiosa necesidad reformativa para el encargado de "montar" cualquiera de las obras en mención al nivel de las modernas exigencias estéticas.

No obstante, con todo y lo rudimentario de las técnicas en las pastorelas del Padre Reyes, nadie puede negar que ellas son la forma precursora de nuestro teatro musical. Es más, aún ahora, a más de cien años de distancia, no se han producido en este país otras composiciones de igual o más elevada dimensión en cualquiera de los géneros escénicos contenido vernáculo.

HÉCTOR GÁLVEZ

TEATRO NACIONAL

Nacida en el seno de la honorable Corporación Municipal de ciudad la idea de construir un teatro, tuvo dicha idea desde que lanzada al público tenaces opositores por una parte, y por otra decididos defensores.

La Municipalidad naturalmente dio los primeros pasos a la realización de su propósito: hizo levantar el plano y formar el presupuesto de gastos de las obras; consultó la voluntad del comercio y la de los círculos oficiales y privados de la capital, y reconoció el estado del Tesoro del Municipio.

Con esta base, la Municipalidad ocurrió al Congreso en demanda un subsidio de $25,000, y aquí ocurrió lo que jamás nos hubiéramos querido imaginar: la Comisión dictaminadora que formaban los Diputados Generales don José María Reina y Doctores don Pedro J. Bustillo y don Carlos Torres, rechazó la solicitud en su proyecto, el cual se discutió a continuación: acalorados fueron los debates, en el curso de los cuales se formularon las argumentaciones y se externaron las ideas y opiniones más originales, pues quien pidió tino y cordura al Congreso, agregando que el teatro era un foco de inhumanidad, etc. etc.

Pero al fin triunfó la idea, habiéndose distinguido como sus más implacables enemigos los Diputados Bustillo, Idiáquez y Echeverría. En el acto de la votación, pues, estuvieron en favor del Teatro los Diputados Soriano, Zambrano, Valle, Fajardo, Reyes, Mejía, Mejía Nolasco, Guardiola, Escobar, Uclés, Reina (don Antonio), Giroud, Rivera Retes, Buezo, Midence, Ariza, Ugarte, Bonilla, Baires y Maldonado; y estuvieron en contra los representantes Barahona, Medal, Fonseca, Aldana, Bustillo, Idiáquez, Torres, Reina (don José María), Hernández, Trejo, Echeverría, Muñoz Cabañas, Osorio R., Rendón, Zelaya y Fortín.

Y la posteridad hará justicia a unos y otros, pues el Teatro, a nuestro juicio no es flor de un día: es una institución, un gran patrimonio del espíritu humano, un maestro sublime de todas las edades, de todas las latitudes, de todos los hombres.

Por eso ha dicho Horacio, hablando acerca del teatro:

Al bueno favorezca y aconseje,
Restituya al colérico la calma;
A aquellos ame que horroriza el crimen;
Loe la sobriedad, las leyes santas
y la justicia y de la paz los bienes;
Recate los secretos que le encargan:
Y pida al cielo que la suerte al triste
mire propicia, y al soberbio airada.

O los hechos suceden en la escena,
o en ella los sucesos se relatan.
Lo que por los oídos entra, mueve
Menos que aquello que a la vista pasa
Y el espectador mismo por sí toca.

Ya, pues, pondremos manos a la obra del Teatro. Rogamos a la Honorable Corporación Municipal disponga la colocación de la piedra angular del edificio para el 22 de febrero próximo, segundo aniversario del advenimiento de la paz.

TEATRO 1896

El señor Alcalde Municipal acaba de informarnos que el 22 del actual se fijará la primera piedra angular del teatro. Próximamente publicaremos la lista de suscriptores y la suma que su largueza acumule para la construcción de esta gran obra nacional.

El 5 de Julio, Tegucigalpa, 19 de Febrero de 1896, Número 51

TEATRO EN COMAYAGÜELA

24 de Enero, 1898

Regular concurrencia asistió anoche al Teatro Provisional de Comayagüela. El joven don Manuel Trinidad Sevilla recitó bastante bien el monólogo Recuerdos de un Veterano. La comedia Flor de un Día fue representada con regular éxito; pero el apuntador la dio por duplicada.

El joven Eleázar I. Lozano y Rico recitó con buena entonación. En Víspera de la Boda. El producto de la función fue a beneficio de los aficionados actores.

HISTORIA DE LA CONSTRUCCIÓN DEL TEATRO NACIONAL MANUEL BONILLA

De acuerdo a relatos recopilados y a la información del historiador hondureño Rafael Jerez Alvarado, durante el período colonial en Honduras no se construyó un edificio donde se pudiera dar expresión a las más altas representaciones artísticas. Todo se hacía de manera improvisada en colegios, plazas o en casas de personas aficionadas al teatro; años después de la Independencia, ocasionalmente se construyeron escenarios que servían para representar piezas dramáticas y, de esta manera, a mediados del siglo pasado se dieron a conocer en Tegucigalpa las famosas pastorelas del Presbítero José Trinidad Reyes, piezas bucólicas de temas religiosos adaptadas al ambiente hondureño.

Asimismo, el patio de la Universidad, fundada por el Padre Reyes, a partir de 1880 sirvió de escenario para representar obras teatrales, donde actuaban artistas hondureños y algunas pequeñas compañías extranjeras que venían a deleitar a los capitalinos. Durante la administración del doctor Marco Aurelio Soto se fabricó, en el mismo patio de la Universidad, un teatro provisional de madera, donde actuó la Compañía Cervi.

El primer intento para dotar a Tegucigalpa de un teatro se hizo en 1889, durante la administración del presidente Luis Bográn, y el 12 de junio de ese año se publicó en La Gaceta un acuerdo por medio del cual se concedía al doctor Antonio R. Fontecha tomar los útiles y materiales necesarios para construir un teatro en el lugar conocido como la Isla, en la cual, además de ser una obra de conocida utilidad pública, contribuirá en gran manera al ornato de la capital. Sin embargo, este proyecto no se realizó, los años pasaron y la construcción del teatro se quedó en buenas intenciones.

El tiempo transcurrió y en 1896 el alcalde de Tegucigalpa anunció que el 22 de febrero de ese año se pondría la primera piedra del teatro con una subvención gubernamental de 25,000 pesos. La obra tampoco se llevó a cabo, y los capitalinos siguieron conformándose con teatros improvisados como el que se construyó en Comayagüela en 1898 para presentar en escena algunos monólogos y poesías.

Llegó a ser famoso el dicho popular que decía: «cuando haya suficientes "primeras" piedras se hará».

A finales de 1900 se inauguró un teatro provisional de madera en la Plaza de Los Dolores, en el que se acondicionó un escenario y palcos especiales para el general Terencio Sierra, presidente de la República, el cual se llamó "Teatro Dolores", donde se presentó la Compañía Unda, que hizo representaciones de zarzuelas y sainetes. La compañía estaba patrocinada por el Cónsul de México en Honduras, don José María Gutiérrez.

Así seguía Tegucigalpa sin un teatro formal cuando, en el mes de marzo de 1905, se organizó un Comité Cervantino, encargado de llevar a cabo una serie de programas destinados a celebrar el Tercer Centenario del aparecimiento de la inmortal obra El Ingenioso Hidalgo Don Quijote de la Mancha. El Comité estaba formado por los ilustres ciudadanos: José Manuel G. Zamora, Rómulo E. Durón, Esteban Guardiola, Pedro Nufio, Silverio Laínez, Alberto R. Rodríguez, Froylán Turcios, A. Zúñiga, Carlos H. Reyes, Enrique Pineda, Augusto C. Coello, Benito Fernández R., Valentín Durón, J. M. Agurcia, Mónico Zelaya, Fernando Somoza Vivas, Luis Landa, José Ynestroza V. y Fernando C. Quintanilla.

Los miembros del reciente Comité le solicitaron al entonces presidente de la República, general Manuel Bonilla, la construcción de un teatro, expresándole que:

—Es doloroso que Tegucigalpa sea la sola capital de Centroamérica que no tenga teatro y que carezca, por lo mismo, de un lugar que no solamente sirva para dar representaciones líricas y dramáticas, sino también para actos de nuestra vida intelectual y social.

En respuesta a esta solicitud el presidente Bonilla acordó, el 4 de abril de 1905, construir un teatro nacional, que se llamaría "Teatro Cervantes". La construcción se inició poco después siempre en La Isla, lugar que se había escogido anteriormente, siguiendo los planos elaborados por un ingeniero norteamericano apellidado Bourgeois, empleándose adobe para levantar las paredes, material que no resistió las inclemencias de un copioso aguacero, por lo que el proyecto fue abandonado, sobre todo porque poco después, viéndose el país arrastrado en una de sus tantas revoluciones, el general Bonilla tuvo que marchar hacia el exilio.

RETORNO DE MANUEL BONILLA

Años más tarde y deseando el general Bonilla postularse para un segundo período presidencial, después de permanecer algunos años en Estados Unidos, acompañado de varios de sus amigos, políticos emigrados, decidió regresar a Centroamérica. Al llegar a Guatemala se hospedaron en el "Hotel España", propiedad del matrimonio formado por don Cristóbal Prats Fonellosa y doña Dolores Vives Torné, ambos originarios de Cataluña, España, que habían llegado a Guatemala en 1890. El señor Prats era un joven maestro constructor, que se inició desde niño en este oficio con un excelente entrenamiento y estudios en Barcelona, ocupación a la que también se dedicaban varios miembros de su familia. Precisamente por sus méritos de buen constructor fue contratado por la familia Colomer, también de origen catalán, que estaba radicada en Guatemala, para que viniera a construir unos silos y unas casas residenciales.

Los emigrados hondureños, encabezados por el general Bonilla, se hospedaron en el "Hotel España", contando con muy poco dinero, por lo que se acogieron a la bondad de los señores Prats para pasar una larga estadía en Guatemala. Entre los políticos hondureños y el constructor español surgió una gran amistad y la promesa de que, en caso de ganar Bonilla las próximas elecciones presidenciales, lo mandaría a llamar a Honduras para que realizara la construcción de varias obras.

Las elecciones fueron favorables al general Bonilla, quien al llegar a la presidencia nuevamente, supo rodearse de buenos colaboradores en su gabinete, nombrando como Subsecretario de Gobernación y Justicia al notable escritor y orador Froylán Turcios, hombre de refinada cultura que había viajado por varios países europeos. Turcios, precisamente, fue uno de los firmantes de aquella solicitud de 1905 para que el presidente Bonilla construyera un teatro en Tegucigalpa, y aún no desistía de su empeño; al contrario, estaba decidido a que el proyecto se llevara a cabo.

Las circunstancias no podían ser más favorables ya que existía un decreto para la construcción del teatro emitido anteriormente por el propio presidente Bonilla, y como, además, en cumplimiento a lo ofrecido, el presidente Bonilla había contratado al constructor Prats para que viniera a Honduras, entre éste y Turcios convencieron al presidente del proyecto, quien lo aprobó con gran entusiasmo.

UN TEATRO POR CIENTO DIEZ MIL PESOS

Fue así como en 1912 se inicia la edificación del teatro, haciendo don Cristóbal Prats los planos inspirado en teatros europeos, como los que él había visto en España. El proyecto resultó sumamente ambicioso ya que, por no haber operarios suficientemente capacitados, la construcción debió comenzarse con el adiestramiento de los obreros, teniendo el señor Prats que enseñarles los métodos más apropiados, utilizando materiales locales, llegando incluso a instalarse una fábrica de ladrillo de barro cocido para ser utilizados en la construcción, lo cual se facilitaba por la proximidad del río, de donde se extrajeron también piedras para construcción. Los materiales a emplearse debían ser verdaderamente duraderos para resistir el paso de los años.

El lugar escogido fue un solar al oeste de la ciudad, donde ahora se encuentra el Parque Herrera, habiéndose hecho un presupuesto de la obra en ciento diez mil lempiras; sin embargo, a iniciativa del propio presidente Bonilla, se prefirió que se hiciera un teatro más grande, en la parte sur del sitio inicial, es decir, donde se encuentra actualmente.

Una crónica de la época narra que: "Inspección de ojos en verdad. Esa fue la que hicimos ayer a los trabajos de nuestro Teatro Nacional. El señor Prats los recibió amablemente. Por todas partes se oía el golpear continuado de los que laboran en esa obra de positiva utilidad para nosotros. Hacia el norte se ve un gran hacinamiento de ladrillos para las grandes columnas que se elevarán al cielo como enormes brazos, leanudos y blancos. Hacia el sur, otros materiales disponibles para su colocación. No hay un solo sitio que no esté ocupado. Todos se mueven, allí se multiplican. Suben, bajan, filan una pieza, hacen un andamio, incendian el horno, piden mezcla, fatigan las cucharas, los picos no duermen, las palas no bostezan".

Don Cristóbal Prats diseñó la fachada en estilo neoclásico con seis columnas bien proporcionadas y modulares de acuerdo al clásico texto de arquitectura de Vignola, arquitecto italiano que en el siglo XVI sentó las bases del clasicismo. Sin embargo, estas columnas fueron demolidas durante la construcción porque el presidente Bonilla opinó que eran muy delgadas para soportar la fachada, lo cual no era cierto e iba en contra de la idea del constructor y de las reglas de Vignola.

Lógicamente, esta modificación desproporcionó la fachada; pese a ello, se logró un edificio elegante con paredes exteriores repelladas imitando mármol. En el exterior del teatro, entre las columnas y el cuerpo principal del edificio, había un corredor que servía para guarecer de la lluvia a las personas que estaban comprando sus boletos o esperando el inicio de la función.

UNA MODERNA CONSTRUCCIÓN PARA LA ÉPOCA

Uno de los mejores periodistas de principio de siglo, don Julián López Pineda, escribió para el "Nuevo Tiempo", el 14 de septiembre de 1915, un día antes de la inauguración del teatro, la siguiente crónica descriptiva: "Seis severas columnas del orden dórico, de once metros de elevación por 1.35 de espesor se yerguen a la entrada del vestíbulo, sobre las cuales un frontispicio triangular y espacios de mármol blanco, levanta sus lineamientos verticales y atrae el espectador.

En seguida, dos leones y algún otro adorno dan aspecto pintoresco a esa primera sección. La mole toda del edificio, de 60 metros de largo por 22 de ancho y 21 metros de altura, está circundada de graderillas de poco declive, macizas y elegantes cementadas, con aceras del mismo material, de 5 metros de anchura que prolongan y apoyan hasta la línea de la calle. El techo es de hierro laminado, con mallas entrecruzadas. Es doble el techo, a distancia uno del otro de dos metros y medio, para la conveniente ventilación, con cuarenta ventanas por donde respira el edificio y el ventilador amplio, de cuatro metros de ancho por cinco de largo, que se levanta en la parte superior al centro.

En la construcción del teatro don Cristóbal Prats empleó cimientos de mampostería; paredes de ladrillos de barro cocido, de diferentes espesores; morteros a base de cal y arena; yeso para los aplanados del cielo; entrepisos a base de viguetas de hierro doble T con bovedillas tipo catalanas; techo con estructura metálica y cubiertas de lámina de zinc; cielos estampados de lámina; instalación eléctrica con sistema oculto; pisos de ladrillo de cemento, y repellos exteriores imitando mármol.

En la construcción del edificio estaban incluidas las boleterías, un amplio vestíbulo, guardarropa y cafetería; lunetario para 425 butacas; espacio para la orquesta, un amplio escenario debidamente acondicionado, una fila de palcos bajos y otra de palcos altos, haciendo un total de treinta y seis palcos para unas 216 personas; cuatro tribunas, los pasillos correspondientes a los palcos altos y bajos, un elegante palco presidencial; doce cuartos para los artistas y varios inodoros lujosamente instalados, que eran muy comentados por la concurrencia, ya que por entonces en Tegucigalpa apenas se empezaban a hacer estas instalaciones sanitarias.

En el segundo piso había un amplio salón al que se accedía por dos graderías, y en el tercer piso se construyó una galería con capacidad para doscientas personas, aproximadamente.

El interior del teatro, diseñado como una herradura, contaba con un lunetario con elegantes asientos forrados de raso, semejantes a los que se instalaron en los palcos. Las paredes y pasamanos de los palcos, con seis hermosas sillas cada uno, fueron revestidas de terciopelo rojo. Las puertas de acceso a cada uno de ellos fueron labradas hábilmente por artesanos locales, estando, además, el interior de cada palco iluminado con finas lámparas de cristal. Los pasillos alfombrados, lo mismo que los salones de entrada y estar, causaban la admiración de la concurrencia.

El teatro fue pintado con los colores tradicionales de marfil en las paredes y oro en los relieves para lograr un contraste de refinado gusto con el corinto de las butacas.

La estructura metálica de cielo raso fue recubierta con lámina estampada, fabricadas especialmente por la Casa Trucson de Nueva York, y de él pendían cinco arañas de cristal de roca, hechas en Murano, Italia, consideradas de gran valor artístico, cada lámpara con su correspondiente juego de cadenas para facilitar su limpieza.

El espacioso salón del segundo piso se decoró originalmente con alfombras, espejos, mesas doradas y canapés estilo "bella época", siendo el lugar preferido de la alta sociedad para reunirse en los intermedios de las funciones teatrales, o en las elegantes fiestas que ahí se celebraban.

De acuerdo al conocido director y artista de teatro Francisco Salvador, el escenario original se encontraba a más baja altura que ahora, lo que producía mejor visibilidad. Poseía un foso, que se dice posiblemente tuvo una pileta de agua, para obtener mayor acústica, tal como establecían las leyes arquitectónicas de los antiguos teatros europeos.

DECORADO POR CARLOS ZÚÑIGA FIGUEROA

La decoración del teatro, en la que predominaba el rojo, fue asignada al pintor don Carlos Zúñiga Figueroa, recién llegado con estudios de Portugal, quien realizó una gran labor pintando hermosos medallones que adornaban los palcos con las figuras de grandes músicos, poetas y escritores. Se podía admirar a Beethoven, Mozart, Meyerbeer, Wagner, Rossini, Dante, Cervantes, Schiller y Shakespeare. También Zúñiga Figueroa pintó las cariátides que representaban la comedia y la tragedia. Con gran dedicación el pintor y sus ayudantes pintaron varios murales con temas nacionales, sobresaliendo un gran mural en la parte superior de la boca del escenario que representaba el descubrimiento de América.

El telón, pintado también por Zúñiga Figueroa, era una vista panorámica de Tegucigalpa captada desde el balcón de una casa y, como edificios principales, sobresalían, a la izquierda, el Hospital General, y a la derecha el Hospicio. El público que asistía al teatro se entretenía antes de las funciones, localizando en el paisaje citadino sus casas de habitación.

LA INAUGURACIÓN

La construcción del teatro fue concluida en 1915, y el nuevo e imponente edificio fue inaugurado con un baile de gala, la noche del 15 de septiembre de ese año, pero lamentablemente no por su creador inicial, el presidente Bonilla, quien había fallecido dos años antes, sino por el presidente provisional, doctor Alberto Membreño, quien continuó apoyando la construcción, bautizando el teatro como "Teatro Manuel Bonilla", en honor al presidente desaparecido.

El diario "Nuevo Tiempo", en su crónica del 16 de septiembre, al día siguiente de la inauguración, se expresó de la siguiente manera: "Al entrar en el gran salón preparado para el baile, y que constituye el lunetario, palcos y tribuna del teatro, el deslumbramiento se traduce en espontánea admiración".

Esta admiración "crecía desmesuradamente hasta tocar los linderos del infinito". El periodista continuó inspirándose en "la constelación de bellas damas y señoritas, que llevaban diseños de alta costura". Se sintió impresionado por la comisión de recibo que atendió espléndidamente a los invitados, «haciendo prodigios de atención y figura», sobre todo cuando repartían el carnet del baile, en el cual se leía esta descripción:

"Baile obsequiado por el S.P.E. en la celebración del XCIV aniversario de la Independencia Nacional e Inauguración del Teatro Manuel Bonilla, 1915". Sobre el baile, "que resultó espectacular", expresó que se inició con Las Cuadrillas Militares de Fetrás, lo cual resultó "un cuadro encantador de arte y sobriedad». Lo mismo dijo sobre Los Lanceros, con que se abrió la segunda parte del programa. Sobre el buffet se refirió a la "profusión de licores exquisitos con abundancia de champagne". Para todas las damas tuvo especiales elogios, así una era "espiritual y airosa", mientras otra tenía "aire de emperatriz". Este baile tan recordado por los capitalinos "terminó con la primera luz del día".

Don Cristóbal Prats, el constructor del Teatro Manuel Bonilla, luego de terminar su contrato, decidió quedarse a vivir en Honduras con su esposa Dolores Vives y sus hijos Cristóbal, Dolores y Francisco.

Continuó construyendo residencias particulares en Tegucigalpa, y en San Pedro Sula construyó el Mercado Municipal, el Acueducto de Río de Piedras y un hipódromo que funcionó en esa ciudad. Como contratista asociado con la familia Agurcia, dirigió los trabajos de la construcción de la carretera del Norte, desde la Cuesta de los Indios hasta Pito Solo, y la que de San Pedro Sula conduce hasta La Entrada en Copán. Falleció en Tegucigalpa a los 67 años, el 7 de octubre de 1942.

Durante la Administración del general Carías se reformó la fachada del teatro, dándole el aspecto que presenta actualmente. La obra estuvo a cargo del arquitecto italiano Alejandro Arrighi.

ROSAMARÍA PRATS

EL PRIMER CINEMATÓGRAFO EN TEGUCIGALPA

Se aproximaba ya el fin del año de 1899 y la sociedad de Tegucigalpa y Comayagüela se animaba con uno que otro baile en el Salón de Retratos, con una que otra atoleada en Tiloarque, el Hato de Enmedio u otro próximo, con las retretas en el Parque Morazán y con los llevares y traeres de los telégrafos de oficio que no faltaban en aquella época como tampoco escasean hoy, cuando empezaron a anunciarse, como algo de maravilla, próximas funciones de cinematógrafo, fonófono y estereopticón que tendrían verificativo en la capital hondureña a principios de la segunda quincena de diciembre del año ya citado.

Todavía vivían en la claridad del recuerdo las funciones que, en junio y julio del mismo año, había ofrecido la compañía cómico-dramática "Valero", que había desarrollado sus representaciones en el Teatro de Dolores, luciendo un variado repertorio de dramas, comedias y zarzuelas, y no se borraban aún de la mente las noches inquietas y expectantes que habían vivido a consecuencia de los pronósticos del pseudo sabio austriaco, Falb, quien había asegurado que el fin del mundo —¡nada menos!— tendría verificativo la noche del 13 de noviembre de 1899, de modo que, según los cálculos del científico trasnochado, al amanecer del día 14, ya no cantaría ninguna ave, se movería ningún ser ni correría un adarme de vida en el inmenso organismo de la naturaleza.

Los desvelos y preocupaciones que lo último había producido, por fortuna, se habían ido ya al diablo, y fue así, en un estado de tranquilidad beatífica, como la población de las dos ciudades que separa el Río Grande recibió la noticia de las próximas exhibiciones.

Los anuncios de la llegada a Tegucigalpa del último de los inventos, junto con los doctos comentarios de los viajeros que se hospedaban en el Hotel Americano o en el Hotel Gran Central, quienes afirmaban haber ya visto tales prodigios, hacían crecer la curiosidad de las gentes sencillas o de la juventud ávida de emociones. Los hombres de letras que iban a despacharse sabrosas cenas a los restaurantes "Los Trasnochadores" y "El Progreso" contaban lo que las lecturas de la prensa del extranjero les habían enseñado sobre el notable aparato de proyección; los grupos contertulios de las Farmacias "La Violeta" y "Unión" opinaban sobre los inconvenientes del cinematógrafo para los ojos; los clientes de la sastrería "La Última Moda" o de la "Sastrería Francesa" también se ocupaban del asunto, y hasta en el momento en que el Dr. Juan Gilman hacía extracción de una muela semiantediluviana, el cliente preguntaba sobre las maravillas del cinematógrafo.

La ciudad, en fin, estaba muy excitada por el suceso próximo, y los más nerviosos tomaban el específico de moda: el antikamnia, mientras los hombres sin fuerzas, aunque sabían que no podrían ver en la pantalla mujeres de carne y hueso, por aquello de las dudas, no olvidaban su dosis de "Específico de Clark".

Las primeras cuatro funciones fueron ofrecidas los días sábado 16, domingo 17, martes 19 y miércoles 20 de diciembre, con el mejor de los éxitos para los empresarios.

El 28, 29, 30 y 31 del mismo mes tuvieron verificativo cuatro exhibiciones más, según dijo la empresa "sólo para concluir el siglo XIX en ésta y a pedimento de numerosas familias".

Es interesante, para que el lector se imponga de una serie de datos, transcribir el anuncio que la empresa de cinematógrafo hizo publicar en "Diario de Honduras", periódico que dirigía Juan Ramón Molina. Para la primera tanda de funciones se hizo la siguiente publicidad:

"PRIMER CINEMATÓGRAFO EN ESTA CIUDAD"

Solamente habrá cuatro funciones o sean los días sábado, domingo, martes y miércoles próximos.

Las vistas de cada función serán muy variadas. A las siete y media en punto, en casa de las niñas Dávila, frente al General Streber. Venta de localidades en el día, en la Cantina Americana.

PRECIOS DE ENTRADA:

1ª Clase.................$1.00

2ª Clase.................$0.50

Niños....................Mitad de precio.

NOTA: Se suplica a las familias que piensan en concurrir a tan admirable espectáculo, manden sus sillas desde las tres de la tarde. Para los de 2ª hay suficientes bancos.

Hoy Guerra! La Serpentina, etc., etc.

OJO: La función de mañana principiará después de la retreta.

Como es de suponerse, debido a las dimensiones de la sala utilizada para las primeras proyecciones de cine, quedaron muchas personas interesadas en que las funciones fueran ofrecidas de nuevo, y atendiendo sus reclamos, el miércoles 27 de diciembre de 1899 —el primer diciembre que pasaba el General Terencio Sierra en la presidencia—, la compañía insertaba este nuevo aviso en "Diario de Honduras", dirigido por Juan Ramón, el hombre de los mostachos "a usanza de Borgoña":

"FUNCIONES DE CINEMATÓGRAFO"

O sean los días jueves, viernes, sábado y domingo próximo.

Sólo para concluir el Siglo XIX en ésta y a pedimento de numerosas familias, he dispuesto dar esas antedichas funciones. Las vistas de cada una serán nuevas y variadas y para la primera se exhibirán las vistas escogidas, como la Serpentina, el Beso Fantástico, la Vista del Brujo, la Batalla de San Juan, etc. Esta última vista ha llamado mucho la atención en los EE.UU. y ella por sí sola vale la entrada. A las siete y medio punto y en el ya conocido salón en casa de las señoritas Dávila.

PRECIO DE ENTRADA: Los anteriores.

Pues no dejen de conocer esta última admirable maravilla que ha vencido todas las invenciones que han descubierto en el siglo que finaliza.

NOTA: Hay suficientes sillas para los de 1ª Clase y bancos para los de 2ª. Venta de localidades: en el día en la Cantina Americana y

Tienda de don Jesús Estrada, y después, a la entrada de la casa de dichas señoritas Dávila.

Las primeras proyecciones cinematográficas realizadas en Tegucigalpa coincidieron, pues, con los festejos celebrados "despidiendo el Siglo". Hubo discusiones entre los hombres de pensamiento de este tiempo sobre si el Siglo XX principiaría el primero de enero de 1900 o en la misma fecha de 1901. Se impuso la primera tesis y fue así como el 31 de diciembre de 1899, a las doce de la noche, en los diferentes lugares de Honduras se celebró la marcha del idolatrado "de las luces" y se saludó la entrada del que actualmente vivimos, mejor dicho: sobrevivimos, en medio de los tremendos peligros y las más duras angustias.

VÍCTOR CÁCERES LARA

RENACIMIENTO DEL CINE EN HONDURAS

Fue en 1928 y 1929. El espectáculo de celuloide llegó a ser nueva actividad en la carrera comercial de mi padre, don Eduardo Berlioz Ulloa. Como una antorcha de competencia olímpica, don Eduardo prendió la llama que daría brillo a las pantallas del cine de Tegucigalpa, ciudad que en expectante actitud de panem et circenses, en el amanecer del renacimiento del cine mudo en Honduras, se desmayaba sobre la falda de sus calcinantes cerros con languidez de Venus nostálgica, a causa de inclementes metralla y machete que fustigadores lanzaban al Averno a sus hijos en las revoluciones fratricidas. Pronto don Eduardo cambiaría la tristeza de la Diosa acongojada, poniéndole un semblante de complacencia.

Cuando el dios Mercurio inspiró a mi padre a empuñar el caduceo de la taquilla, a la sazón dominaba la plaza la dinámica y vivaz dama doña Enriqueta de Lázarus, dueña desde entonces del Teatro Variedades. Solamente un competidor de atributos tan particulares como don Eduardo pudo haberla hecho librar batallas que harían el mayor ganador al público espectador.

Dos atractivos han desaparecido de los actuales salones de cine: la indígena marimba, que el poeta hondureño Francisco P. Figueroa hiciera de ella la musa de su inspiración; y el mágico papelito del pase de cortesía, que fuera galantería ingeniosa para que los románticos caballeros de aquella época, en requiebros con su dama o damita, vaciaran la bolsa en las taquillas de los teatros citadinos. Cosas de los buenos tiempos. Don Eduardo supo imprimir a las dos atracciones su sello de superación. La marimba se escogió entre las mejores de la sierra de Cuscatlán, y los pases de cortesía fueron usados en funciones de categoría, previamente escogidas por don Eduardo. Este motivo, como el de haber seleccionado las marcas de las películas, y entre éstas las superproducciones de mayor cartel, fueron parte de las hojas de laurel que le ciñeron la frente de vencedor. La otra parte de la corona laureada la constituyeron la actitud presta a conseguir lo óptimo de sus propósitos y, como punto final, escoger el local hermoso y gustado, en esta ocasión el Teatro Nacional, que le arrendó el Gobierno. El coliseo de gratas recordaciones fue como el circo griego o romano de la competencia de contornos olímpicos donde el hijo de Júpiter le diera a mi padre el trofeo de la vara alada de la insignia mitológica.

Las columnas dóricas frontispicias del Nacional fueron los testigos gigantes y mudos de multitudes eufóricas que se deslizaban para ocupar las butacas y presenciar las superproducciones electrizantes de El Demonio y la Carne, La Viuda Alegre, La Bohemia, Entre Naranjos, La Tierra de Todos, La Gran Parada, Los Miserables, Enrique de Lagardere, La Hermana Blanca, El Apache, Resurrección, Ana Karenina, El Carnaval de la Vida, Los Cosacos y tantas más, entre las cuales alternaban los más afamados actores, como John Gilbert, Greta Garbo, Mae Murray, Lillian Gish, Antonio Moreno, Dolores del Río y otros.

Certero proverbio es que los laureles de los grandes se los brindan sus más encarnizados enemigos. Ya lo dijo Rubén Darío en boca del Santo de Asís: "en el hombre existe mala levadura". La maligna intriga urdió sus armas para arrebatarle a don Eduardo el Teatro Nacional, argumentándose que el uso que entonces se le daba al recinto no era el adecuado, el que en verdad había permanecido solitario y silencioso durante largo tiempo atrás. Hay en este mundo de tristezas quienes, sin arte ni parte en las cosas, actúan únicamente con el propósito de causar daño. Y cuando se creyó haber dejado en paños menores a don Eduardo, él anunciaba la apertura del Teatro Palace; local añejo, pero gustado como el vino, por la fermentación de las hábiles ejecutorias de mi padre.

Don Eduardo hizo del nuevo refugio lo que Shakespeare del famoso Globo de la vieja Londres: el más atractivo para la gente de buen gusto. En la cadena de supercintas que comenzó con la temporada del Nacional, no hubo solución de continuidad. La bíblica Ben Hur, la elegante El Hermoso Brummel y la bélica Los Cuatro Jinetes del Apocalipsis, para señalar unas de las mejores, con unos de los más famosos actores: Ramón Novarro, John Barrymore y Rodolfo Valentino, lo más granado del Séptimo Arte.

La cinta Los Cuatro Jinetes del Apocalipsis tuvo algo de extraordinario en la cosecha de frutos singulares de don Eduardo. En países con incrustaciones de colonias alemanas influyentes se prohibió la presentación de la versión cinematográfica de la obra anti-germánica de Vicente Blasco Ibáñez. Ello ocurrió también en nuestro país. Gobernaba en Honduras el doctor Miguel Paz Barahona, intachable mandatario y buen amigo de don Eduardo. Ambos se reunían bajo la bóveda de la rotonda de Casa Presidencial, para competir en las lides del tablero de ajedrez; en tales ocasiones semejaba la circular habitación algo así como la torre de marfil de dos poetas: uno, el soñador demócrata, y el otro, el Quijote de las grandes empresas. Durante una de estas veladas, el estadista le dio a conocer al empresario su compromiso de no permitir la presentación de la película Los Cuatro Jinetes del Apocalipsis. Don Eduardo, en vertiginosa réplica, le expuso que ello implicaría violación al enunciado constitucional de libre comercio; hubo silencio, y conminatoria y emplazamiento se diluyeron en las abstracciones de los ajedrecistas.

El carácter e inteligencia de don Eduardo rechazaban las sumisiones improcedentes; y en actitud desafiante y audaz anunció al público el día y horas de la presentación de la cinta prohibida. El presidente lo conminó nuevamente, con advertencia de ordenar el corte de corriente eléctrica del teatro en caso de contravención. Pero don Eduardo le haría frente al reto de su dilecto amigo. Llegado el día de la pregonada función, las localidades se habían agotado y los cineaficionados solicitaban cupo de parados en pasillos disponibles. Una abigarrada multitud copaba, en horas de la tarde, las cuadras desde el Parque Morazán hasta alcanzar las puertas del teatro, que ese preciso día se emulaba más al proscénico recinto que le abrió las puertas de la gloria al gallardo cisne del Avon.

A las seis horas de la tarde se abrieron las puertas del Cine Palace, dejando ubicarse a los espectadores en todos los lugares accesibles. Tenía a su cargo la máquina de proyecciones el hábil ciudadano don Manuel Valdez, llamado cariñosamente Manuelito, que con fidelidad de lugarteniente obedeció la orden de don Eduardo de proyectar la obra vilipendiada. Cuando ello ocurría, se produjo el apagón anunciado por el presidente, en los precisos momentos en que se dejaban ver en la pantalla las figuras alegóricas del Apocalipsis de San Juan. Pronto se escuchó un murmullo de desagrado en la concurrencia, la que de inmediato se incorporó para lanzarse en ardiente manifestación por las calles de la capital haciendo oír su voz de protesta y censurando a los presuntos culpables, dando su apoyo a don Eduardo. Aquella expresión popular culminó en las afueras de Casa Presidencial, en recurso de última instancia; pero para el doctor Paz la decisión fue inapelable.

Don Eduardo confirmaría la perenne exclamación suya: que la palabra imposible no tiene ninguna significación para los hombres decididos. La amistad entre los dos jugadores de ajedrez de Casa Presidencial se mantuvo invariable a pesar de la marejada apocalíptica; y solamente conoció el eco de sus palabras alrededor del asunto la confidente rotonda. En las alternativas del jaque y mate, don Eduardo fue el favorito; pero en cierta ocasión el presidente fue ganador de tres intrincadas y consecutivas partidas, que produjeron en él desbordante euforia, y en don Eduardo la ocurrencia de propicia alternativa para solicitarle la autorización firme de exhibir la malograda cinta. El doctor Paz accedió con fraternal afirmación.

Los interesados hicieron nuevos esfuerzos para amarrar el nudo gordiano a las villas del Río Grande, pero don Eduardo se los impidió interponiendo el caduceo que le prestara el dios del comercio. Y las cabalgaduras de las cuatro bestias apocalípticas se dejaron ver a plenitud en la rutilante pantalla del Teatro Palace; y Rodolfo Valentino, con la cadencia de su insinuante tango, cautivó a todas sus admiradoras. Corolario ejemplar fue hacer efectiva la disposición de libre comercio ordenada en la Constitución, libro nacional que supo interpretar el más demócrata de los presidentes hondureños.

Don Eduardo enseñó a la noble y garrida Tegucigalpa que la palabra imposible no tiene sentido en la firme voluntad de un verdadero hombre.

JORGE A. BERLÍOZ

EL GRAN ESPECTÁCULO

Fue en 1929. La Taguzgalpa original, de asimetría caprichosa, de ubicación montañosa y reacia a ser alcanzada por las paralelas de acero y cantarinas de sonido metálico que canalizan civilización con vertiginosidad y abundamiento, no ha permitido que se escuche, dentro de los ámbitos de su recinto natural de cerros y montañas, el eco vivificante del pitazo del ferrocarril, que en bocanadas de humo grita anunciando a ciudades y poblados invasión de gentes y entrega de grandes cargamentos de bultos que llevan en el vientre cosas nuevas. A este "nido de paloma" solo se llega por escalones de roca en ruedas de goma, o, a través de las moléculas de aire, en el pájaro de aluminio que anida sus alas entre los ramajes de la floresta.

En Hibueras no se gozaba de transporte muelle para las cosas grandes, y cuando de esta materia se trataba, todo era reducido a lamentaciones de imposibles. Semejante valladar había impedido al gran espectáculo asomar sus dimensiones en el proscenio de los teatros de la apacible Tegucigalpa. Apenas habían logrado pasar el Rubicón pequeñas compañías y, raras veces, medianas, como las de Virginia Fábregas, Anido Sebrati, Frégoli Vargas y otras. Fue mi padre, don Eduardo Berlioz Ulloa, quien cambiaría la faz escénica, con el esplendor de las grandes compañías, en la quieta, pero singular Tegucigalpa. Conocedor agudo de los problemas del transporte en Honduras, don Eduardo haría factible que el personal numeroso y el enorme bagaje de cajas y bultos contentivos de decorados y vestuarios pudiesen conducirse con seguridad y prontitud por los tortuosos caminos marinos y terrestres de nuestro ondulante país.

El gobierno presidido por el doctor Miguel Paz Barahona, en el crepúsculo de su cuatrienio, arrendó por segunda vez a don Eduardo el Teatro Nacional, esta vez bajo compromiso de alternar la presentación de compañías teatrales con las funciones de cine. La nueva fase fue aprovechada por el empresario para presentar por primera vez y quizá última en la historia teatral de Honduras el gran espectáculo al público que lo favorecía con su presencia multitudinaria en las exhibiciones del Séptimo Arte.

Recorría la columna vertebral de la india desnuda de América la compañía de óperas Bracale, transportándose de país a país por los medios del barco y del ferrocarril. Del itinerario de la gira artística, por las notorias dificultades en el transporte, se había excluido a la cenicienta de las capitales de los países iberoamericanos. Pero el "caballero andante", dueño y señor de los caminos de Honduras cuando acometiera la victoriosa empresa de transportes ya conocida, de nuevo montó a Rocinante y a Clavileño para traer desde el puerto de Amapala, como guía portentoso, a los cien gigantes vencidos que entonarían sus voces sonoras en el estrado del coliseo nacional. Aquel séquito, de centenar de artistas, con su cargamento de decorados dimensionales y de abigarrados vestuarios, sobre el espejo marino donde se mira como seno turgente la cónica isla El Tigre, fue trasbordado por robustos y bien mandados cargadores portuarios, muy conocidos por don Eduardo, desde que, casándose con mi amapalina madre, residió por años en la Perla del Golfo de Fonseca.

En motonaves y lanchones se hizo el trasbordo de personal y de equipaje. Y una flota, como si fuese de conquistadores vikingos, se enfiló partiendo en surcos el azul profundo del golfo y luego el esmeralda del estero donde, desde los manglares, los pájaros parleros entonaban el himno matinal a los trovadores del tablado, en loa y prez a los discípulos de Enrico Caruso, que harían de la plácida Tegucigalpa un jardín de alondras y ruiseñores en una de las temporadas más grandes y nunca emuladas en esta sierra hondureña. En el puerto de San Lorenzo todo estaba preparado para conducir a los viajeros cantantes, con todos sus aperos, en turismos, baronesas y camiones. Don Eduardo, viejo zorro del transporte terrestre hondureño, reunió a los más hábiles ases del timón, para seguridad y comodidad posible de pasajeros y equipaje.

La población de Tegucigalpa recibió con júbilo grandes esperanzas a la troupe musical. Y las alabanzas para el titán empresario Berlioz fueron pródigas. Había arribado a la capital el espectáculo que dejaría sus marcas indelebles en la historia teatral del país. Su personal artístico se componía de orquesta de veinte profesores, dirigidos por el notable Cav. Luigi Cantoni; tenores, sopranos, coloraturas, barítonos, contraltos, bajos y coro; personal técnico y directores de escena. La perspectiva era halagüeña y tonificante. El bel canto esparciría sus notas a través de los frescos aires de la empinada ciudad. El telón del Teatro Nacional sería como el manto que al abrirse descubriría el bello cuerpo de una Venus musical, y sus arañas de reluciente cristal celebrarían con el tintineo de sus gajos el advenimiento de trovadores y divas.

A teatro lleno, e impuesta la indumentaria de etiqueta para espectadores de palco y luneta, el 3 de diciembre de 1929 hizo su debut en el Teatro Nacional, patrocinada por la Empresa Berlioz, la estupenda Bracale Opera Co., con la famosa pieza La Traviata, del compositor italiano Giuseppe Verdi y actuando los notables: tenor Cav. Franco Tafuro, soprano Madeleine Elba y barítono Carlos Tagliabue. A esta presentación que embelezó al público asistente, siguieron por su orden las siguientes: Pagliacci de Ruggiero Leoncavallo y Cavallería Rusticana, de Pietro Mascagni, ambas el 4 de diciembre en una misma función; Rigoletto, de Verdi, el 5 de diciembre; Lucía de Lammermoor, de Gaetano Donizetti, el 6 de diciembre; Aida, de Verdi, el 7 de diciembre; Otelo, de Verdi, el 8 de diciembre; Tosca, de Giacomo Puccini, el 9 de diciembre y Il Trovatore, de Verdi, el 10 de diciembre. Ocho hermosos regalos en el mes navideño.

Durante aquellas noches de extraordinario arte en Tegucigalpa, el ambiente de alta cultura en el coliseo de la ópera fue émulo del que flota con hálitos sublimes en las temporadas invernales de la Metropolitan Opera House de Nueva York, la Ópera de París o la Scala de Milán, dentro lo relativo y circunstancial de la cenicienta enmontañada que en aquellas brillantes noches calzó sus pies de plata con las zapatillas de cristal.

En la realización escénica de Aída y Otelo medió la intervención oportuna e indispensable de don Eduardo. En la de Aída hubo temores de deficiencias de tablado y tramoya en el montaje del fastuoso escenario de imperdonado estilo para la obra; pero mi padre, que portaba siempre la varita mágica de la solución, tocó con ella las teclas necesarias para el despliegue marcial de Radamés y su gran ejército al compás sonoro de la Marcha de las Trompetas. Y fue una noche de arte, belleza y júbilo en un rincón inolvidable de la silenciosa población del "cerro de plata". Para la presentación de Otelo se contaba con la actuación del gran tenor costarricense Cav. Manuel Salazar, consagrado como su mejor intérprete, quien había enfermado dos días antes del de la presentación de la obra, causando los justos temores de frustración consiguiente; pero don Eduardo, enemigo de los imposibles, vencería con toda seguridad a la maléfica adversidad, obligando a un eficiente cuerpo de médicos capitalinos a permanecer día y noche a la cabecera del enfermo hasta producir el milagro galénico, que para mi pensar fue magnético, realizado por el poder sugestivo de la penetrante personalidad de mi padre, cuando muy temprano del día señalado para interpretar al celoso marido, Melico, como era llamado en el ambiente teatral, comenzó a entonar su maravillosa voz con los resultados de una emisión perfecta. Y el Moro de Venecia, con resonancias escalofriantes, hizo vibrar su voz de oro hasta la cresta del cerro El Berrinche, centinela pétreo de la hoy Casa de la Cultura. Hubo en la noche moruna del Nacional aplausos atronadores y en el ambiente citadino comentarios y crónica de encomio.

No obstante los grandes llenos del Teatro Nacional, hubo mi padre de conseguir del Gobierno, a la sazón presidido por el doctor Vicente Mejía Colindres, una subvención por diez mil pesos, que el noble empresario señor Bracale ofreció a don Eduardo compartir, negándose mi padre a aceptar la oferta; gesto que de inmediato provocó la admiración de todo el personal de la compañía, que se reunió para brindar con rubio champaña en honor de don Eduardo, quien les expresó que su mayor halago estaba en hacer suya la exclamación del gran Julio César, que reza: veni, vidi, vici...!.

Como corolario, ajeno, de lo que he dicho, transcribo de una entrevista aparecida en el diario El Cronista de esta capital, de fecha 10: "he ofrecido al señor Berlioz ayudarle a traer los mejores espectáculos de diversa índole que recorren las mejores capitales americanas. Él merece que se le ayude en este sentido". Palabras textuales.

Después de la temporada de oro de la Bracale Opera Co., don Eduardo encendió de nuevo las candilejas del Teatro Nacional para abrir una nueva con la compañía de operetas y zarzuelas Santacruz. Noches de esplendor y de gala renacieron en el ambiente escénico de nuestra capital; y el dulce gorgeo y la belleza helénica de las hermanas Aliaga se escuchó y se miró en diciembre de 1929, lo que de su propia voz expresó el empresario Bracale al periodista interlocutor en el párrafo siguiente: "Muy satisfecho voy yo y todos los de mi compañía del señor empresario del Teatro Nacional, don Eduardo Berlioz, persona muy culta e inteligente, quien me ha prestado su apoyo de la manera más decidida y desinteresada. Estando hombres como él al frente de un negocio de teatros, no vacilaré en volver a visitar este culto pedazo del continente en mi próxima tournée". También le es el recuerdo agradable de La Viuda Alegre y El Conde de Luxemburgo, ambas del gran Franz Lehar, y tantas otras más presentadas por los setenta y cinco artistas excelentes del gran espectáculo del diálogo y el canto, que con similar proporción de esfuerzos hizo llegar a la ciudad de las canteras el empresario de los grandes triunfos.

Quiso don Eduardo agregar a su collar proscénico del gran espectáculo la presentación de la compañía de revistas, batacán y variedades Lupe Rivas Cacho, multicolor faceta del arte alegre. Los cincuenta artistas que la componían volcaron música y gracia del folklore mexicano sobre el tablado retumbante del Teatro Nacional, para despertar entre bailes y cantares a la soñadora Tegucigalpa.

En una ciudad donde aún no se escucha a la ruidosa locomotora y a los atronadores vagones cargados de humanidad y de materia diversa, y en una época cuando apenas se había posado ligeramente sobre la hierba de Toncontín el Águila Solitaria, en ocasión de su recorrido triunfal de reconocimiento a su hazaña de cruzar el gran charco en el Espíritu de San Luis, pudo don Eduardo desafiar a las encrucijadas del transporte y lograr desvelizar en el estrado del Teatro Nacional a las figuras artísticas más notables del gran espectáculo, y dejar así constancia imborrable de la labor cultural que supo desarrollar en favor del público capitalino, poniendo en servicio su gran inteligencia, su inagotable dinamismo y su cultura europea.

JORGE A. BERLÍOZ

UN EXPERIMENTO TEATRAL DE AMPLIO ESPECTRO

La mentalidad económica de nuestros días nos va familiarizando con vocabularios impregnados de necesario pragmatismo. En el léxico más elemental de cualquier ciudadano figura junto a las nociones de producto bruto o renta por cabeza, los vocablos tendenciales "desarrollo económico" y "desarrollo social". Por fortuna, no todo termina en esas metas, tiznadas de un insoslayable materialismo. También puede haber desarrollo cultural del pueblo. Algo más noblemente superfluo que la simple alfabetización o la parva educación primaria. Y este desarrollo de la cultura es el que se pretende con el primer Festival del Teatro, desenvuelto en un dilatado ciclo, con representaciones de varias obras de la dramática mundial.

El fenómeno teatral de Tegucigalpa es único. Una ciudad de 200.000 habitantes con más de 10 grupos teatrales entusiastas representa un porcentaje récord. Una ciudad que además vive aquel calor popular de los autos sacramentales en la España del Siglo XVI. Porque quien aglomera hasta colmar la Casa de la Cultura es el pueblo llano, ese grupo de gentes sencillas, desconocedoras de los convencionalismos, que acuden a la sala con sus trajes modestos, con sus uniformes de trabajo, pues no saben de esa necesidad de vestirse para los espectáculos teatrales, que urge al público minoritario y pudiente. Tal respuesta masiva en la época del cine, del baile a go-gó y del fútbol merece destacarse entre los sucesos que alcanzan reflejo tipográfico. La entrada gratuita ha viabilizado este esfuerzo, tendiente a poner en manos del gran público la cultura dialogal de los escritos teatrales. Resultado: un interesante fenómeno de psicología social. El pueblo etiquetado de inculto tiene una diáfana sensibilidad para los símbolos teatrales e intelige perfectamente los efectos humorísticos y sus antípodas, los momentos de concentrada tensión dramática.

Los espectadores han asimilado adecuadamente la fisonomía de la farsa, ese amasijo humano de intensidades y condensaciones vivenciales. Han comprendido —eso se veía perfectamente auscultando sus actitudes, sus risas, sus calladas emociones— cómo la ficción teatral incorpora a una inmediata comunicabilidad pasional el fragmento de vida artificial que se muestra palpitante, biológicamente cuajado, a la disección analítica del público espectador. Han comprendido cómo una audiencia de unas dos horas compendia un conflicto humano de una concentrada densidad, cuya polarización hace pensar en algo así como una tormenta psicológica y social; cuya beligerancia y bronco impacto viene justificada como la crisis de una ambiental y morosa condescendencia de cielos y nubes y mares.

Asimismo, el "clímax" de la tragedia o de la comedia viene avalado por una normalidad vital de los protagonistas, que hay que suponer para justificar el escándalo o el desgarro momentáneo de sus crispadas actitudes; no todo en ellos puede ser esa segmentada fracción de vida, que el drama oferta a la consideración estética del espectador. Esa crispación frondosa y vegetal presume unas raíces de habitualidad doméstica y aplacada, cuya rutina y cuya temperatura social moderada constituyen el caldo propicio de nutrición de esas intensidades esporádicas. Por estas razones, por haber suscitado en el pueblo gustos superiores, creo que desde el público debemos dirigir un mensaje de gratitud a los organizadores de esta culta estrategia escénica y a cuantos con su limpio entusiasmo, exento de justificaciones arancelarias, y con su sentido de la responsabilidad han permitido que podamos degustar prolijamente un clásico espectáculo, que nos legaron las civilizaciones antañonas.

JOSÉ MENÉNDEZ

LA PRIMERA ESCUELA DE MÚSICA EN TEGUCIGALPA

I

Decía el recordado musicólogo nacional don Manuel de Adalid y Gamero que el arte musical "sólo florece en los países que han alcanzado una cultura superior", y que por tal circunstancia no era de extrañar que en Honduras, "un país joven que tuvo una infancia tormentosa", este arte sublime se mantuviera por años en lamentable atraso.

Don Manuel, en un magnífico estudio intitulado La Música en Honduras, se refiere casi exclusivamente a la enseñanza musical y a la organización de orquestas y bandas de música, y está en lo cierto en cuanto a que, para pensar en estas organizaciones, se necesita dinero antes que inspiración y buenos deseos.

Yo no pretendo entrar en consideraciones acerca de lo que es y representa el arte musical en el desarrollo cultural de los pueblos; apenas intento hacer algunas observaciones que no pasarán de ser puntales para cuando se escriba la historia musical de Honduras, y, a la vez, para dar a conocer cómo y cuándo se organizó en Tegucigalpa la primera Escuela de Música.

Dejando para otra ocasión lo relativo a la música y los instrumentos musicales de nuestros abuelos precolombinos, resulta evidente que la enseñanza musical en Honduras se inició con la construcción de iglesias durante la primera etapa de la dominación española, pues los conquistadores tuvieron como su mejor aliada para la realización de su empresa a la religión cristiana por medio de la predicación y protección del medio por los clérigos y frailes que con ellos vinieron a América.

Los primeros frailes enseñaron de memoria los salmos, villancicos, etc., que los indios cantaban durante los servicios litúrgicos, y es probable que a los más aventajados se les haya enseñado solfeo y la ejecución de algunos instrumentos músicos, lo que dio como resultado que muy pronto aprendieran no sólo cánticos sagrados, sino las canciones y el manejo de la guitarra, el tamboril y la guitarrilla, que fueron al parecer los primeros instrumentos que trajeron los conquistadores.

Hay noticias del entusiasmo con que los religiosos de Trujillo describían la habilidad de los cantores indígenas durante las fiestas de la iglesia, y esto hace pensar que durante muchos años la música sagrada absorbió el interés de los evangelizadores, sin que por ello los aires populares españoles de la época dejasen de ejecutarse y cantarse por indios castellanos, ya que la sutil sensibilidad del aborigen, su tradición y su celoso empeño por guardar lo aprendido, no le permitía ser extraño al mensaje melódico. Esta musa popular, con el correr del tiempo, vino a constituir la raíz y la médula de nuestro folklore.

II

En el siglo XVIII, cuando el obispo de Comayagua don Fray Antonio López de Guadalupe reorganizó el Colegio Seminario dándole nuevas constituciones, fundó la Cátedra de Canto que puso al cuidado de Fray Alonso de Burgos. La enseñanza del canto en el Colegio Tridentino, que desde luego presupone la de solfeo, explica de por sí el hecho de que en cada parroquia de la diócesis el cura haya formado conjuntos corales para solemnizar los sagrados oficios, y asimismo justifica el que la música sacra haya tenido preponderancia sobre la canción popular.

Según el censo de población levantado en 8 de mayo de 1821 por don Vicente Coronel de orden del alcalde mayor licenciado don Narciso Mallol, había en Tegucigalpa varios músicos. El más prominente de ellos parece haber sido don Dámaso Ugarte, maestro de coro, quien ocasionalmente reunía los filarmónicos para arreglar una pequeña orquesta con la que solía amenizar las fiestas religiosas, y fueron esos músicos los que se presentaron frente al Ayuntamiento al recibirse los Pliegos de la Independencia el 28 de septiembre de aquel año memorable, para ejecutar dianas y aires populares, en unión de don Felipe Santiago Reyes, que era miembro del cabildo, era músico y padre del ilustre José Trinidad Reyes.

Estos filarmónicos eran: Ángel Francisco Lara, Fermín Zúñiga y su hermano Mateo, José Sérbulo Matute, hijo del cohetero Domingo Matute, José Simeón Pagoaga, Manuel Duarte, José María Estrada y su hermano José Cesáreo, hijo del regidor Juan Estrada, Cipriano

Reyes, José Luis Argueta, Francisco Ramírez, Juan Antonio Ugarte y su hijo Juan Francisco, y los hijos de don Felipe Santiago Reyes: José Domingo y Juan. Entre ellos había violinistas, clarinetistas, cornistas, flautistas, bajos, guitarristas, trompetistas y ejecutantes de otros instrumentos musicales.

Don Dámaso Ugarte hizo de sus hijos varones buenos músicos y maestros de capilla. Por entonces los instrumentos de cuerda eran bien conocidos y hábilmente ejecutados. Don Dámaso era casado con doña María Francisca Laínez. Sus hijos, don Miguel Ugarte Laínez y don Felipe Ugarte Laínez, fueron inspirados compositores y cantantes; el violín de don Miguel era famoso por la dulzura y expresión con que lo ejecutaba y el violoncelo de don Felipe, que fue también notable cantor, fue muy celebrado. Ambos ejecutaban magistralmente en el órgano de la parroquia.

III

Pero ni don Dámaso ni sus hijos tuvieron la idea de organizar una escuela de música; ellos se conformaron con enseñar en privado el divino arte y preparar así a los jóvenes con vocación. Sin embargo de ser todos muy duchos en música religiosa, compusieron, a la par de los villancicos, salves y trisagios, algunas piezas de inspiradas melodías, especialmente valses.

Era muy celebrada la ocurrencia de don Felipe, quien después de cantar la misa del Tancredo, arreglada del padre Reyes, según lo refiere el maestro don Esteban Guardiola, tocaba la polka El Zopilote, regocijando con melodías populares de su propia inspiración, hecho que me recuerda a mi querido maestro don Fernando P. Cevallos, músico notable, que en una boda, al impartir el sacerdote la bendición a los contrayentes, en lugar de ejecutar el Ave María de Schubert como era la usanza, tocó jubilosamente el pasodoble Las Bicicletas ante el asombro de los meticulosos comayagüenses, mis paisanos, que vieron en ello un sacrilegio cometido en plena catedral. Don Nando, como don Felipe, eran así: muy ocurrentes.

La aparición del padre Reyes en la escena cultural tegucigalpense dio nuevos bríos al arte musical: compuso la música de sus pastorelas, villancicos, motetes, salvas y misas solemnes, y cuando llegó a la

Cámara Legislativa como diputado, su cultura le llevó a presentar una iniciativa para que se erogase una modesta suma de dinero para organizar y sostener una escuela de música que él estimaba indispensable para promover el arte y aumentar la cultura. La Cámara recibió con beneplácito aquella iniciativa y decretó que del erario público se diese la suma solicitada, pero jamás se organizó la escuela, pues los fondos nunca salieron de las arcas nacionales.

Por ese tiempo don Miguel Ugarte Laínez enseñaba la ejecución del violín y daba clases de solfeo a quien llamaba su "hijo de crianza", el joven Felipe Pineda, que resultó luego un hábil ejecutante e inspirado compositor. Felipito, como le llamaba la gente, organizó una pequeña orquesta. Si bien era un buen católico y nunca dejó de "tocar" en las solemnidades de la iglesia, amenizando las vísperas y las Misas de Ministros en la Parroquia del Señor San Miguel, en La Merced y en Los Dolores en los grandes días de liturgia, era muy adicto a los bailes, a las serenatas y a las paseadas, así que pronto la orquesta de Felipito Pineda se hizo de renombre y no había casamiento, bautizo, recibimiento y hasta cumpleaños en que su conjunto no hiciera las delicias de los circunstantes.

Entre tanto, en Comayagua había una bandita de música organizada por el Maestro de Capilla de la Catedral, don Laureano Campos; esta banda desempeñaba allá parecidas funciones a las de la orquesta de Felipito en Tegucigalpa, y fue la que hizo los honores al presidente don Marco Aurelio Soto cuando ingresó a la capital a fines de 1876. Según refiere el maestro de Adalid y Gamero, el presidente Soto "trató de organizar una banda que correspondiera a los adelantos de la época", y el Gobierno hizo venir a un francés de apellido Linier, que fue su organizador y primer director, quien fue reemplazado algún tiempo después por el alemán Stamm. Este director se empeñó en formar músicos de calidad y debe reconocerse que, aunque no organizó una escuela, "a él se debe mucho por haber puesto los cimientos de la enseñanza de música instrumental".

IV

En 1884 era cura párroco de Tegucigalpa el presbítero don Yanuario Jirón, hombre de gran cultura y entusiasta promotor de progreso, como que había sido uno de los jóvenes que en 1845 formaron el grupo rectorado por el padre Reyes para fundar la "Sociedad del Genio Emprendedor y del Buen Gusto", precursora de la Academia Literaria de Tegucigalpa, que el presidente Juan Lindo elevó a la categoría de Universidad del Estado.

El padre Jirón fundó la primera Escuela de Música en Tegucigalpa y encargó su dirección al prestigiado músico Felipe Pineda, el violinista Felipito de los valses románticos y las serenatas inefables. Y Felipito, interpretando los deseos del progresista sacerdote, elaboró el respectivo Reglamento, cuyo original llegó a mis manos junto con otros documentos provenientes, quizá, de los muchos que suelen tirar a la basura "por viejos" algunos ilustres majaderos. El documento dice así: REGLAMENTO que debe observarse en la Escuela de Música establecida en Tegucigalpa a esfuerzas del Sor. Cura Presbo. Dn. Ignacio Jirón, bajo la enseñanza del Sor. Dn. Felipe Pineda

1.- Todos los niños que gusten aprender el arte de la música, serán admitidos, una vez que tengan el permiso de sus padres.

2.- Se les darán las lecciones sin gravamen alguno; pero quedan obligados a prestar sus servicios a la Iglesia en los términos siguientes: 1.- Cantarán la Misa Mayor de la Parroquia en todos los domingos del año. 2.- Acompañarán al Smo. Sacramento en los Viáticos. 3.- Cantarán la Misa de los sábados a Nuestra Señora de Mercedes y las Salves en la tarde; y 4.- Cuando muera alguno de los condiscípulos, cantarle su Misa de Cuerpo Presente. Más cuando hubiere interesados en las misas de los domingos, en las de los sábados, lo mismo que en los Viáticos, entonces serán pagados.

3.- Prestarán la mayor obediencia respecto al maestro, para que adelanten en su aprendizaje y para que reine el orden debido en la escuela.

4.- Concurrirán puntualmente a la escuela, en la mañana de las seis a las ocho y en la tarde de las cuatro a las seis.

5.- Reconocidas las capacidades de los niños aprendices, se destinarán para el instrumento para que sean capaces lo mismo que para el canto.

6.- Se favorecerán los niños entre sí para su aprendizaje y en nada se perjudicarán.

7.- El maestro ganará quince pesos al mes por la enseñanza de los niños y cuando éstos ya ganen por su profesión, se les distribuirá por el maestro lo que a cada cual le corresponde sin que haya resistencia en ellos para admitir lo que le toque.

8.- Para constancia de la admisión de este Reglamento, se firma por el preceptor y por los alumnos y se autoriza por el infrascrito cura que también firma.

Tegucigalpa, julio 7 de 1884. Felipe Pineda. Eugenio Turcios. Calizto Ponce. José J. Jirón. Carlos Banegas. José María Pinto. Salvador Gómez. Felipe Jirón. Rafael Colindres. Yanuario Jirón. Cura.

JOSÉ REINA VALENZUELA

LA BANDA DE LOS SUPREMOS PODERES

Desde que se hizo cargo de la Dirección General de las Bandas de la República el distinguido profesor don Manuel de Adalid y Gamero, se trazó el plan de renovar todo el instrumental de las bandas departamentales y de los puertos.

Disponiendo en el Presupuesto General de Gastos de una partida raquítica, hizo don Manuel el milagro de la multiplicación de los sonidos y pudo en esa forma entrar en arreglos con el Ministerio de la Guerra a fin de que se hiciera un pedido de instrumentos a la Casa Couesnon, de Francia, considerada como la mejor del mundo en su género, y las remesas han principiado a llegar a los almacenes nacionales, de donde se están distribuyendo a los cuerpos musicales de la República.

Con ese pedido ha llegado también una regular cantidad de magníficos clarines y redoblantes para las bandas de guerra. Y dentro de pocas semanas se recibirá a la vez el magnífico instrumental seleccionado para la Banda de los Supremos Poderes, tan fino y tan eficiente como muy pocas lo tendrán en Centroamérica.

Merece aplausos y el más entusiasta estímulo la obra que está realizando el señor Gamero en el importante cargo que le ha confiado el Ejecutivo de la República, y es de esperar que en sus patrióticos propósitos ha de encontrar una amplia cooperación de parte de los Poderes Públicos, pues en estos aspectos artísticos, desgraciadamente por algunos considerados como asuntos insignificantes, va muchas veces envuelto el decoro y el orgullo de la nación, pues sufre mengua el crédito y la cultura de un país que no puede presentar a la observación de los extranjeros un cuerpo musical siquiera relativamente eficiente, organizado con disciplina y con decencia.

Y tienen seguramente que ir más lejos las actividades renovadoras del maestro Gamero, que antes que todo debe encontrar los medios para dignificar la profesión de los músicos.

Los músicos, por sufridos y por humildes que sean, son humanos, aunque muchos no quieran estimarlo así. Y merecen por lo mismo consideraciones y estímulos para enaltecerlos.

Por eso hay que defenderlos en lo posible de las injusticias, de las privaciones y de los sacrificios innecesarios.

Y esto se puede hacer fácilmente con una reglamentación adecuada que establezca sus derechos y que fije el límite de sus deberes.

ALEJANDRO CASTRO DÍAZ

CENTENARIO DEL NACIMIENTO DE RAFAEL COELLO RAMOS

El 12 de diciembre de 1977 se cumplieron cien años de haber venido al mundo en la ciudad de Comayagüela el notable artista nacional don Rafael Coello Ramos, valor prominente de la creación musical hondureña y ciudadano ejemplar que a su paso por la vida supo trazar hermosos ejemplos para las generaciones del futuro.

Don Rafael Coello Ramos inició estudios de bachillerato en el colegio que dirigía Monseñor Ernesto Fiallos, conocido con el epíteto de "Lirio de Honduras". Aprendió después el oficio de tipógrafo y se dedicó con pasión al estudio de la música bajo la dirección de su propio padre, don Froilán Ramos, bien reputado filarmónico nacional.

En el terreno del arte musical, Coello Ramos encontró su vocación y el norte absoluto de su vida. Dedicó al divino arte todas las horas de su vida; fundó orquestas notables que amenizaron los grandes y pomposos saraos de las primeras décadas del presente siglo y se dedicó a la composición musical con ahínco, revelándose pronto con la genialidad que Dios pone en muy escasas de sus criaturas.

La Orquesta "Verdi" tiene que ocupar un sitio de prominencia en la historia musical del país, y tan prestigiado conjunto estuvo siempre bajo la acertada batuta del maestro Coello Ramos, con la interpretación de los selectos repertorios que pedía el público exigente de antes: la sociedad acostumbrada a la elegancia y el buen gusto.

Pronto el maestro Coello Ramos se destacó de manera sobresaliente en la composición musical. En este terreno compuso las músicas de diversos himnos que han entonado con el pecho henchido de patriotismo numerosas generaciones de hondureños, tales como "El Patriotismo en la Cuna", "El Himno a La Madre", "Himno al Pino", "Himno a los Árboles", el "Himno al Padre Reyes", el "Himno a los Obreros", el "Himno a la Exposición Escolar Hondureña", el "Himno a Gutenberg", "Primavera Triunfal", "Marcha Oficial de la Escuela Normal de Varones" y "Siempre Preparado", cuyas letras fueron escritas por los poetas Presentación Centeno, Augusto C. Coello, Luis Andrés Zúniga, Froylán Turcios, Rafael Heliodoro Valle, Juan Ordóñez López y Víctor F. Ardón. En esta especialidad también puso la música a bellas canciones escolares que aún son entonadas en los centros primarios de educación.

Para los establecimientos secundarios, el maestro Coello Ramos escribió cuatro tomos de ejercicios de solfeo que fueron textos oficiales en todo el país y que dieron frutos magníficos en la preparación musical de la juventud.

La obra del notable artista no se concretó sólo a la composición de este tipo de música. El maestro compuso, además, Cielo Mexicano (fox-trot), Sporting Club (marcha), Rueda Dentada (fox-trot), Vuelo de Águilas (vals), Cascada de Perlas (vals), Recuerdos de Estela (vals lento), María Luisa (vals), Flores Nupciales (vals), Recuerdo (vals lento), Impresiones (vals), Marina (pasillo), Duelo Nacional (marcha fúnebre), varias Aves Marías y otras obras de música sacra, que merecieron las frases laudatorias del público.

El comerciante alemán don Juan Doborow, interesado en que la música de don Rafael Coello Ramos se divulgara, logró que la Orquesta Sinfónica de la Casa Víctor grabara algunas de sus composiciones que fueron divulgadas abundantemente en el mercado musical.

El presidente, doctor y general Miguel R. Dávila, nombró a don Rafael director de la Escuela Nacional de Música, desde la cual el artista proyectaba preparar los elementos que más tarde integrarían la Orquesta Sinfónica Nacional. Por desgracia, la vida de la escuela fue efímera, debido a nuestra inestabilidad política y el esfuerzo se malogró.

Durante el gobierno del doctor Juan Manuel Gálvez, el maestro Rafael Coello Ramos obtuvo el premio nacional de arte "Pablo Zelaya Sierra". El presidente doctor Ramón Villeda Morales le confirió la Orden Morazánica por su brillante y persistente labor y el gobierno del general Oswaldo López Arellano le entregó una medalla de oro.

El maestro Coello Ramos, en sus últimos años, dedicó todos sus esfuerzos a conseguir que el Himno Nacional de Honduras se cantara uniformemente y sin errores de ningún género en todos los establecimientos educativos de la República. Para lograr el propósito recorrió todo el país y obtuvo notables avances que ahora, últimamente, se están echando a perder.

Coello Ramos falleció en Tegucigalpa el 1° de marzo de 1967, a la edad de noventa años, después de realizar una obra fecunda que su hijo, el abogado don Luis Coello Ramos, ha compilado en una edición lujosa y elegante titulada Música de Rafael Coello Ramos, digno homenaje para el gran hondureño cuyo centenario natal acaba de ser recordado por familiares y amigos.

Se anuncia también la posibilidad de que dentro de poco tiempo se encuentren al alcance del público, en discos de larga duración que se harán en el exterior, las principales obras musicales de quien, junto con Manuel de Adalid y Gamero, ocupa un sitio prominente en el arte musical hondureño.

VÍCTOR CÁCERES LARA

CURIOSA SUBLEVACIÓN EN TEGUCIGALPA

El 21 de noviembre de 1848, mientras el Presidente Constitucional del Estado, Doctor Juan Lindo, se encontraba en los Llanos de Santa Rosa y ejercía el mando el Vicepresidente don Felipe Bustillo, se alzó en armas en Tegucigalpa el General José Santos Guardiola, desconociendo de la Asamblea del Estado sus actos arbitrarios y sus disposiciones ilegales en perjuicio del pueblo y de los intereses del país.

Al día siguiente la municipalidad de Tegucigalpa se reunió en junta extraordinaria para secundar y aprobar el movimiento promovido, aparentemente contra la Asamblea, pero en realidad enfilado a que el Presidente Lindo se deshiciera de la influencia que todavía ejercían los expresidentes, General Francisco Ferrera y don Coronado Chávez.

El Acta de Adhesión levantada por la municipalidad decía textualmente:

"Sala municipal, de Tegucigalpa, noviembre veintidós de mil ochocientos cuarenta y ocho. Reunida la Municipalidad en Junta Extraordinaria, convocada y presidida por el Alcalde Primero y Jefe Político interino y a presencia de este vecindario, que hizo reunir, fue leída una nota y una acta que dirigió la Comandancia General del Estado, que es a cargo del Benemérito General Señor Santos Guardiola, cuya acta fue celebrada por éste y un gran número de militares, desconociendo en ella la autoridad de la Asamblea y de otros funcionarios que no dimanen de la ley; asegurar las personas de Francisco Ferrera y Coronado Chávez y agentes de éstos; pedir al supremo Gobierno la supresión de las leyes decretadas por la Asamblea; dictar de acuerdo con el General en Jefe de los militares pronunciados, las medidas necesarias a la salvación del Estado; hacer reunir el 15 de enero próximo una Asamblea en el mineral de Cedros; ponerse bajo la protección de los supremos gobiernos de Nicaragua y El Salvador; y después de otros conceptos que contiene la expresada acta, ponerse en conocimiento de todas las municipalidades, para que se sirviesen aprobar y secundar o no a aquella medida salvatoria; y esta Municipalidad, tomando en consideración el acta referida, ha tenido a bien secundarla y aprobarla en todas sus partes, juntamente con los vecinos que suscriben, quedando así concluida la presente que firmamos por ante el Secretario que da fe: C. Molina - José Díaz. - Vitoriano Melara. - Y. Bustillo. - Juan Lanza. - J. Ang. Nora - Felipe Penal-.

Por el señor Francisco Medrano, Atano Castro. - Antonio Cano. - Secretario Interino. - Isidro Rodríguez. - Vicente Carias. - Ángel Suárez. - Luciano V. Reina. - Juan C. Dávila. - Román Vallejo. - J. María Ochoa. - Ignacio Rousa. - Crisanto Medina. - Lisandro Martínez. - R. Vásquez. - Pablo Reynosa. - Manuel Zúniga. - Sixto Cisneros. - N. Cisneros. - Patricio Canizales. - Quintín Jirón. - Vicente Lazo. - Matías López. - Ventura Díaz. - Felipe Mole. - Desiderio Aceituno. - Pío Velami. - Gregorio Lozano. - Pedro Sánchez. - T. Lima - Fermín Cano. - Miguel Rodríguez. - Pedro Galindo. - Juan Xirm. Por mí y el señor Gregorio López V. Figueroa. - Juan Tablas. - Salomé Xirm. Por mí y el Auxr. Martín Zúniga Honofre Martínez, Bernardo Inestroza. - Antonio Aceituno. - M. Rivas. - Silvestre Palencia. - Manuel. - Vidal. - Pío Ramírez. - Anselmo Barahona."

El General Guardiola avanzó sobre Comayagua sin encontrar en aquella plaza ninguna resistencia, porque pese a las instancias de don Coronado Chávez para que se reclutaran voluntarios y se peleara, don Felipe Bustillo se trasladó al vecino pueblo de Opoteca o El Rosario, hasta donde Guardiola no pretendió llegar sino que recogió las armas de Comayagua y regresó a Tegucigalpa con sus efectivos, sin haber disparado ni un solo cartucho. Pero el General Francisco Ferrera, don Coronado Chávez y otros elementos que habían venido ejerciendo influencia determinante en el gobierno hondureño desde 1839 o antes, dispusieron buscar la frontera salvadoreña e internarse en aquel estado a cuyo asilo se acogieron, por sentirse en peligro.

Al tener noticia de los sucesos el presidente Lindo reasumió el poder en Gracias donde reunió quinientos hombres; emitió un decreto declarando que el movimiento acaudillado por el general Guardiola no era más que el derecho de petición y ofreció la reunión de un Congreso que dejaría satisfechas las aspiraciones de los alzados.

La asamblea ad hoc convocada por Guardiola con representantes nombrados por las municipalidades se reunió, con la aquiescencia de Lindo, en La Paz, para conocer de los motivos que habían inspirado el movimiento sedicioso y dar su veredicto del cual conocería la asamblea ordinaria que se reuniría en Cedros. Esta última inauguró sus sesiones el 10 de junio de 1849 y aprobó todo lo acordado por la asamblea de delegados municipales reunida en La Paz, con lo cual quedaron como lícitos todos los actos llevados a cabo por la insurrección militar del General Guardiola. Este alto militar, además, quedó al servicio del gobierno, lo mismo que su amigo el Licenciado don Felipe Jáuregui, de quienes Lindo lograría deshacerse en el año 1850.

El movimiento del General Guardiola producido en Tegucigalpa en 1848 constituyó una hábil maquinación del Presidente Lindo, quien deseaba dirigir su política hacia el campo liberal y sentía que lo incomodaba la presencia de la oligarquía conservadora que constituían el General Francisco Ferrera, don Coronado Chávez, el Licenciado Felipe Jáuregui y el propio Guardiola, cabezas principales del antimorazanismo en Honduras.

Al conseguir el Doctor Lindo el alejamiento de los dirigentes conservadores antes mencionados, se entendió con el gobernante salvadoreño don Doroteo Vasconcelos para llevar la guerra a Rafael Carrera, a Guatemala, con el fracaso ya conocido de la batalla de La Arada del 2 de febrero de 1851 en la cual las armas de Guatemala se impusieron contra las de El Salvador y Honduras.

Con su cambio de política, el Doctor Lindo consiguió que llegara a la presidencia del Estado, al terminar su período, el General José Trinidad Cabañas, verdadero líder del unionismo centroamericano después de la muerte del General Francisco Morazán.

No en vano se ha designado al Doctor Lindo como un verdadero zorro de la política. Anduvo en todos los campos, sirvió a todas las causas, fue leal a diversas tendencias y siempre navegó airosamente hacia el logro de sus miras y de sus ambiciones.

VICTOR CÁCERES LARA

¡AHÍ VIENEN LOS TEGUCIGALPENSES!

Tal era el grito que se oía en los pueblos aterrorizados cuando sabían que se acercaban los Tegucigalpenses en plan de pacificadores para develar algún movimiento subversivo contra el Gobierno de Turno. Los pueblerinos se apresuraban a ocultar a las muchachas quinceañeras, las bestias, el ganado y sus animales domésticos, pues los soldados capitalinos arrasaban con todo. Pero eran escogidos siempre por los gobiernos porque peleaban como leones, nunca eran derrotados y no se recordaba un solo caso en que un soldado capitalino hubiera desertado del ejército.

Una vez más, en aquel lejano mes de septiembre de 1908, la tragedia tejía su mortal urdimbre sobre nuestro arruinado país por las mal llamadas revoluciones. El General don Mariano Ortez se había levantado en armas en los Departamentos de Valle y Choluteca contra el Gobierno liberal del General don Miguel R. Dávila.

El General don Dionisio Gutiérrez, Ministro entonces de la Guerra, llamó al pueblo a las armas para ir a combatir a los insurrectos. Era el General Gutiérrez un líder adorado por las multitudes porque amaba sinceramente al pueblo, trataba con paternal bondad a los soldados y tenía la democrática costumbre de saludar al más humilde de los ciudadanos quitándose el sombrero.

En la plazoleta del Instituto Central de Varones nos encontrábamos un grupo de estudiantes cuando empezó a desfilar una abigarrada y vociferante tropa al compás de una marcha militar. La mayoría eran gente joven que marchaba a pie con un fusil al hombro. A la cabeza de aquella tropa, compuesta aproximadamente de 500 hombres, se destacaba la arrogante figura del General Gutiérrez sobre una briosa mula. A la derecha podía verse, montado en nervioso corcel, al adolescente poeta don Antonio Ochoa Alcántara, muy empistolado. Y a la izquierda al Lic. don Pablo Moncada, hombre de confianza del Gral. Gutiérrez. Seguían Luis Mejía Mireno, Filiberto Díaz Zelaya, Abel Villacorta y Víctor Carias Lindo quienes posteriormente alcanzaron grados militares de alta jerarquía y han tenido sobresaliente figuración política en nuestro país. Ésta era la Plana Mayor de aquel ejército de bisoños. Todos los demás iban a pie, incluso el Teniente Cadete don Vicente Tosta, al mando de un pelotón unidad táctica elemental de infantería extraída de la guarnición del Cuartel de San Francisco.

El despliegue de las banderas, los acordes marciales de la Banda de los Altos Poderes y los vítores al líder querido del pueblo, electrizó al grupo de estudiantes, quienes sintiendo arder dentro del pecho el fuego belicoso del ancestro impulsivamente se agregaron a la tropa.

Con los pies doloridos, cansados y sudorosos llegamos a Sabanagrande. Allí pasamos la noche a la intemperie, bajo un cielo sin estrellas, pero con alegres fogatas, alrededor de las cuales se asaban las gallinas robadas y se destazaban reses, pues a pesar de todas las precauciones tomadas por los campesinos, nuestros muchachos encontraban siempre los lugares donde se encontraban escondidos los animales domésticos.

Felices nos sentimos los estudiantes a la mañana siguiente cuando recibimos nuestro primer "realeo", un pesado rifle Mauser y un machete sin vaina. En Sabanagrande se incorporaron a la fuerza pacificadora varios Generales y Coroneles analfabetos. Se incorporó también el Jefe de la Cruz Roja, un joven pasante de Medicina, cuyo nombre de pila era Carlos Girón, pero que los estudiantes rebautizaron inmediatamente con el sobrenombre de "Pispayer" porque le daba por hablar inglés y era oriundo de Pespire.

Al compás de los tambores, se reinició la marcha. A la vanguardia iban los revoltosos tegucigalpenses. En medio, el grueso de la tropa. A la retaguardia venía una compañía de los temibles macheteros curarenes, quienes se ocupaban, después de cada combate, de limpiar el campo de batalla haciendo picadillo a todos los enemigos que encontraban vivos. Y al final caminaban seis hombres arrastrando un viejo cañón de mecha al mando del Coronel don Pedro Bustillo, un hombre raro, de mirada huidiza y de largas piernas, cuya resistencia de hierro para la marcha era inagotable.

Al llegar a Pespire, tradicional santuario de las mulas antes de aparecer el automóvil, se recibieron órdenes de requisar bestias para organizar la "Montada". Las bestias requisadas pasaban prácticamente a ser propiedad privada de cada requisado a manera de botín de guerra.

En Pespire se dividió el ejército en dos alas. La más numerosa se dirigió a Nacaome, plaza en poder del enemigo, donde tenían prisionero al Gral. don Rafael López Gutiérrez, Comandante de Armas y Gobernador Político del Departamento de Valle. Allí se libró un encarnizado combate que duró diez horas, al final de las cuales el enemigo fue prácticamente destrozado. La otra ala siguió por la carretera hasta Pavana, donde se hizo un alto de dos días para esperar a las fuerzas victoriosas de Nacaome.

El segundo contacto con el enemigo se hizo en El Marillal, donde los alzados nos habían preparado una emboscada; pero, gracias a la pericia militar del Gral. Gutiérrez y a su buen servicio de espionaje, ellos fueron los emboscados. Allí fue en donde el Teniente Cadete don Vicente Tosta recibió su primer bautizo de fuego. Por cierto que en aquella ocasión no demostró la valentía y serenidad que lo hizo famoso posteriormente. En cambio, el inspirado poeta Ochoa Alcántara pudo evidenciar que cuando fue elegido por los dioses para pulsar la lira, la divina Minerva tuvo algún acuerdo con el impetuoso Marte.

El combate del Marillal duró muy pocas horas. Los rebeldes, derrotados una vez más, se retiraron en completo desorden a la ciudad de Choluteca donde tenían su cuartel general. Eran más de las seis de la tarde y la noche descendía cerradamente desde un cielo negro. No fue posible dar sepultura a los numerosos muertos, pero se les roció petróleo y se les prendió fuego. El humo nauseabundo de los cadáveres quemados hizo vomitar a los soldados.

Después del combate del Marillal seguimos hacia la "Hacienda Ola", y luego a Santa Elena, en donde se emplazó el vetusto cañón para disparar sobre los cuarteles de Choluteca. Los artilleros lo cargaron, encendieron la mecha y se retiraron a respetable distancia. El anciano cañón sólo pudo hacer dos disparos. Al segundo disparo la cureña saltó por el aire y al cañón se le zafó una rueda. Pero el ruido debe haber asustado a los sublevados, porque al amanecer del siguiente día se tomó la plaza sin ningún disparo. El Gral. Ortez se había dado a la fuga con su gente tomando el camino hacia la frontera de Nicaragua.

En Choluteca la tropa se acuarteló en edificios públicos y en casas particulares de los enemigos del Gobierno. Ese día nos encontramos seguramente bajo el conjuro de una mala estrella, pues se nos puso a la orden con el grado de Sub-Teniente, de uno de aquellos Generales que se habían incorporado en Sabanagrande. Era él un borrachín consuetudinario, sádico e ignorante, tan profundamente ignorante que desconocía hasta los fenómenos más vulgares de la naturaleza. La mayor parte del tiempo se lo pasaba echado en una hamaca, con una botella de aguardiente al lado. Pero no se podía negar que era un hombre de un valor temerario que nunca retrocedía ante el peligro y que había matado a mucha gente. Una anécdota que se le atribuía lo retrataba de cuerpo entero.

La tropa bajo su mando se encontraba en una población recientemente sometida. Un grupo de campesinos se presentó en el cuartel denunciando a soldados que se encontraban violando mujeres en un barrio de la ciudad. Los mandó a capturar, los puso en fila y los cubrió de groseros improperios; pero terminó diciéndoles:

Bandidos, hijos de p...; ¡Debería mandarlos a fusilar aquí mismo por ingratos! Mientras ustedes se den gusto violando mujeres se olvidan de su jefe y no le traen nada.

Pero no todo era censurable en la vida militar del General. Había nacido con el don inapreciable de la elocuencia, don que había contribuido, en gran medida, a sus éxitos militares. Al estilo napoleónico, arengaba a los soldados antes de cada combate gritándoles con su voz de trueno: ¡Adentro muchachos! ¡Aprieten el C...! Y los muchachos, galvanizados al oír tan elocuente discurso, se abalanzaban furiosamente sobre el enemigo.

Un día pasó frente al cuartel de mi General una linda doncella acompañada de una persona mayor. Él la miró con una mirada mala y nos ordenó que la siguiéramos para averiguar dónde vivía y si era soltera. Se trataba de una joven honesta, digna y pura, con esa prístina pureza de la mujer cuando su cuerpo y su alma se encuentran exentas de toda mancha y pecado.

A nuestro regreso nos ordenó que le escribiéramos una carta de amor y pidiéndole a la vez una cita, pues él era un hombre práctico partidario del amor apresurado. Escribimos la carta, poniendo en ella las cursilerías románticas propias de la juventud. Pero la carta le agradó tanto que allí no más nos ascendió a Teniente.

Como la joven se resistiera a contestar las cartas que nos obligara a escribirle diariamente, mi General montó en olímpica cólera y nos manifestó que, si al siguiente día no contestaba, mandaría a capturar a toda la familia, la que seguramente era enemiga del Gobierno.

Impulsado por esa intranquilidad que se apodera de la conciencia, cuando sabemos que en alguna forma estamos contribuyendo a que se cometa una injusticia, optamos por informar a la familia del grave peligro que corría. Y mientras sus miembros discutían lo que les convenía hacer, la agraciada joven hizo el siguiente comentario: "Parece increíble que un hombre tan abusivo y tan bruto como dicen que es ese General, pueda escribir tan bonitas cartas." Tal comentario picó nuestra juvenil vanidad y no pudimos resistir la tentación de confesarle que éramos nosotros, por orden suya, quienes habíamos escrito dichas cartas, pues él apenas sabía firmar.

Ante el inminente peligro de ser atropellada, la familia decidió que al anochecer saldría a Moropocay al lado de unos familiares. Moropocay es uno de los pueblecitos más bellos del Departamento de Valle, con todo el encanto agreste de nuestra amada sierra.

Con el placer que proporciona el deber cumplido y ya para retirarnos, informamos a la afligida familia que también nosotros abandonaríamos la ciudad ante el temor de que el Gral. sospechara sobre nuestra complicidad en su fuga, puesto que sólo nosotros éramos conocedores de su odioso propósito. Al oír esto la amenazada joven sugirió que podíamos ir con ellos a Moropocay y escondernos todos en un lugar que ella conocía "donde ni la revolución podría encontrarnos". Y así fue como, obedeciendo a una imperiosa necesidad de conciencia, nos convertimos en el primer desertor del ejército pacificador tegucigalpense, pues esa misma noche emprendimos el camino a Moropocay bajo el embrujo de una luna grande, blanca y redonda.

YANUARIO LANDA BLANCO

LA "REVOLUCIÓN REIVINDICADORA" TOMA POR ASALTO A TEGUCIGALPA

El 10 de enero de 1924 se reunió en Tegucigalpa el Congreso Nacional a cuyo cargo correría la grave responsabilidad de declarar electos a los ciudadanos que ejercerían la presidencia y vicepresidencia de la República y las magistraturas propietarias y suplentes de la Corte Suprema de Justicia durante el período de 1924 a 1928.

En los comicios practicados a finales de octubre del año anterior, se había votado por tres fórmulas presidenciales: la del Doctor y General Tiburcio Carías Andino y el Doctor Miguel Paz Barahona; la de los Doctores Policarpo Bonilla y Mariano Vásquez, y la de los Doctores Juan Ángel Arias y Miguel Oquelí Bustillo. Estas fórmulas habían obtenido, según los cómputos dados a conocer oficialmente después de los comicios, 49.953 votos, 35.474 y 20.839, respectivamente. Siendo la base electoral de 106.266 votantes, claro podía verse que, a la luz de las cifras oficiales, ningún candidato había obtenido mayoría absoluta y tocaría en tal caso al Congreso resolver tan grave asunto, del cual estaba pendiente, llena de expectación, toda la colectividad hondureña.

Desde el principio de las deliberaciones del Congreso se notó que sería muy difícil que los Diputados simpatizantes con cada uno de los tres candidatos que acudieron a las urnas se avinieran a encontrar una solución al grave asunto puesto a su cuidado. La Comisión Dictaminadora, integrada por los Diputados Licenciados Salvador Corleto, José María Sandoval y Antonio Gómez Romero, Ingeniero Daniel Rápalo Bográn, Doctor Rafael Muñoz Cabañas, P.M. Ramón Guzmán Montes y Periodista Matías Oviedo, no pudo ponerse de acuerdo. El Dictamen fue suscrito por todos, a excepción de los Diputados Muñoz Cabañas y Rápalo Bográn que emitieron un voto particular.

Los del Dictamen sostuvieron que no había habido mayoría absoluta, por cuanto Carías había obtenido 49.541 sufragios; Bonilla,

35.160 y Arias, 20.424. El mismo dictamen sostenía que tocaba al Congreso hacer la elección de Presidente, Vice-Presidente y Magistrados, con la única excepción del Doctor Carlos Alberto Uclés, quien sí había obtenido mayoría absoluta para ser declarado electo Magistrado Propietario de la Corte Suprema de Justicia. El voto Particular argumentaba que habían sido estudiadas detenidamente las actas electorales y que procedía declarar la nulidad de muchas elecciones por la coacción ejercida por autoridades militares, y que, restados los totales de votación de esas elecciones del cómputo general, quedaba mayoría absoluta a favor del Doctor y General Carías Andino a quien se debía declarar electo constitucionalmente para la primera magistratura.

Los mismos argumentos utilizados en el Voto Particular fueron los esgrimidos por los Diputados, Licenciado Ramón Alcerro Castro, Doctor Luciano Milla Cisneros y Profesores Gustavo A. Castañeda y Luis Felipe Lardizábal en una Exposición que introdujeron al seno de la Cámara en la sesión del 24 de enero. Demostraban ellos, por medio de documentos, que había habido coacción electoral en varias demarcaciones y solicitaban se procediera a declarar nulos los comicios en ellas practicados. Hecho esto, la base electoral bajaba de 105.315 electores a 89.893. Siendo la base reducida en esa forma, la mayoría absoluta se obtendría con 44.947 votos y como el candidato General Carías, ya con los votos descontados de las elecciones nulas, reunía 45.759 sufragios, correspondía a él, el triunfo en las urnas y, como consecuencia, el derecho de ser declarado electo por el Congreso.

La Exposición antes referida fue dictaminada en contra y este Dictamen aprobado con gran mayoría. La Comisión Dictaminadora, al referirse a las denuncias de coacción, sólo tuvo expresiones como éstas: "La Comisión se cree en el deber de llamar la atención del Congreso sobre las muchas irregularidades que se hacen constar en las protestas de las tres agrupaciones contendientes, pues ellas revelan de una manera evidente nuestra educación política que sólo puede ser corregida mediante un laborioso proceso cultural en la paz".

En la sesión del 28 de enero se sometió a discusión el Dictamen de la Comisión de Escrutinio sin haber tomado en cuenta el Voto Particular, por estimarse que el fondo de este había sido desechado al improbarse la Exposición de Nulidad que había sido presentada por varios Diputados. Practicada la votación entre los extremos Dictamen y Contra, triunfó el Dictamen por 30 votos contra 11. En la sesión de ese día por la tarde se procedió a elegir, entre los candidatos que habían concurrido a las urnas, quiénes serían Presidente y Vice-Presidente de la República. El resultado fue el siguiente: Para Presidente: Carías, 15 votos; Arias: 18; Bonilla 9. Para Vice-Presidente: Paz Barahona, 16; Oquelí Bustillo, 18; Vásquez, 8. Votaron por Carías los Diputados: Doctor Ramón Alcerro Castro, P.M. Salomón Bueso V., Licenciado Felipe Cálix, Profesor Gustavo A. Castañeda S., don Ignacio Durón Mena, Licenciado Horacio Fortín M., Profesor Carlos Izaguirre, Profesor Luis F. Lardizábal, Doctor Luciano Milla Cisneros, Doctor Isidro Moncada, Doctor Audato Muñoz, Doctor Rafael Muñoz Cabañas, Ingeniero Daniel Rápalo Bográn, Doctor Pompilio Romero y Doctor Carlos Torres.

Dieron su voto al Doctor Arias: Don José María Ardón U., Licenciado Teófilo Corrales, don José del Carmen Carrasco, Doctor Manuel Corea Bueso, Licenciado Antonio Gómez Romero, Licenciado José B. Henríquez, don Simeón H. Hernández, Licenciado Emeterio Lanza Ramos, don Edmundo Lozano A., Doctor Carlos Muñoz M., Doctor Miguel Oquelí Bustillo, Licenciado José Oquelí Hernández, don Matías Oviedo, Licenciado Arturo Pineda Arías, Doctor Antonio Reina, Doctor José María Sandoval, Doctor Servando Ulloa y Profesor Salomón Sorto Z. Estuvieron con el Doctor Bonilla los Diputados: Don Venancio Cervantes, Doctor Salvador Corleto, P.M. Ramón Guzmán M., Doctor Vicente Mejía Colindres, Doctor J. Inés Rápalo, Coronel Pedro Rivas, don Tiburcio Rodríguez L., Dr. Carlos Romero, don Ángel Sevilla.

Se hicieron intentos por reunir a cariístas y aristas en torno al Doctor Miguel Paz Barahona, sobre la base de que los empleos serían repartidos por mitad entre ambos grupos y que al Doctor Arias se le daría una suma de dinero para compensarle los gastos de la propaganda, pero se afirma -sin ofrecerse pruebas concluyentes- que el Doctor Bonilla destruyó esta combinación al hacer creer a varios Diputados aristas que los Diputados que a él pertenecían votarían por el Doctor Miguel Oquelí Bustillo, Vice-Presidente de la fórmula encabezada por Arias, quedando entonces el mando en manos sólo del Liberalismo.

Nada de esto se llevó a cabo. El General Carías y los Diputados nacionalistas, lo mismo que algunos bonillistas, abandonaron la capital. Se llegó el 31 de enero de 1924 y en vista de que no había a quién entregar el mando, el General Rafael López Gutiérrez expidió un Decreto a las doce de la noche de la fecha últimamente citada, convocando a una Asamblea Constituyente y estableciendo que mientras aquel cuerpo se reunía, él asumiría todos los poderes del Estado, los cuales ejercería discrecionalmente, quedando suspenso el imperio de la Constitución.

En la madrugada del primero de febrero de 1924 se sublevaron en la plaza de La Esperanza los Generales Vicente Tosta y Gregorio Ferrera, lanzando a la consideración de los hondureños el Plan de La Esperanza al cual adhirieron varios jefes militares y numerosos ciudadanos de Intibucá. El 5 de febrero de ese año, un grupo de Diputados y de jefes militares desconoció al Gobierno Dictatorial y reconoció como Presidente de la República al General Carías Andino, por medio de la proclama emitida en Las Manos, frontera de Nicaragua; y el 9 de febrero, el General Carías fue proclamado Presidente de la República en Cabildo abierto llevado a cabo en Lamaní.

La revolución progresó aceleradamente en Occidente. El 3 de febrero ocupó Marcala. El 7 tomó la ciudad de Gracias, después de que la guarnición desconoció al Comandante de Armas, Coronel Jesús Medina Nolasco, y se adhirió al movimiento. El 10 entró en Santa Rosa de Copán, lugar desde el cual los Generales Tosta y Ferrera dieron a conocer una nueva proclama.

Los dos jefes intibucanos se separaron en Veracruz, departamento de Copán. Ferrera se dirigió sobre Santa Bárbara y Comayagua, y Tosta sobre San Pedro Sula. Ferrera avanzó hacia la antigua capital de Honduras y la tomó el 22 de febrero después de dos días y una noche de terrible lucha. Defendieron la plaza con gran coraje el Doctor José María Ochoa Velásquez, ex Vice-Presidente de la República, y los Profesores Salomón Sorto Z. y Rubén Barahona. De Comayagua, Ferrera avanzó sobre Tegucigalpa. Venció en Zambrano un fuerte ejército que enviaron a detenerlo, estableció su campamento en Toncontín y el 14 de marzo inició el sitio de la Capital.

Tosta marchó sobre la Costa Norte, obtuvo las victorias de Cofradía, Trincheras y Choloma, tomó la plaza de San Pedro Sula el tres de marzo, ocupó Puerto Cortés, Tela y La Ceiba y reunió efectivos para controlar el orden en aquel sector. Después, con una planilla de oficiales y con algunos efectivos, se dirigió sobre Tegucigalpa llegando a las alturas de La Cuesta el 27 de marzo por la noche.

El General Carías después de amenazar a Tegucigalpa, se encaminó hacia la frontera con Nicaragua para reunir todas sus fuerzas. Después libró las acciones de Jacaleapa y El Pedregalito, las cuales no tuvieron ningún resultado decisivo. Con numerosos efectivos retrocedió entonces sobre Tegucigalpa e inició sus operaciones contra ella el 16 de marzo.

Muy extenso sería el detallar las múltiples operaciones de armas que tuvieron desarrollo en esta capital en ese tiempo. Bástenos decir que los atacantes, dirigidos por los Generales Vicente Tosta C., Gregorio Ferrera, Tiburcio Carías Andino y Francisco Martínez Fúnez, y los atacados bajo el mando de los Generales José María Fonseca, Francisco Cardona, Antonio Sánchez, Luis Rivera Martínez y otros, hicieron verdaderos prodigios de valor. Los defensores del Consejo de Ministros, porque ya había muerto López Gutiérrez, se sostuvieron en los cerros Sipile, Juana Laínez, Berrinche, El Picacho, Miramesí, El Picachito y las posiciones del centro de la ciudad. Los atacantes lograron dominar el Berrinche y El Picacho, a última hora controlaron Sipile y en forma inteligente y hábil fueron gradualmente anulando la resistencia de un enemigo tenaz, decidido y bien armado.

El cuerpo diplomático, especialmente el Señor Ministro de Estados Unidos, Franklin E. Morales, intentó en varias ocasiones la obtención de un armisticio y de un arreglo pacífico. Las propuestas del Consejo de Ministros no fueron aceptadas por los jefes del movimiento y el sitio continuó durante todo el mes de marzo y el mes de abril.

En Occidente se había organizado una contrarrevolución que fue destruida en San José de las Palmas, departamento de Copán, y otra que se originó en el sur, comandada por el General Julio Peralta y el

Dr. Salvador Corleto, fue vencida en Cerro de Hule por el General Ferrera.

Por acuerdo del Consejo de Ministros y de la Revolución se iniciaron conferencias de paz a bordo del crucero Milwaukee anclado en aguas de Amapala.

Representaron a la Revolución los Doctores Francisco López Padilla y Salvador Aguirre como Delegados, y don Alfonso Gallardo h., como Secretario; tuvieron los poderes del Consejo, el Licenciado y General Roque J. López y el Doctor Alberto A. Rodríguez, como Delegados, y el Doctor Federico C. Canales, como Secretario. Representó al Presidente de los Estados Unidos de América el señor Summer Welles. Después llegaron Representantes de los demás gobiernos de Centroamérica. Las conferencias se iniciaron el 23 de abril; el 28 a las doce y media del día se firmó a bordo del Denver el Pacto Preliminar de Paz y el 3 de mayo a las 11 de la mañana fue suscrito el Pacto Definitivo. Mediante él llegó a la Presidencia provisional de Honduras, con la obligación de reunir una Constituyente y de convocar luego a elecciones de autoridades supremas, el General Vicente Tosta G.

Mientras las conferencias de paz se desarrollaban había continuado peleándose en Tegucigalpa. El señor Mario Ribas de Cantruy nos describe así los últimos días de combate:

"Abril 28.- Ha sucedido lo que todos esperábamos: mientras en Amapala se discutía en la conferencia el modo más práctico de hacer la paz sin necesidad de más derramamiento de sangre, en Tegucigalpa la Revolución se ha lanzado a un asalto decisivo y ha tomado la capital por la fuerza de las armas.

Ayer a las 8 de la noche las tropas de la Revolución, al mando del General Ferrera, habían avanzado hasta 50 yardas del Cuartel de Veteranos y 200 yardas del Sipile; las fuerzas del General Martínez Fúnez eran dueñas de las alturas de San Felipe, Miraflores y Guijarro y todo el terreno al sudeste y noreste de Juana Laínez; las fuerzas del General Tosta son dueñas del Picacho desde ayer tarde. La situación de los sitiados es casi insostenible. En vista de lo desesperado de la situación, el Consejo de Ministros ordena que se abra el fuego en toda la línea contra las fuerzas atacantes. Y a las ocho y treinta de la noche empieza el fuego general.

Las fuerzas de la Revolución que estaban listas para un asalto general y decisivo, responden a la ofensiva de las tropas dictatoriales con un furioso contraataque que, desde el primer momento, hace ceder terreno a los dictatoriales. Empieza una lucha encarnizada en toda la línea. A las nueve y media de la noche las tropas de la Revolución al mando inmediato del General Tosta, han cruzado ya el río frente al Teatro, Parque La Concordia y Panteón y siguen bajando del Berrinche en arrolladora avalancha hasta el centro de la ciudad. Llegan las primeras columnas del General Tosta y se apoderan del Mercado, edificio de Telégrafos y Cuartel de Policía. Otras columnas penetran en la ciudad por el Panteón, despreciando la lluvia de balas que lanzan las ametralladoras de Sipile. Las tropas del General Martínez Fúnez entran por el Guanacaste y por las faldas de Juana Laínez, llegando ya a La Isla por una parte y por otra, el cuartel San Francisco. Mientras tanto, una columna al mando del Coronel Carlos B. González y otros jefes, ataca y toma el Cuartel de Veteranos y marcha sobre el Palacio Presidencial.

Mientras se está efectuando el asalto a las posiciones de la ciudad, una batería de seis ametralladoras colocadas en El Berrinche mantiene un fuego de cortina contra el camino que conduce de La Isla a Juana Laínez y contra las posiciones de Sipile. Estas últimas son las más afectadas por el fuego destructor de las ametralladoras revolucionarias del Berrinche; el Sipile está en situación precaria, pues además del fuego de las ametralladoras del Berrinche, tiene que hacer frente a un ataque furioso de una columna del General Ferrera que lucha heroicamente durante cinco horas asaltando al fin las trincheras y quedando dueño de las fortificaciones a las cinco de la mañana.

Abril 28.- Continúa peleándose en las calles de la capital; en algunos lugares, casi cuerpo a cuerpo.

A las 8 de la mañana de hoy la ciudad está ya en poder de la Revolución. Los últimos combates librados en las calles han tenido lugar principalmente frente a la Legación de Estados Unidos, en la calle del Hotel Agurcia, en el Parque Morazán y en otras calles céntricas de la ciudad; esta lucha en las calles ha durado más de tres horas.

A las 8 y 10 a.m. cesa el fuego graneado y ya no se oye más que uno que otro tiroteo aislado. Los restos de las fuerzas dictatoriales que no han caído bajo las balas o salido de la población antes del amanecer, quedan prisioneras en poder de la Revolución.

Tegucigalpa ha sido tomada por asalto en doce horas, después de un sitio de 45 días durante los cuales no ha habido uno en que no se haya peleado, poco o mucho."

Durante la Revolución Reivindicadora cuyo episodio final acaba de relatarse se empleó por primera vez en Honduras el aeroplano como arma de fuego. Varios bombardeos fueron realizados por la Revolución contra la capital, los cuales si bien fueron ineficaces desde el punto de vista militar, sirvieron para destruir vidas civiles y propiedades.

VÍCTOR CÁCERES LARA

ESTRENO DEL CUARTEL DE SAN FRANCISCO

El estreno del cuartel de San Francisco es uno de los sucesos más notables con que se ha celebrado en esta ciudad el aniversario del 27 de agosto.

El edificio de San Francisco estaba en ruinas: se ha reconstruido, se ha transformado tan completamente, que no ha podido menos de llamar la atención de sorprender a los mismos habitantes de la nueva capital. Hoy el cuartel de San Francisco es un edificio cómodo, aseado, elegante, casi podríamos decir lujoso.

En uno de los espaciosos salones tuvo lugar la instalación del Tribunal Supremo de la Guerra i del Tribunal Militar departamental. Durante los días 26, 27, 28 i 29, el cuartel de San Francisco ha sido visitado por el Sr. Presidente de la República, por el Sr. Secretario de Estado en el Despacho de la Guerra, por multitud de caballeros i personas de distinción, por las clases populares, i cosa que sería increíble, para no haberla visto, por las señoras i señoritas más notables de la ciudad. Tal es la decencia del cuartel de San Francisco, i tal es la favorable impresión que ha causado en esta delicada, hasta la susceptibilidad i el escrúpulo, sociedad de Tegucigalpa.

Nosotros fuimos algunos de la muchedumbre de visitantes al cuartel de San Francisco, i nos hizo el más simpático efecto sobre todo, la visita al pequeño hospital del cuartel, donde en camas cómodas, casi confortables, alivia hoi sus dolencias, el más sufrido i valiente, pero el peor tratado de los soldados centroamericanos, el soldado hondureño.

Los Señores Jefes i Oficiales del cuartel de San Francisco hacían cumplidamente los honores de la casa á la multitud de visitantes. Esto se llama mejorar i progresar: esto se llama civilización.

PERIÓDICO LA PAZ, NO.196, TEGUCIGALPA, 31 DE AGOSTO DE 1881.

¿A DÓNDE FUE LA TEGUCIGALPA DE MIS AMORES?

Nací en la Tegucigalpa pequeñita y romántica de principios de siglo, en un caserón del Barrio La Merced, un 8 de septiembre, mientras se celebraba con gran jolgorio popular la festividad de la Virgen de Mercedes. Vine al mundo en medio del bullicio de la gente, el estallido de los cohetes y el estruendo de las carreras de bombas. De ahí mi dolencia crónica del oído derecho.

De pequeñita no me dormía si no escuchaba la música de un viejo fonógrafo de pitoreta. En brazos de mi niñera oía pasar a la Orquesta Verdi —que dirigía don Rafael Coello Ramos— cuando don Manuel Bonilla —hombre galante que tenía una frase bonita para todas, las lindas, las feas y las chiquitas— llevaba serenatas. Tanto lloraba cuando la orquesta se alejaba que mi niñera me sacaba y seguíamos la serenata por las calles de Tegucigalpa. Más grandecita asistía a los ensayos de la Banda de los Supremos Poderes en un sótano, donde ahora está el Palacio Legislativo. Mi mayor gozo era que se equivocaran y volvieran a empezar. Había dos bandas: la de los Supremos Poderes, que dirigía don Carlos Hartling, y la Banda Militar, que dirigía don Benigno Coello. Cuando el General Luis Oyarzún, chileno, era director de la Escuela Politécnica, había desfiles de la caballería todos los domingos. El General iba adelante en su caballo blanco. En el Parque Central rendían homenaje a la Patria. Yo iba detrás de todas esas paradas. No faltaba a las Misas Solemnes —en aquellos días había órganos y organistas— ni a las procesiones. En la época navideña se cantaban villancicos y se representaban las pastorelas con todo el primitivismo y la mayor devoción, como un genuino homenaje del pueblo al Niño Dios.

Se llevaba una vida sencilla pero hermosa. En las familias había unión y gran respeto, que se reflejaba también en las relaciones con la servidumbre. Existía gran solidaridad entre las gentes de un mismo barrio.

Las penas y alegrías de uno eran las penas y alegrías de todos. Así nos criamos las de La Merced y El Olvido, en una completa hermandad. Por la mañana el toque de diana y las campanas de las iglesias saludaban al nuevo día. A las seis de la tarde las campanas tocaban el Ángelus; todo el mundo se santiguaba. A las ocho ya era noche cerrada. Las cornetas de los cuarteles daban el toque de queda. Se rezaba en familia y la abuela contaba cuentos y consejos, pasando la tradición de una generación a otra. En las casas no faltaban instrumentos musicales: piano, guitarra, violín o mandolina. Los cumpleaños de los niños se festejaban con una alegre piñata, donde se ofrecía la tradicional horchata de arroz o de semillas de morro. Lo primero que hacía todo cumpleañero era ir a Misa, a dar gracias a Dios por haberle concedido un año más de vida. Celebrábamos las Flores de Mayo. Las niñas íbamos por parejas, con nuestros mejores vestiditos, a dejarle flores a la Virgen. En el mes de septiembre la ciudad celebraba con gran solemnidad y alborozo las fiestas patrias y la festividad de San Miguel Arcángel, patrono de Tegucigalpa. Todo el mundo se engalanaba, había bailes en el parque y procesiones. Si el Partido Liberal estaba en el poder, San Miguel lucía una banda roja; si los nacionalistas, la banda era azul. La Navidad en Tegucigalpa era tan linda, tan llena de tradición y devoción que bien se decía: "Semana Santa en León, Corpus Christi en Guatemala y Navidad en Tegucigalpa".

Mis maestros de piano fueron doña Lolita v. de Vijil, Nelita Ugarte y el maestro Pinzón, un guatemalteco que hizo de Honduras su segunda patria. Me entototoré con el teatro cuando en los años de mi adolescencia y juventud llegaron a Tegucigalpa compañías de drama, comedia, sainete, teatro lírico y variedades. Como todavía no existía el Teatro Nacional, se improvisaba un escenario en el local donde por muchos años funcionó el Instituto Central. En el centro había un pozo de malacate que terraplenaron para montar allí el Palco Presidencial. Las compañías venían precedidas de gran fama; los actores eran gente muy culta y cortés. Eran recibidos por el Alcalde, que les entregaba la llave de la ciudad, y los salones de las grandes familias se abrían para recibirlos. Nunca he podido olvidar a un actor español llamado Gerardo Campaña que interpretaba una obra muy difícil llamada "La Carcajada". Tenía que reír por espacio de dos o tres minutos, luego caía exhausto y moría.

Hubo muchas críticas cuando don Manuel Bonilla dispuso construir el teatro. ¡Sólo a él se le puede ocurrir —decían— construir un teatro en los arrabales de Tegucigalpa frente a un hospicio y a un hospital y a pocos pasos del rastro público! El teatro fue inaugurado con la compañía Huguetti Severini. En todos los talleres de Tegucigalpa se oía tararear "El Soldado de Chocolate" o "La Viuda Alegre". Luego vino la compañía Unda de zarzuelas y Lupe Rivas Cacho, compañía mexicana de variedades. En 1929 el gobierno subvencionó la presentación de la Ópera Bracalle, causando un gran revuelo en nuestra apacible sociedad. El público de Tegucigalpa asistía a todos estos espectáculos dando muestras de educación y de gran sensibilidad musical.

Toda esa tradición de cultura se fue perdiendo por las continuas montoneras y revoluciones. En cincuenta años hubo 92 revoluciones y esos son los cincuenta años de retraso que llevamos. El sitio de Tegucigalpa de 1924 —con todo el horror de las matanzas, saqueos, incendios, bombardeos— es el más espantoso de mis recuerdos.

A los doce años empecé a escribir mis propias comedias, que les enseñaba a las niñas más pequeñas en el Colegio María Auxiliadora, donde estudiaba. Presentábamos veladas en el Teatro, que se llenaba hasta el tope.

Yo era muy inquieta, andaba metida en todo. Recuerdo que siendo aún una chiquilla recibí en mis brazos el primer ejemplar de El Cronista, todo manchado de tinta. ¡Como no lo conservé!

Mercedes Agurcia Membreño interrumpe su monólogo, evocador de tiempos ya idos, para sacar de un baúl dos viejos álbumes de recortes, amarillentos por el tiempo, amorosamente conservados, que resumen, mediante las crónicas de la época, la historia de la Academia Santa Cecilia, fundada por ella en 1926.

"Merceditas Agurcia —dice un cronista— ha fundado una Academia de Música. Y en ella está incubando artistas. Esa noble mujer, en la escasez del medio, está demostrando a todos los pesimistas que hay buena semilla para cosechas plenas, para cosechas que se han de levantar en no lejano día como una demostración de lo que se puede hacer en Tegucigalpa, cuando hay voluntad de hierro en el corazón y vibraciones de artista en el cerebro. Merceditas Agurcia está haciendo obra saludable y buena, que por la época de barbarie que estamos viviendo, no ha encontrado ambiente en el público de Tegucigalpa. Porque más pueden los gritos salvajes e inarmónicos de las pasiones encendidas, que el canto que trasciende a poesía".

En la Academia Santa Cecilia se enseñaba piano, violín, historia de la cultura, cultura general y teatro. Los domingos la maestra reunía en su propia casa, en una especie de Ateneo Infantil, a los pequeños alumnos que interpretaban alguna pieza musical, declamaban o leían algún trozo literario en presencia de un selecto público que recibía invitación especial.

A partir de 1931 los pequeños artistas estuvieron preparados para presentarse en conciertos y veladas que, por lo general, eran dedicadas a los grandes poetas, a los maestros, estadistas y otras personalidades del momento.

"La noche terrible, diluvial, fue la noche que escogió Merceditas Agurcia para el concierto que dedicara la Academia Santa Cecilia al virtuoso Padre Laureano Ruíz del Colegio Salesiano de Comayagüela. Y mientras el Río Chiquito se desbordaba, arrastrando arcos y puentes, casas y bastiones, la música se desbordaba en la Academia, arrastrando almas y corazones con melodías de Rossini y de Verdi, de Weber y Wachs, de Rubinstein y Bizet, de Leoncavallo, Schmoll y Losey. Los pequeños artistas, todos sin excepción, se lucieron".

La primera alumna de la Academia fue María Luisa Matute, la siguieron Marina y Orfilia Coello Ramos, con excelentes aptitudes para el piano; Roberto Domínguez Agurcia, Miguel Ángel Flores y Pablo Castillo —muerto en plena adolescencia y a quien sus compañeros dedicaron un sentido concierto musical— destacaban como violinistas; Dionisio Matute sobresalía desde muy pequeño en la declamación y oratoria, y la pequeñita Ondina Aguilar, a sus escasos ocho años, asombraba ejecutando piezas, tanto en piano como en violín.

Al calor de la Academia "Santa Cecilia", y bajo la inspiración y estímulo de Mercedes Agurcia Membreño, surgió el grupo "Amigos del Arte", formado por jóvenes de ambos sexos que organizaban conciertos, actos culturales y fiestas, complementando así la solitaria labor de la inspirada maestra. De este grupo surgieron Jacobo Cárcamo y Daniel Laínez.

El ambicioso proyecto de Mercedes Agurcia Membreño de convertir la Academia Santa Cecilia en el Conservatorio Nacional de Música de Honduras no llegó a realizarse y la Academia cerró sus puertas después de diez años de labores, quedando huérfanos de estímulo los jóvenes artistas que tanto prometían.

"Para hablar de mi vieja Tegucigalpa —Mercedes Agurcia Membreño vuelve a refugiarse en el pasado— tendría que esperar la noche, apagar la luz eléctrica, apartarme de este ruido ensordecedor y ver a la Tegucigalpa de calles empedradas, rodeada de frondosos bosques de pinos que descendían hasta la ciudad, con su río siempre caudaloso. Su juventud sana y llena de aspiraciones que, en vez de leer paquines o novelas pornográficas, leía 'Mundial Magazine', que editaba Rubén Darío, en París, con colaboradores como Amado Nervo, Santiago Argüello y Enrique Gómez Carrillo; 'Ars Verba', que editaba José María Vargas Vila, las revistas españolas y las grandes obras del momento. La vida familiar, la tradición, la hospitalidad, la cortesía, el respeto mutuo, todo se lo tragó 'la selva'. Tegucigalpa era un portal, un vergel, un nacimiento. Ya no es ni la sombra de lo que era, la Tegucigalpa de mis amores. La han matado en aras de un modernismo ridículo y sin sentido".

MARÍA GUADALUPE CARÍAS

EL JARDÍN DE LA INFANCIA

Así se llamaba la escuelita privada que don Tiburcio Acosta abriera allá por el año de 1897, detrás de la Iglesia de Los Dolores, en una modesta casa del General don José María Reina. Don Tiburcio Acosta no era un maestro de profesión, pero era un hombre que sabía leer en letra menuda, como decía nuestra madre. En una pieza contigua a la escuelita tenía su taller de sastrería, en donde se confeccionaban los mejores trajes para los mejores señores de la ciudad.

Los alumnos de la escuelita eran los niños desarrapados del Barrio Abajo, no mayores de diez años, hijos de personas muy pobres, cuyas mayores ambiciones se limitaban a que sus hijos aprendieran a leer, escribir y las cuatro reglas. Todos los niños, menos uno, eran descalzos, llevaban el pelo siempre sobre las orejas, los pantalones remendados y raídos, hechos a la medida de sus padres, anchos de la cintura, a los que simplemente les habían cortado el largo de las piernas. Algunos, para que no se les cayeran, se los sujetaban con cordones a manera de tirantes, otros en lugar de correas, usaban cabuyas o tiras de cualquier tela. Todos ellos eran unos picaritos de ojos avispados que se divertían diariamente inventando toda clase de maldades. Pero, al correr de los años, las enseñanzas morales de don Tiburcio dieron sus frutos, porque todos llegaron a ser excelentes ciudadanos.

La excepción entre todos ellos era Carlitos, porque era un niño bueno, ingenuo, soñador y triste, pero sin la vivacidad de los otros. Era hijo único de un matrimonio acomodado, quien había cifrado en él todas sus esperanzas, recordándole con frecuencia que él debía llegar a ser un buen abogado. Era el único niño calzado en la escuelita, bien vestido y bien peinado. Y por eso, precisamente, porque era calzado y vestía mejor. Los demás alumnos no lo queríamos. Pues aún entre los niños, cuando son pobres, anida ese oscuro rencor contra los ricos, simplemente porque son ricos, aunque sean generosos y magnánimos.

La enseñanza en la escuelita de don Tiburcio era impartida por él mismo, por su señora esposa doña Ramona Zavala y las dos hermanas de ésta, las señoritas Anita y Petrona del mismo apellido, familia que era un modelo de virtudes hogareñas.

Carlitos tenía la costumbre de saludar individualmente a cada una de sus maestras, recorriendo cada sección para decirles: Buenos días maestra Moncha, buenos días maestra Tona, buenos días maestra Anita, buenos días maestro Bucho. Pero un día lo llamó don Tiburcio y le dijo: Carlitos no es necesario que nos salude uno por uno. Salude en general. Y así lo hizo Carlitos, pues a la mañana siguiente se paró en medio de la escuela y dijo: Buenos días en general.

A cada padre de familia le agradaría que su hijo fuera un genio. Pero los dones más preciados del mundo, como ser el genio, el brillo de la inteligencia, el poder, la riqueza y la gloria, son distribuidos por una deidad veleidosa entre un grupo muy reducido de seres humanos.

Los padres de Carlitos desconocían o no se conformaban con estos designios que nos vienen de lo alto, pues cuando recibían las constantes malas notas de aprovechamiento de su hijo, se enfurecían en una forma irrazonable. Al final de cada mes, cuando recibían dichas notas, la madre lo increpaba duramente y lo privaba de ciertas satisfacciones.

Pero el padre, duro y cruel, le propinaba siempre tremenda paliza, después de la cual lo encerraba en un cuarto oscuro, situado al fondo del hogar, donde se guardaban los trastos viejos, sin aire suficiente, pareciéndole que se ahogaba, donde permanecía horas y horas suplicando, gritando, llamando a su madre y a su padre, pero ninguno venía. Desesperado, golpeaba la puerta, hasta que le dolían sus pequeñas manos. Al fin cansado y sollozando, se dormía. Nuestra vecindad con la casa de los padres de Carlitos, pared de por medio, nos convertía en forzados testigos de procedimientos tan abominables.

Aguijoneado por tan crueles torturas Carlitos empezó a destacarse como uno de los mejores estudiantes y así terminó la enseñanza primaria. En la Universidad llegó a ser orgullo de sus profesores por su dedicación al estudio, su conducta ejemplar y su notable aprovechamiento.

Y finalmente coronó su carrera de Abogado.

Pero el recuerdo de su padre, esperándolo, al final de cada mes, cinturón en mano, derribándolo, pisoteándolo y encerrándolo en aquél cuarto oscuro, era un recuerdo que estaba siempre allí, en el fondo de todos sus pensamientos. Y por tal recuerdo él odiaba a su madre, y mucho más a su padre lo mismo que a todos los hombres que tenían autoridad sobre los demás hombres. Y nunca se supo que amara a una mujer.

YANUARIO LANDA BLANCO

COSAS DE TIEMPOS PASADOS

Se le atribuye a la sal ática del Doctor Carlos Alberto Uclés o al iconoclasta criterio demoledor del Doctor Miguel Ángel Navarro la expresión aquella de que Honduras progresa a pesar de sus gobiernos. La verdad es que, tropezando y cayendo, progresamos. Y en amenísima tertulia la otra noche, en la compañía del viejo amigo, Ingeniero Cristóbal Prats, estuvimos haciendo reminiscencias de todo lo que se refiere a la vida pasada en el semidormido villorrio que era antes Tegucigalpa.

No todo lo que citaré en esta serie de artículos ocupó nuestra atención en la plática. Por ejemplo, creo que no hablamos de los primeros días del alumbrado público. De niño, recuerdo que fue en la Administración del Doctor y General Miguel R. Dávila que se colocaron los postes de la luz en las calles de la ciudad. Venían a reemplazar los faroles, estilo español, de gas incandescente, pero se encendían a la misma hora, las seis de la tarde, y se apagaban a las seis de la mañana. Todavía se usaban carbones eléctricos con cuyos cabos rayábamos a diestra y siniestra paredes y pisos.

Para el funcionamiento de La Planta se había traído especialmente de Suiza al electricista Don Alberto Ehrler.

La luz eléctrica trajo consigo el cinema, creo de la casa Pathé Frères de Francia. Lo que veíamos en los espectáculos públicos eran películas cortas como "EL DESERTOR", "EL PERRO DEL CIEGO", "LOS PERROS CONTRABANDISTAS" y "EL CRIMEN DE LAS MONTAÑAS". Era de notarse que ya los circos, sobre todo el de Serapio López, traían su propio equipo, y nos deleitaba con las primeras películas del Oeste en que siempre los indios piel roja se llevaban la peor parte. López terminaba sus funciones con espectáculos de transformismo, magia y misterio como "EL DECAPITADO" y "LA MARIPOSA SIN ALAS".

Cristóbal Prats me hacía recordar que, para las fiestas patrias de Tegucigalpa o para la Feria de Concepción de Comayagüela, era esencial ir a "coger campo" llevando nuestra propia banca y, en las funciones teatrales de la compañía Dubouchet, en la Universidad, se compraban las localidades, pero cada familia tenía que mandar las sillas de la casa, con alguna señal de identificación para colocarlas en los palcos reservados.

El repertorio era casi siempre el mismo: "DON JUAN TENORIO", de Zorrilla; "JUAN JOSÉ", de Dicenta; "LA PATA DE CABRA", "EL ALCALDE DE ZALAMEA", "TREINTA AÑOS O LA VIDA DE UN JUGADOR", "LOS DOS PILLETES" e inevitablemente, "LA PASIÓN DE CRISTO", con la que se llenaba el coliseo. Las piezas se repetían a petición general, y si el espectáculo no era muy largo, había alguna petipieza de carácter festivo, que era muy aplaudida.

La mayor parte de las veces se trataba de cómicos de la legua y el Estado tenía que intervenir para subvencionarlos y ponerlos de nuevo en su camino. Era la época de las diligencias en la Carretera del Sur, que abriera al tráfico el Presidente General Terencio Sierra y terminara el General Don Manuel Bonilla. Una de las precursoras del transporte lo era Doña Engracia de Rivera, de Pespire; y en Tegucigalpa, gente animosa y emprendedora como el Doctor Alejo Lara, Presidente del Banco de Honduras, Don Ernesto Lázarus y el Doctor Benjamín Douglas Guilbert.

Recordábamos con el Ingeniero Prats que la salida de los primeros transportes automotrices constituían una ceremonia inolvidable. Los valientes viajeros, que antes habían tenido la precaución de hacer su testamento, eran despedidos en la vecindad del Parque Central por los empresarios, quienes personalmente los acomodaban, les entregaban sus boletos, los encomendaban al Creador y a los primeros choferes, que para el populacho eran algo semejante a los astronautas de hoy.

Sin embargo, si la memoria no me es infiel, el primer carro que cruzó nuestras empedradas y polvorientas calles fue uno que piloteaba el inolvidable caballero suizo Don Julio Villars. En él iban sentados en sillas domésticas y a la galopante velocidad de quince millas por hora, el Presidente General Don Manuel Bonilla y sus flamantes Ministros. Sale sobrando decir que, con los altibajos del empedrado camino y los vaivenes del vehículo, no dejaron de pasar sus sustos.

Por diez pesos plata, aún habían billetes, se podía viajar a disfrutar de las delicias de Loarque, finca donde Don Santos Soto tenía su elegante chalet, con ventanas de vidrios esmerilados, de colores, que estaban entonces en moda. El viaje era de todo el día y se regresaba a la caída de la tarde, después de más de un chapuzón en el Río Grande. Más adelante se podría viajar hasta San Lorenzo con el experto mecánico Lalo Moncada al volante.

Entre los primeros vehículos el Ingeniero Prats recuerda el METZ de Don Pablo Heller, abierto; pero yo no me lo quito de la mente sino en un FORD de primera cosecha, el que sufrió toda clase de transformaciones y que, de haber sido más precavidos, pudimos haber conservado para nuestro Museo, para cuando lo tengamos.

Después de todos estos pioneros del transporte de los particulares que podían financiar un ROLLS-ROYCE o un BUICK, como la gente de capital, Don Ramón Landa trajo los primeros carros de turismo y Don Manuel Centeno Estrada, unido al Ingeniero Crescencio F. Gómez, fundaron una verdadera empresa de transportes con automóviles STUDEBAKER, servicio de reparación y de mecánica y sobre todo, para el adiestramiento de nuestros primeros conductores de vehículos.

En las anteriores cuartillas y en lo que a automovilismo se refiere me olvidé de citar que la indumentaria era parte del rito, tal como lo vemos ahora en las películas de costumbres. A la gorra o quepis de especial diseño iba agregado el par de gafas, o anteojos de camino, que le daban al conductor un aspecto marciano, los guantes y una especie de capa o sotana gris, que cubría todo el cuerpo, con todo lo cual se defendía el chofer de las inclemencias del polvo y del lodo.

El único acceso al exterior se hacía por la Carretera del Sur, ruta que se hacía en varias etapas. Para el Norte no fue sino hasta en la Administración del General Rafael López Gutiérrez que se hizo el tramo hasta Comayagua. Yo recuerdo que antes el viaje se hacía a lomo de mula y tardaba, por lo menos una semana o más. Ir a la Costa Norte era una empresa romana que, en parte, me tocó hacer de niño, por Cuevas, Meámbar y Santa Cruz de Yojoa. Al mediodía se llegaba a Potrerillos, que era la estación terminal de nuestro ferrocarril a Puerto Cortés.

No sé cuándo se despertó entre nosotros la enorme atracción por el deporte. Eso sí, recuerdo que entre los números de programa de Ferias y Funciones estaban las Carreras de Cintas, en las que nuestras bellas damitas premiaban a los vencedores con guirnaldas y a los que se distinguían por las cualidades de sus alazanes. La fiesta brava era muy pobre, pues aunque a veces se contrataban toreros españoles, cuando estos no fallaban lo hacían los toros de lidia.

Hubo una vez un espectáculo truculento en que un aficionado mexicano se arrojó al redondel y, amenazado de súbito por la embestida del toro, un gringo con sus copas salió a su defensa y, desde el tablado, le pegó un balazo a la bestia en el momento crítico. Desde luego, el héroe del día lo fue el aficionado y su defensor fue objeto de acres críticas por la turbamulta, a la que se le había arrebatado un segundo de emoción.

Los tablados o chinamos eran, hasta hace poco, lugares donde montaban sus negocios los comerciantes venidos a la Feria. Pero a veces sus techos eran empleados como palcos para los espectáculos nocturnos, como cortesía de la Municipalidad de la Villa de Concepción o del Comité de la Feria. Su débil contextura artesanal a veces ocasionó semicatástrofes en que cedieron las vigas y nuestra empingorotada sociedad sufrió serios descalabros al venirse abajo la estructura quizá en los momentos más emocionantes de la función.

Los torneos de pelota, béisbol y fútbol vinieron después. Si no me equivoco, la primera asociación la formaron jóvenes estudiantes de nuestra sociedad al constituir el "Sporting Club" que, de vez en cuando, medía sus fuerzas con equipos locales, como el "Honduras Athletic", o con los gringos mineros del Rosario y San Juancito. Desde luego, no había estadios y el espectáculo era al aire libre, en La Isla o en Guacerique, a veces con resultados desastrosos para nuestros muchachos.

Pero había revanchas. Amplios y hospitalarios, los administradores de las minas más ricas de Honduras, las de la New York and Honduras Rosario Mining Company, cada cuatro de julio invitaban a nuestros deportistas a encuentros sensacionales, como parte de su programa en celebración de la independencia americana. A cada invitado, la compañía le proporcionaba buena cabalgadura, bien enjaezada y su respectivo mozo.

Las fiestas de la Rosario eran suntuosas y cada año la sociedad tegucigalpense se preparaba con anticipación para el gran baile y para todos los demás eventos del patriótico aniversario. La colonia americana echaba la casa por la ventana y los preciosos chalets de los directores y mineros, así como su club privado, se abrían para atender en forma acogedora y principesca a sus invitados de honor. El viaje duraba un día por el empinado camino de la montaña de San Juan y uno el del regreso.

Impresionaba la nitidez y el sobrio buen gusto con que vivían en la mina. Años más tarde, Don Julio Lozano publicaría un estudio sobre las pingües ganancias de la compañía en más de noventa años de explotación, al amparo de sus contratos. Asombró siempre que nunca se construyera un buen camino hasta el mineral en una ruta llena de peligros por lo accidentado del terreno. Pero, por muchos años, fue también un espectáculo para la soñolienta ciudad el paso de las entregas de plata en lingote, en camino hacia el puerto en el Pacífico, bajo cuidadosa custodia.

De vez en cuando despertaba la ciudadanía de su letargo con robos y crímenes que nunca obtuvieron solución satisfactoria. Un acaudalado abogado amaneció muerto una vez en su casa de habitación, víctima de un balazo de rifle calibre veintidós. Se trajo hasta detectives del extranjero y hubo un proceso ruidoso, pero jamás se supo a ciencia cierta quién había sido el victimario.

En otra ocasión hubo un asalto nocturno del banco principal de la ciudad, en el que resultó asesinado su joven gerente, quien dormía en la propiedad. A pesar de que la que se conocía como Policía Montada hacía todas las noches el patrullaje de la ciudad dormida, esta vez todas las pesquisas parecieron resultar inútiles. Y otro crimen quedó sepultado en el misterio. La población crecía y, con ella, aumentaban todos los demás riesgos que trae la civilización.

No se vaya a creer que el afán publicitario es cosa reciente. El primer Directorio de Honduras lo preparó y compiló G. R. Perry en tiempos de Don Policarpo Bonilla. En seguida vinieron los de Bascom Jones y Guillermo Bustillo Reina y el Libro de Honduras, de este último. El estudioso Don Catarino Castro Serrano publicó por muchos años la GUÍA DE HONDURAS que siguiera el distinguido periodista peruano Don Enrique de la Flor. Pero, mucho antes que ellos, ya El Cronista de Manuel Calderón y de Adán Canales usaba la poesía en la propaganda.

"Caballeros, un bombín, de Londres o de Berlín, siempre gusta a la visión. Por eso, antes de la guerra los trajo de aquella tierra, Manuel M. Calderón". Rimaba y gustaba y así el caballero elegante de mis tiempos de la niñez, además del brioso mostacho, era inseparable de su sombrero bombín, que después alcancé a contemplar en las señoriales calles de Londres. Y es que la Tienda Calderón, que era anexa a la Imprenta, pues ésta producía poco, los había traído antes de la hecatombe del Año Catorce, y los vendía como "pan caliente".

Después vino Covelo. No sé, no estoy seguro si fue al mismo tiempo en que, en las calles, se empezaron a vender los helados de vainilla, que en una carretilla de mano vendían unos españoles lampiños de limpia y buena presencia. No eran los sorbetes que servía Doña Rosa Bernhard en el café de moda "El Buen Gusto", en los altos de Los Corredores. Eran más los mantecados, que todavía se consumen en ciertos pueblos de España. Pero eran caros, si se les compara con la nieve, la minuta o raspadura de hielo, que no ha perdido su popularidad.

Covelo solicitó y obtuvo concesión para exhibir todas las noches, al aire libre, en la Avenida Cervantes en los aledaños del Parque Central, Palacio Municipal y costado de La Catedral, una película corta y, en los entreactos, en la pantalla fija, se ofrecían al público los productos de los comerciantes principales de la Calle del Comercio, hoy Avenida Bolívar, aunque este nombre muy pocos lo saben. Era algo nuevo y todas las noches era noche de feria en el centro de la capital. ¡Y como no había automóviles...!

Años atrás había habido una tremenda tragedia en que, por un quítame allá esas pajas, habían tenido un encuentro sangriento la Policía del General Tomás Quintanilla y los apuestos Cadetes de la Escuela Militar de Don Luis Oyarzún y después de Don Alfredo Labró. Hubo muertos y heridos, y lo grave es que, por largo tiempo quedó una especie de herencia, al estilo de las "vendettas" de Sicilia en que, a la menor provocación, la disputa volvía a encenderse y encarnizarse.

El resto del tiempo nuestra principal distracción era ir al concierto de la banda marcial, la retreta, como se la llamaba entonces, al Parque

Morazán, las noches del domingo y las del jueves. Una vez por semana el concierto era en el Parque de La Libertad de la Villa de Concepción. Recordamos al gran músico alemán Don Carlos Hartling, autor de la música del Himno Nacional, como Director de la Banda de los Supremos Poderes, a su segundo, el Maestro Benigno Ramos y después, al inolvidable artista Don Manuel de Adalid y Gamero.

Nos comenzaba a interesar el amor, y era una bella oportunidad caminar por la acera externa del parque en dirección opuesta al bello sexo, que transitaba por la parte interior, mientras escuchábamos la marcha inicial, algo marcial estilo Sousa, las arias de Mozart o intermedios de Suppé y, finalmente, los dulces valses de Delibes o las melodías de Strauss. Debemos nuestra iniciación musical a los programas, hechos con delicado gusto en la Imprenta Nacional que regenteaban Don Ramón Landa o Don Manuel M. Calderón y en los que no faltaba una sinopsis de cada número ejecutado.

Les debemos mucho a estos maestros y artistas y a los que les sucedieron en la dirección de nuestro conjunto musical. Los recordábamos con gratitud, años después, en la vida en el extranjero, cada vez que concurríamos a algún concierto sinfónico. Desde luego, era nuestro orgullo escuchar las composiciones de nuestros propios autores como Carlos María Varela, con "Al rumor de las selvas hondureñas", el vals "Ausencia" de Marcial Maradiaga y los números del Maestro Adalid como "Voces de la Tarde", "A un conejillo" y "Una Noche en Honduras", última que años después nos emocionaría escuchar en el Salón de las Américas de la Unión Panamericana de Washington.

Así como nunca hemos tenido un buen Museo, ni un Parque Zoológico, ni un Jardín Botánico, pese a los incansables esfuerzos de Leonidas Rodríguez, del Maestro Francisco Díaz Zelaya, del Maestro Rafael Coello Ramos, jamás hemos podido sostener, mantener permanentemente una Orquesta Sinfónica. La última intentona, que sepamos, fue la de nuestro único Humberto Cano. No obstante, hemos contado con espléndidas, con estupendas orquestas privadas como la del propio artista Coello Ramos, la de Andrés Quiñónez Aceituno y otros y las ya famosas que otrora amenizaran las fiestas del Salón de Retratos.

Y siempre, con ese mismo espíritu, recuerdo que constituían notas sobresalientes de la Feria de Concepción los estrenos de los dulces valses del Maestro Coello Ramos: "Vuelo de Águilas", "Recuerdos de Estela" y "Cascada de Perlas", compuestos con toda la técnica francesa de Delibes, lo que nos llenaba de legítimo orgullo. La verdad es que son quizá, cosas del tiempo pasado, como reza el poema de Heliodoro Valle, que perfuman los jazmines del cabo, en el que llamó el rapsoda comayagüeleño "pretérito perfecto". Pero, sea de ello lo que fuere, estas son las cosas que justifican el viejo decir que quizá y tal vez sin quizá, aquellos fueron los tiempos mejores.

No sé, a ciencia cierta, cuándo ni cómo se iniciaron los concursos de belleza. Sólo sé que la primera reina que recuerdo es la belleza helénica de Antonia Ugarte y que, cuando ella casó, se disputaron el cetro Corina Bardales, linda entre las beldades que han caracterizado siempre a las mujeres de Comayagua, y la triunfadora, que lo fue la avasalladora Cristina Díaz. Las coronaciones daban motivo a fiestas esplendorosas. Esta vez ya no se usaba el Salón de Retratos, con la galería de gobernantes de Honduras y su imponente papel tapiz, con los mosaicos azules del escudo de Honduras y sillas de igual moldura, sino el Paraninfo de la Universidad.

Dotado siempre de una curiosidad insaciable me acuerdo que asistí a una de estas coronaciones cuyo ceremonial estaba, casi siempre, en las hábiles y emprendedoras manos de los integrantes del Ateneo de Honduras, Froylán Turcios, Julián López Pineda, Rómulo E. Durón, Esteban Guardiola, Samuel Laínez, Rafael Heliodoro Valle y otros. Se procuraba que coincidieran con los Juegos Florales, otros espectáculos de cultura en que se premiaba a las damas con diademas y a los literatos con la flor natural y el laurel místico.

"Alba blanca, luz de aurora, es vuestro nombre, Señora, un vocablo evocador que al pronunciarlo ilumina, nombre de gema marina, nombre de perla y de flor...". De esta guisa cantó en una época nuestro primado de la poesía Luis Andrés Zúniga, a la imponderable belleza de Margarita Lardizábal. Eran los días de "Los Jazmines del Cabo", de Rafael Heliodoro Valle y de la revista "La Semana Ilustrada", que fundara con los hermanos Augusto y Vicente Monterroso, el propio Luis Andrés y Adán Canales.

"La Semana" es una publicación que todavía no ha sido superada en Tegucigalpa, y Augusto Monterroso, el guatemalteco aclimatado, múltiple, proteico y generoso, con Rafael Villafranca dibujaba las ilustraciones de la revista, haciendo caricaturas geniales de los personajes de moda mientras, a otros ratos, cantaba como galán joven de Mercedes Unda, la diva mexicana. Valle escribía bajo uno de sus alias sus famosas entrevistas como Luis G. Nuila y a nuestros personajes famosos les espetaba: "¿Cuál es su virtud favorita?" Y Froylán Turcios contestaba con señorial elegancia: "El valor moral...".

Augusto Monterroso todavía reprodujo sus impulsos publicitarios en La Ceiba con la revista "Vida", de corta duración. Pero, volviendo a los certámenes de belleza, habrá que decir que, de muchachos, nosotros también quisimos emularlos, y con Guillermo Bustillo Reina y Humberto Díaz a la cabeza, hicimos soberanas a Alicia y a Enriqueta Hartling y proclamamos a Nelita Matamoros. "Matinales canéforas cantaban hoy su canto, y su canto repite la voz de mi poema. Tus hombros fueron hechos para llevar el manto y tu frente es propicia para ceñir diadema"...

Así cantaba el gran poeta, recientemente desaparecido, a las reinas de belleza en actos que, para nuestra adolescencia, eran miliunanochescos. Años después yo quise repetir la aventura al recibir de regreso a una reina que, en San José de Costa Rica, había ganado el cetro de la belleza centroamericana. Al comenzar mis palabras de salutación desde uno de los balcones del Palacio Municipal de Comayagüela, hoy Escuela de Bellas Artes, y decir: "Señora mía...", un chusco me gritó: "¡Ten paciencia! Todavía no es tuya"...

Nuestra violencia e ímpetus juveniles explotaban en clubes de rompe y rasga como el Club Venus. Estoy seguro de que todavía existen exmiembros de esta furibunda cofradía que hoy exigía mejor gobierno municipal y mañana la emprendía con guerras de guerrillas a pedradas o semillas de paraíso de una ribera a la otra del Río Grande. No éramos los primeros: nuestros mayores, hoy señores muy respetables, habían inventado una masonería secreta y misteriosa que se llamó la "GPN", cuya sigla jamás supimos descifrar, ni tampoco sus ulteriores objetivos. Quizá Toño Rosa, Beto Gómez, Terencio Villafranca y otros puedan resolver el enigma.

Citaba, hace un momento, a la espléndida publicación de los hermanos Monterroso, "La Semana Ilustrada". Jamás estuvimos ayunos de buenas y saludables lecturas. Además de la revista del "Ateneo de Honduras", Turcios editaba su filigrana de carácter antológico que se denominaba "ESFINGE", donde se encontraba el pensamiento de los grandes cultores de la prosa y de la poesía, en trozos seleccionados o inserciones completas de Rimbaud y de Verlaine, de Julio Herrera Reissig y Leopoldo Lugones, de Emilio Carrere y Francisco Villaespesa.

Y en lo que se refiere a material científico, además de la "Revista del Archivo y de la Biblioteca Nacionales", labor benedictina de Don Esteban Guardiola, ahí está el sibarita, Barón de Franzenstein, un austríaco eminente que hizo de Honduras su segunda patria y que nos regaló con su insustituible "Revista Económica" que, en aquellos tiempos, se publicaba en español, inglés, francés y alemán. Es, sin duda alguna, la mejor publicación de su género que se ha editado en Honduras. Víctima de incurable mal, el Barón insigne epilogó su vida solitaria con un pistoletazo.

Y, al nombrar al Barón de Franzenstein no olvidemos a otro tipo digno de la serie de los personajes inolvidables: el ilustre alemán Gustavo A. Walther, progenitor de honorable familia, mecenas y amigo de presidentes, que pobló de edificios pintorescos las acogedoras alturas del barrio de La Leona.

Todas las mañanas, toalla al hombro, se discernía por la amplia Calle Real de Comayagüela una caravana de caballeros que, a pie, "haciendo ejercicio", —así se decía en aquellos tiempos—, se encaminaba al chapuzón matinal en las frescas y cristalinas aguas — así lo eran entonces—, del río que bordea la ciudad. Ya el gran poeta hondureño, nacido en Comayagüela, lugar donde naciera también Luis Andrés Zúñiga, Valentín Durón, Rafael Heliodoro Valle, Guillermo Bustillo Reina y Manuel Ramírez, -decíamos, ya Juan Ramón Molina le había cantado en estrofas bucólicas: "Sacude amado río tu clara cabellera...".

Eran raros y contados los hogares que en aquellos días contaban con servicios de baño, de todas maneras era óptimo colacear, (dar colazos), mientras se nadaba en las turbulentas aguas de la Poza del Socorro, en Los Encuentros y en otros lugares favoritos de lo que fue, por muchos años, el deporte de moda. Era necesario saber nadar porque los remolinos del Socorro, de ahí su nombre, ya habían reclamado numerosas víctimas. Nosotros íbamos también huyendo de las clases del Instituto hasta que el tío predilecto nos sacaba semidesnudos del agua a punta de correa.

En las partes secas, las lavanderas domésticas, con el agua hasta las pantorrillas, lavaban la ropa por una suma módica, después de asolearla en las piedras del río. Los diarios insertaban los llamados Partes de la Policía, en que a menudo se consignaba a más de un gañán que había sido conducido a la Central por faltas a la moralidad pública. La verdad es que, casi siempre, su único delito consistía en haberse bañado como Dios lo había echado al mundo. Pero en esto los "chontes", así se denominaban a los guardias públicos, eran sumamente estrictos.

No era una novedad encontrar en la carretera a los caballeros que paseaban en magníficas cabalgaduras, como hoy vemos a los jovenzuelos lucir sus carros nuevos. A los de corta edad nos gustaba atisbar desde los balcones a los que así paseaban, decirles adiós, y, sobre todo, que nos contestaran el saludo. Acompañando al Cónsul General de la Argentina, señor Manuel Zúniga, iba casi siempre el Doctor Manuel Zúniga Medal y con ellos, con todos los arneses y él luciendo la indumentaria requerida, el Señor Ministro de México, Don Crisóforo Canseco.

Pero, el más vistoso espectáculo para la chiquillada era el de los cadetes de la Escuela Militar del coronel chileno Luis Oyarzún. Era un regalo para la vista y un reclamo a la imaginación ver desfilar, entre otros, a Don Santiago Meza Cálix, a Don Vicente Tosta, a Don Abel Villacorta, a Don Mariano Bertrand Anduray, a Don Héctor Medina Planas, a Don Inocente Triminio, a Don Héctor Galindo y a otros caballeros que, con los años, tendrían relevante figuración en la vida pública.

Los uniformes variaban, pero cada uno de ellos procuraba brillar en las más elegantes de las cabalgaduras. En Chile el entrenamiento militar había estado en manos de oficiales alemanes, así que el Coronel Oyarzún introdujo el férreo casco prusiano, con morrión de plumas blancas, con todos los más vistosos entorchados y daba gusto ver a estos apuestos muchachos hacer derretir el corazón de las adolescentes, que los espiaban escondidas tras de los visillos y a quienes ellos saludaban con elegante inclinación de cabeza.

Después de la guerra tomó las riendas de la Escuela Militar una Misión francesa al mando del Coronel Alfredo Labró. Cambió el uniforme, desde luego, y contemplamos el que había tenido gran lucimiento en los campos de la Hecatombe del año 14. Y vino en seguida el delirio de las bicicletas. No sé si fue a un tiempo con las motocicletas, difícil proeza en que veíamos a Alfredo Midence, a Toyano Hernández y a "Bucho" Guerrero. El hecho es que se era un Don Nadie si no se tenía una reluciente bicicleta nueva.

Luis y Alejandro Mayr, naturalmente, fueron de los primeros. Digo naturalmente porque Don Alejandro padre, era el dueño de un bazar "La Cruz Suiza", tan bueno sino mejor que la "Tienda Americana", que era un remedo de los almacenes de cinco y diez centavos de los Woolworth y los Wanamaker. Y las tenían Rubén Clare Vega y Toño Rosa. Ellos condescendían y nos las prestaban a los que no las teníamos. Recuerdo que mi aprendizaje, en los campos donde ahora está El Obelisco, fue muy costoso. Mis padres tuvieron que pagarle el canasto de huevos a la señora...

Y ya que he mencionado los nombres de algunos de los comercios de la época, bueno será que me refiera también a los primeros hoteles y restaurantes de nuestro recuerdo. El Hotel Picadilly, seguramente idea de alguno que había estado en Picadilly Circus de Londres alguna vez, estaba donde ahora se levanta la Casa Presidencial y lo regenteaba el querido y popular Pachán Raudales. Este hotel, como el Bar Delmonico, seguramente a la usanza del famoso hotel neoyorquino, era el rendezvous de la sociedad elegante masculina de la época.

En seguida desapareció el Picadilly para, en el mismo sitio, albergar a la Legación de México. Todavía no habían embajadas pero Enviados Extraordinarios y Ministros Plenipotenciarios, como el muy ilustre Don Manuel Gutiérrez Zamora, de las mejores familias de Veracruz, eran un anticipo en la selección. Don Manuel era el prototipo del intelectual que nos familiarizó con Salvador Díaz Mirón y con Juan de Dios Peza y fue uno de los primeros en pensar en el otorgamiento de becas para nuestra juventud prometedora.

Era, sin duda, una época idílica y bucólica. Con decir que, temprano de la mañana, al no más despertar, íbamos a beber leche al pie de la vaca en los solares que hoy son predios urbanos céntricos. En Tegucigalpa, en Palmira, donde están las colonias residenciales de la familia Callejas. En Comayagüela, ahí no más, en las propiedades de Tomasita Verde, la que hacía los mejores caramelos de la niñez o, en la vecindad, donde Don Felipe Estrada y Don Leoncio Ramírez. Era una vida patriarcal.

Después de las primeras cosechas, cuando el maíz estaba aún tierno, había que cortarlo para hacer el atol y tener así un pretexto para las "atoleadas" en guacal. Recuerdo todavía, cuando vine a incorporarme para regresar a los Estados Unidos, mi mamá preparó la más suculenta atoleada en Loarque, en la linda casa de campo de Doña Camila de Soto, la esposa del acaudalado comerciante Don Santos Soto. Desde luego, ahí estaba todo el mundo, desde los amigos y compañeros de la niñez, hasta las nuevas generaciones de bellas y espirituales damitas.

Se ha perdido la costumbre, o al menos yo ya no me percato, de las piñatas. Así como los "peregrinos", que todavía hacen sus visitas después de la Pascua de Navidad, con sus pequeñas alforjas llenas de ricuras y alguno que otro "tostón"; las "piñatas" eran reuniones esplendorosas en las que se hacía derroche de frescos de "chibola", la secular pelota de maicillo y el infaltable "cartucho". ¿Habrá quien, de mis contemporáneos, que se haya olvidado de los cartuchos de ricas golosinas que nos daban, después del desfile de las Fiestas Patrias, en el Cabildo Municipal?

Este mismo cartucho, sólo que con orlas de negro, se obsequiaba en los fines de novenario. Y ahí los panes de rosa, los zapotillos, las rapaduritas, las botellitas de miel, los confites de anís y tantas otras maravillas azucaradas que nos dejaban repletos y, algunas veces, empachados. No era infrecuente que después se apelara a las manos taumatúrgicas de Tulu Maradiaga para sobar el vientre y restablecer la buena digestión.

La Pascua de Navidad, con los nacimientos y las alegres paseadas, y la Semana Santa, con la visita a los templos y la asistencia a las procesiones de rigor, eran nuestros espectáculos clásicos, excepto cuando la llegada del circo venía a romper la monotonía. ¿Qué fue de la mojiganga, de la giganta y los otros tipos estrafalarios y máscaras con que nos alegraba el gremio de mostrencos en la Fiesta de la Merced? ¿Qué se hicieron el torofuego, el castillo y los escupidores de los Fuegos Artificiales? Ya no volvió a bailar más el enano en las frías noches de diciembre y las serenatas al pie de los balcones ya están pasando de moda.

Pero es que había también actos edificantes en lo que a lo cultural se refiere. Stromsvik vino y nos habló de las Ruinas de Copán, el genial novelista Eduardo Zamacois nos dio una conferencia, Andrés Dalmau nos deleitó con su violín y Frégoli Vargas con sus funciones de magia y de prestidigitación. Trajimos los restos de Juan Ramón Molina, enterrados antes en un cementerio de San Salvador y Juan Ramón Aviléz, el ilustre nicaragüense, le hizo atildada apología.

Vinieron también Leopoldo de la Rosa y Ricardo Arenales, Rafael Arévalo Martínez y José Santos Chocano. La Academia Científico-Literaria volvía a renacer y el Ateneo de Honduras buscaba a Doña Lucila Gamero, a Choncita Padilla, a Bernabé Salgado y a Don Juan María Cuéllar para que hablaran en su honor. La juventud hondureña publicaba su revista donde lucían sus primeras galas literarias Julián R. Cáceres, Nicasio Gallardo, José María Berlioz Zepeda, Joaquín Soto y Manuel Escoto. Y había tertulias y veladas literarias donde se hablaba del "Pauvre Lelian", de Mallarmé y de "Las Flores del Mal".

Años después le haríamos honor también a Pablo Zelaya Sierra, el pintor por excelencia que, después de una temporada en Costa Rica, fue a España a perfeccionar su vena artística. Se revivieron las carrozas, y los actos en el Teatro Nacional, hoy Casa de la Cultura, estuvieron a la altura de las veladas lírico-literarias de los tiempos de Don Adolfo Zúniga. Siempre se recordarán las arias de Adriana Ariza, el arpa de Raimunda Zúniga, el piano de Camilita Bustamante, las subyugadoras melopeyas.

La paz eglógica y transparente era apenas sacudida por minutos sangrientos como el de la Sanchada, la insurrección de los cadetes y sus choques con los artilleros, la tragedia dominical de las tropas de los generales triunfantes José de la Paz Palma y Antonio Lara, que dejó tendaladas de muertos y heridos en la plaza de La Cagalera. Hasta que nuevamente el grito de rebeldía lo lanzara desde el barrio de La Plazuela el General Dionisio Gutiérrez, llevando con su popularidad a sus aguerridas huestes a los cerros, para luchar por las reivindicaciones nacionales.

Sí, para mal o para bien, hemos progresado. La población llega a los doscientos mil habitantes y la idea de los transportes de Don Porfirio Díaz Lozano ha proliferado con asombroso éxito. Olvidaba la autarquía del Doctor Tiburcio Carías Andino, nuestra economía está en auge. Contamos con 28 millones de dólares de reserva monetaria, las exportaciones pasaron de 31 millones, y las importaciones de 24 millones de dólares en el primer trimestre, los depósitos de ahorro son los mayores de nuestra historia y el ingreso nacional bruto excederá del de 1964. Sin lugar a duda, progresamos...

En aquel tiempo las puertas de las casas permanecían abiertas, hasta largo después de la oración. Había más confianza, más seguridad. Aunque, a decir verdad, para la medianoche, la débil iluminación de los faroles era propicia para que uno se tropezara con el "cadejo", o que oyera los relinchos del caballo encadenado, del que nos habla Doña Lupe Ferrari de Hartling en su librito sobre la antigua Tegucigalpa. Se respetaba la propiedad, a menos de que anduvieran de paso por la ciudad los "peroleros".

Así les llamábamos en mi niñez a los gitanos, los que sentaban sus reales libremente en cualquiera de nuestras plazas y en seguida se dedicaban a recorrer la ciudad para recoger y remendar con hábiles manos los peroles de cobre. No sé si todavía se utilicen en algunas casas estas milagrosas ollas en las que se cocían los nacatamales de la Pascua o se hacían las sabrosas "torrijas", que también tienden a desaparecer. Los peroleros eran ligeros de manos y si después de su visita hacía falta algo en la casa, seguramente podría encontrarse después bajo los toldos de los gitanos.

Otro de los hitos de antaño que desapareció con los periódicos y la radio es el bando. El bando consistía en una pequeña patrulla de soldados, con corneta a la cabeza, que recorría los ámbitos de la ciudad y en los lugares estratégicos paraba a fin de que el popular Pancho Padilla leyera el último ucase municipal. Pancho era todo un monumento, su dicción clara y perfecta, como que se trataba de un miembro de las mejores familias de Tegucigalpa y como tal, civil y educado, señorial y gentil.

Que se deben desyerbar las calles, que se deben asear los solares baldíos, que se deben pintar las paredes, todas estas cosas desfilaban en los bandos que leía el popular amigo, para repetirlo, dos esquinas más allá, con igual cadencia, con énfasis gubernativo. Y para nuestra curiosa imaginación era algo admirable que infundía respeto y acatamiento. "La contravención a estas disposiciones hará obligatoria la imposición de una multa que será cobrada gubernativamente sin contemplaciones de ninguna especie". Y si al terminar la lectura se nos volvía a ver, con temor pueril creíamos que la cosa era con nosotros...

Julio Connor, que con Pancho Peralta, Moncho Rigamonti, Pancho Landa, Juan Ángel Velásquez, Chito Villafranca, Bartolomé Jereda, Wilfredo Raveneau, Chichí Pinel y Héctor Leiva constituyen la inolvidable cofradía de tan fragantes días, me ha estado recordando otras cosas de la pícara niñez, que también formaban parte de este caleidoscópico pasado. Y tiene razón. Juntos íbamos a las Carreras de Cintas, juntos íbamos a ver a Zigomar y a Fantomas en el Salón Morazán, juntos íbamos al cine público y juntos asistíamos a las corridas de toros.

Julio recuerda a Sortija, nuestro toreador criollo. Yo recuerdo a Barbazul, seguramente porque el empedernido bohemio no se rasuraba para ponerse el traje de luces. Pero, en realidad, nuestro favorito era el torero payaso, el Mico de Hoyo. Ya había estado en nuestra Feria de Concepción un peninsular, discípulo de Frascuelo, que hacía la aterradora suerte de Don Tancredo, que consiste en convertirse en estatua muda e inmóvil ante los violentos embates del toro.

Dice Julio que nuestra novillada se embravecía más porque por tres días tenían a la becerrada en encierro y sin agua. Cuando salía, furiosa atropellaba a los diestros y entonces era de ver a Sortija y a Barbazul esconderse debajo de la caseta del cine público situada en medio del redondel. Entonces la inconsciente chiquillada la emprendía con los toreros: "¡Salgan a torear, cobardes...!". Y esta era la señal para que los toreros de la lengua dieran rienda suelta a su lenguaje patibulario contra la multitud impaciente.

En lo que a aparecidos se refiere, Tegucigalpa nunca pudo compararse en consejas con la antigua Valladolid, Comayagua. Nuestra mejor hora era después de que se había servido la cena y mientras la cocinera preparaba el nixtamal para las tortillas del desayuno, se hacía especial luminaria al calor del brasero y con su lenguaje peculiar la campesina nos contaba sus aventuras con la gente del otro mundo. Y aunque después nos caíamos del sueño, era difícil irse solo a la cama llevando los nervios de punta.

Las luminarias eran también señal de algún velorio en la vecindad y había los expertos y los técnicos que, colocados en lugar alto y estratégico de la ciudad a la caída del sol, se situaban en las casas de duelo para atisbar y presentarse a transportar sillas y bancas, ir a comprar el pan de yema o preparar la mixtela y el café negro. Y todavía hay los que recuerdan cuáles fueron los velorios más alegres de su experiencia, mientras la familia doliente, compungida, se recogía en sus habitaciones.

Y no era remoto que después de la noche de la vela la gente se fuera en bandada en la busca del Maestro Canseco, el singular Carlos Henríquez, autor de valses inolvidables, a pumpunearle la puerta y sacarlo sin despabilar, para que acompañara a la serenata para la niña de los sueños y así completar una noche romántica de aventuras, que perduraría como perduran aún estos imborrables recuerdos.

"Y hoy ¿qué dirán, Membreño y Pacán, que en vano derrochan el oro alemán...?". Tal cantaban los versos que, acompañados de caricaturas del lápiz genial de Enrique Galindo y de Salomón Ferrufino, publicaba el periódico oficial "El Arpón", que dirigía el poeta comayagüelino Alonso A. Brito, en apoyo de la candidatura del Doctor Nazario Soriano, favorito del gobierno del Doctor Francisco Bertrand. La patraña no pegaba. Estábamos en medio de la Primera Guerra Mundial y Honduras se había alineado con las potencias democráticas, y lo que vanamente se buscaba era el desprestigio de un eminente hombre de ciencia y de un pundonoroso militar, candidatos a la presidencia respectivamente del Partido Nacionalista y del Partido Liberal.

Ya Matías Oviedo había abierto antes la brecha para los periódicos de este tipo y su semanario "El Anillo de Hierro", y "El Alfiler", de Pituro Oquelí, punzante y demoledor, venían en línea recta de las publicaciones satíricas de "Mano" Sevilla y otros. Oviedo había vivido muchos años en el México convulsivo de la revolución de 1910. Era nuestro mejor panfletario, como Ricardo Alduvín era nuestro mejor orador de la época. Traía ideas nuevas para la prensa y el hierro candente de su crítica hacía que, temerosos, se revolvieran los políticos de oficio de aquel tiempo.

Se había dejado de publicar "La Prensa2, el diario oficial del gobierno liberal del General Miguel R. Dávila, en el que se aquilató el talento del sin par prosista que fue Paulino Valladares. "El Nuevo Tiempo", era más un periódico literario, dado el temperamento estético de su director, el gran poeta Froylán Turcios. A las finas crónicas de José Cruz Sologaistoa, a las gacetillas insuperables de Alejandro Castro (Alexief) y Fernando Zepeda Durón (Camilo de Rizzo), que hacían sus primeras armas en el diarismo, se añadían los artículos filosóficos de Bernabé Salgado y los folletines, al estilo de la mejor prensa francesa, de René de Maizeroy, Jorge Ohnet y de otros cuentistas galos.

Fue "El Nuevo Tiempo" el que inició las secciones literarias en donde los adolescentes conocimos, en perfectas traducciones, la producción de los mejores ingenios europeos y americanos. Paúl Marguerite, los hermanos Goncourt, la generación del 98 en España, Gracia Deledda, Gabriel D'Annunzio, Anatole France, Gerhard Hauptmann, Eça de Queiroz, Walt Whitman, José Enrique Rodó, José Ingenieros, Graça Aranha, José Asunción Silva, José María Heredia, Manuel Gutiérrez Nájera, Juan Montalvo, entre otros ilustres, eran nombres familiares con quienes Turcios puso en contacto a la ansiosa juventud de aquel tiempo.

Y mientras las señoritas "bien" recibían clases de piano donde Nelita Ugarte y donde las hermanas Vijil, nosotros, la chiquillada, nos aglomerábamos a las once de la mañana para ver salir a las niñas del Colegio "La Instrucción", el mejor y el más "chic" de su día, dirigido por las eficientes educadoras guatemaltecas Cecilia Micheo y las hermanas Saravia. Vestían con un uniforme nítido, de color azul marino, con golas y tirantes y toca adecuada, los que seguíamos con nuestras miradas y con nuestros ardientes suspiros.

Efectivamente se impartía buena educación musical en aquella época, y las buenas familias habían enviado a sus hijas a Liverpool, a París y a Hamburgo para perfeccionarse en el piano y en el aprendizaje de los idiomas. Recuerdo que en el libro de Scherzer, de hace más de un siglo, ya relataba que su mejor impresión de Tegucigalpa había sido, después de atar al poste su cabalgadura, entrar en una casa solariega donde se le había recibido con lindos "lieds" alemanes, de señoritas que hablaban varios idiomas, pintaban lienzos y tocaban maravillosamente el piano.

Años después vinieron dos inolvidables maestros extranjeros: el Maestro Tomás Escamilla, salvadoreño, y el Maestro José Luis Pinzón, guatemalteco. El exilio, si ha servido para algo, ha sido para llevar de un lugar a otro a gente talentosa y preparada que se aclimató y se quedó a vivir en el nuevo país. Escamilla era un maestro en el órgano. Ora nos deleitaba con trozos clásicos durante las misas solemnes, ora amenizaba las fiestas sociales con las piezas de moda.

Las películas del cine mudo hubieran sido otra cosa de no haber intervenido los dedos mágicos del Maestro Pinzón. "Quo Vadis", de Sienkiewicz, la edición italiana, o "Cabiria", de D'Annunzio, nos habrían deleitado menos a no ser que Don José Luis ejecutaba, según la escena, selecciones de música clásica. Era parte del espectáculo, que en seguida desapareciera con el advenimiento del cine hablado. Desde luego, la marimba era otro instrumento de recreo para todas las funciones públicas, ya en el cine, ya en los actos sociales de categoría, hasta que finalmente también se desvaneció.

Pero que nadie nos diga que, al filo de la medianoche, no era más grato oír el vals "Plenilunio entre Ruinas" u otra canción romántica de la época, que los "cha-cha-chá", ahora de moda, en medio de una serenata. Pero es que los poetas casi nunca se equivocan y estuvo en lo cierto el que una vez dijo: "¡Oh Julieta, Oh Margarita! vuestro recuerdo es al fin, a manera de un jazmín, de primavera bendita. ¡Oh balcón de aquella cite, por lo romántico, loca, pues cualquier palabra es poca, para decir lo que yo sentí, cuando ella me dio de comulgar en su boca"... y este es el perfume que destilan aquellos días románticos que hemos querido preservar a vuela pluma, pues ni estos nombres ni todas estas cosas pueden ya jamás borrarse de la mente y, mucho menos, escapar de nuestro corazón.

En diferentes épocas y ocasiones he pretendido reavivar el recuerdo de los juegos de la infancia, sus características, sus temporadas. A lo mejor la vida ha seguido con ritmo igual y, como a menudo acontece, el único que he cambiado soy yo. Por ejemplo, estamos en el mes de noviembre y esta es la época de los papelotes, de los barriletes, con o sin luneta, pedacito de vidrio que les poníamos en la cola a los más audaces y atrevidos, tamaño de hombre, con recias barbas, para abatir los de nuestros afortunados rivales. A veces se desenvolvían las más reñidas competencias con fuertes partidos de oposición.

¿Cuándo es que se juegan a los mables o a las canicas? ¿Cuándo era que andábamos en zancos? ¿Cuándo usábamos las hondas y cuándo la red para cazar las mariposas multicolores? ¿Cuándo están de moda el tejo, la rayuela, y los trompos? ¿Cuándo son las competencias de enchute, con sus respectivos redobletes? Recuerdo que, en mi caso, no me atraían tanto los mables alemanes que se vendían en vistosas bolsitas, como las "bolas" requeteestropeadas, con las que podía hacer toda clase de suertes. Desde luego que nos atraían también las perindas, pero eran los trompos que hacían en la carpintería del Maestro Peña y que se vendían en un decir Jesús, lo que más codiciábamos. Y las lágrimas rodaban ardiendo por las mejillas cuando, habiendo perdido en el juego, con la afilada punta del trompo vencedor se le abría la barriga a nuestro mejor bailador.

Cuando nos aburríamos jugábamos a saltar la cuerda, y el juego favorito era uno, seguramente de origen inglés o norteamericano, en que terminábamos saltando sobre las espaldas del compañero, al tiempo que colocábamos nuestros pañuelos diciendo "esputijankerchif", que con los años vine a descifrar después con la frase "I put my handkerchief". Y, ¡ay! del que los derribara al saltar porque entonces su espalda era la que nos servía para reiniciar el juego. ¿Se juega todavía? ¿Se juega el "esconde-esconde el anillo"? ¿Se juega "Nanabuela, que ha perdido", las "candelillas", el "ángel de la bola de oro" y "vamos a la huerta de toro-toro-gil"? ¿Materín-lerín-lerero?

Lo que pasa sencillamente es que, como es natural, los juegos han cambiado, y a la "gallina ciega" que inmortalizara Francisco de Goya, la reemplaza ahora una alegre "cocacolada" y a los "rezos" en familia los sustituye el cine y la televisión. Nunca fuimos muy aficionados al juego de los gallos, pero teníamos un tío con mucha suerte con ellos y en su casa nunca faltaba, por lo menos, una media docena de estos arrogantes gallináceos, de multicolores plumas y apuestas crestas, que nos despertaban desde temprano de la mañana con su escandaloso canto.

Y aunque su derrota significara la pérdida de buenas bambas para el querido familiar, no dejábamos de desearla en ocasiones para así poder disfrutar del suculento caldo, el gallo en chicha, que preparaba la amorosa tía. Y, a propósito de delicias para el paladar, nosotros, que habíamos aprendido en la escuela que las maravillas del mundo eran las Pirámides de Egipto, los Jardines Colgantes de Babilonia, la Estatua de Zeus por Fidias, el Templo de Artemisa en Éfeso, el famoso Mausoleo de Halicarnaso, el Coloso de Rodas y el Faro de Alejandría, nosotros teníamos también las que considerábamos las maravillas de Honduras.

Ellas eran, aunque no en su estricto orden, las naranjas de Güinope, los mangos de El Bosque, las piñas de Choloma, las rosquillas de Morolica, los aguacates de El Guante, el pan dulce de las Padilla y de "las Inglesas", los alcitrones de doña Lastenia, que vendía Moncha Fiallos, los caramelos de ajonjolí de doña Irene, el pan blanco de don Juan Vallecillo, las galletas de soda de La Colmena, los pasteles de Tacho Valle, los nacatamales de las Garay, los "frescos" de Ninfa, y las ciruelas cocidas, especialmente las que se vendían en el cementerio en el día de la Conmemoración de los Difuntos. Ya he hablado de los confites, colmenas y golosinas que todavía quedan como un recuerdo.

Las "funciones" o ferias de los pueblos vecinos eran otros tantos pretextos para contratar la carreta de bueyes, que cargaba con toda la familia para lugares "lejanos" como Mateo y Las Casitas. Allá pasábamos varios días bañándonos en el río durante el día y prendiendo "luminarias" en las noches, alrededor de las cuales contábamos cuentos o nos dedicábamos a los juegos infantiles. Mis visitas a la Península, más tarde, me hicieron evocar los naipes o barajas españolas con las que jugábamos "perro", "fusilico" o "la pelota de jabón".

Pero también, durante las funciones religiosas no dejábamos de concurrir al templo todos los días, a oír la misa solemne y hasta rondar por la casa cural, donde el buen padre desayunaba con espumoso chocolate. En nuestras fiestas de Primera Comunión no podían faltar las alforras, los tamales, el totoposte, las chambergas, los marquesotes embetunados y los marquesotes de mantequilla. Y en el mes de mayo ayudábamos a hacer los ramilletes que se llevaban al rezo de "las flores de mayo" como regalo a la Madre Celestial.

Así se deslizaba tranquila y apacible nuestra niñez a menos de que el Río Grande nos amenazara con una nueva incursión como la que una vez se llevó el puente; teníamos que cruzar en una canasta o góndola provisional y para atravesar las calles inundadas se colocaban puentes portátiles; o a menos que un buen día amaneciera El Picacho, Juana Laínez o El Berrinche con la enarbolada bandera de una nueva revolución. Entonces se sobrevenían los días tristes, las entradas y salidas de tropas, el regreso de las ambulancias con los heridos y el duelo se apoderaba de todo nuestro ser.

Se agotan los recuerdos o se seca la fuente de la memoria. Terminaba las cuartillas anteriores con la nota triste y melancólica, bajo un toldo de penas. La guerra civil era apenas una parte de la congoja cotidiana. También a veces nos amenazaba el hambre y el gobierno pedía maíz a California y las amas de casa atesoraban la harina y otros víveres que, en mi casa, solo servía para atraer a las ratas. La revolución hacía que contempláramos sucesos bochornosos, como el derrame del aguardiente en las calles para evitar los saqueos.

Se debilitaba el recuerdo añejo de las invasiones de los indios Curarenes y Texíguats, como se olvidaban ya el recuerdo del Año del Polvo, cuando hiciera erupción el volcán Cosigüina en 1835, con cuyo relato se llenaba la boca de la querida abuelita Tomasa Cabrera. Pero la peste estaba siempre con nosotros; si no era la fiebre amarilla y la peste bubónica en los puertos, era la viruela la que asolaba los campos y las ciudades. Y entonces todos nos llenábamos de terror, se cerraban con tranca puertas y ventanas, como si con ello se pudiera extirpar el temible flagelo.

Y entonces ya no eran nuestros héroes los andrajosos soldados victoriosos, que desfilaban con sus escarapelas multicolores —a veces rojas, a veces azules —, montados en famélicas cabalgaduras, marchando al sol bajo los artísticos arcos triunfales que, en su honor, levantara el populacho sin memoria, sino los médicos que, como Trino Mendoza, don Julián Baires y don Juan Sierra, desandaban el camino hacia el Lazareto, montado en Toncontín, donde hoy está la Escuela Nacional de Aviación.

Al filo de la medianoche pasaban las lúgubres carretas, rebotando sobre el empedrado, con su carga fatídica de los evacuados o, la más ominosa todavía, de los cadáveres en ruta al camposanto. Y nuestra admiración crecía todas las mañanas cuando, por las rendijas de los balcones, temblorosos nos atrevíamos a ver pasar a los generosos médicos que, desde entonces, comenzaban a portar el esperanzador brazalete de la Cruz Roja.

Otras escenas espeluznantes habían de conmovernos también cuando, por en medio de la calle, se hacía desfilar a mujeres engrilladas, por motivos políticos o a los condenados a muerte. Nuestros padres procuraban ahorrarnos el penoso espectáculo pero, dominados por la curiosidad, escapábamos a su vigilancia al tiempo que, al redoble de los tambores y marchando con un pequeño piquete de tropa, se llevaba al patíbulo a Indalecio Cruz, reo de asesinato, hierático e impasible entre un abrumador silencio.

Pero, niños al fin, todo lo olvidábamos si, en ocasiones próximas, desfilaba la Banda Marcial tocando alegres marchas, engalanadas con sus flamantes uniformes y portando nuevo instrumental, nosotros corriendo tras de ellos en medio de la algarabía que armábamos los chiquillos y los escandalizados perros. El motivo era lo de menos porque lo interesante era gozar de los momentos de exaltación. Si eran las fiestas patrias, nos subyugaban los incomprensibles discursos de los oradores, las recitaciones de las niñitas, las alegorías en andas, máxime si se trataba de amiguitas nuestras, caladas con gorro frigio y arropadas con símbolos nacionales.

Si éramos nosotros los que desfilábamos —que lo hicimos una vez, como gimnastas del Colegio San Miguel—, nos fascinaban los grupos que se formaban en las esquinas, los que se amontonaban en las puertas de las casas, comentando, mientras fumaban "viejitas", los cigarrillos de tusa que estaban de moda entonces y que se hacían en las casas, aromados con vainilla y gotas de pericón y se vendían por centavitos en la pulpería de la esquina.

Y las fiestas escolares nos retrotraen al recuerdo de los viejos y queridos maestros, a Meches Valle, Toña Lagos, Florencia Fiallos, a don Casimiro Matamoros, a don Napoleón Tercero Peña, a Reinaldo y a don Camilo Zelaya, a don Agustín Alonzo, a Chanito Castro, a don Julio Azpuru España, a don Félix Salgado, a don Luis Landa, a don Esteban Guardiola, a don Norberto Guillén, a don Julián López Pineda, a las dulces maestras de los párvulos en la Escuela de Comayagüela, donde hoy está la Facultad de Ingeniería, a los profesores de educación física y militar.

Y así como recordamos las excursiones a pie, por montes, valles y collados cercanos, aprendiendo deleitándonos con las lecciones de Botánica e Historia Natural, así recordamos las fugas de las filas escolares cuando se nos quiso implantar la instrucción militar obligatoria, que amenazó con una expulsión en masa de todo el estudiantado. Nos gustaban los ejercicios gimnásticos, en clases servidas por cadetes y artilleros, en barras y paralelas, pero huíamos de los ensayos con rifles, sobre todo porque eran después de las horas de la agotante jornada académica.

Y llegamos al final de estos renglones, emotivos por lo dichosos. Dice Jean-Louis Schomberg que lo que cuenta en el paisaje no es el paisaje mismo sino lo que en él se crea, lo que en él se pone de sueño. La inquietud y el desasosiego jamás entraron en nuestros planes para vivir la vida plenamente y procurar ser felices. Para ello contábamos con todos los ingredientes: la familia, los amigos, el panorama infinito. Nuestro ámbito era quizá reducido, limitado. Pero no lo cambiaríamos jamás por otro, pues "no todo lo que relumbra es oro". Y aquí dejamos el recuerdo, que el despertar agridulce de la adolescencia y de la madurez no podrá ya mancillar nunca.

Los brasileños tienen un agudo sentido de humor. Recuerdo que una vez, charlando en Río de Janeiro con mi particular amigo el jurista Epílogo de Campos, le preguntaba por el origen de su extraño nombre. Sonrió mientras me contaba que su familia de provincial había sido numerosísima y que al fin su padre había decidido ponerle punto final a sus vástagos cuando nació él. "Me puso Epílogo –

comentaba bonachonamente– y cuando, con el tiempo, nació la que es ahora mi hermanita menor, con la mayor naturalidad la bautizó con el nombre de Errata...".

Lo anterior –para agregar un nuevo capítulo final a estas reminiscencias que, gracias a la bondad de los lectores –sobre todo, los de mi tiempo–, han sido recibidas con tanta benevolencia. Pero es que las cartas, los telegramas, los mensajes telefónicos y las entrevistas callejeras me hacen comprender todo lo que he dejado por fuera y que es digno de relatar. Un buen amigo me decía con resentimiento: "Has discriminado y has dejado por fuera a Naya Coello, con su Copa de Oro y a Lubina Galindo, la sin par Lubina...".

Y tiene razón. No se puede hablar de la Tegucigalpa de otros tiempos sin evocar a las mujeres y a los hombres que le dieron su colorido especial, que la llenaron de seducción y de encanto, que para nosotros, los mocosos y los mozalbetes de mi tiempo, la poblaron de singular prestancia. Las viandas que confeccionaba Lubina, sobre todo para los días de la Pascua de Navidad, y la calidad de la repostería de Leonarda Coello no podrían ser pasadas por alto porque entran en el dominio de lo clásico en su especialidad.

Una honorable matrona me hizo el dulce reclamo de que no había sido lo suficientemente explícito en la descripción de los aciagos días del temporal que en los días del relato, aumentó el volumen de las aguas del Río Grande y amenazó la existencia de los vecinos de sus márgenes. Comayagüela se había convertido en anchuroso lago y la corriente arrastraba con las pertenencias domésticas de todo ser viviente en sus alrededores.

Otra buena amiga y gentil artista, mientras me reprochaba mi pueril olvido de que mi debut en las tablas había sido sentado en sus piernas, haciéndolas de hijo del poeta mexicano Juan de Dios Peza que, con travesura, le da vuelta y media a sus bolsillos, arrojando su contenido por doquier, me preguntaba si recordaba las zarzuelas que, año con año, presentaba la Escuela de Niñas de Comayagüela para su clausura. En efecto, recuerdo "Los Ratas". "Soy el rata primero, y yo el segundo, yo... el más feo..." hasta que los perseguía la Policía.

Así aprendí de niño el significado de la palabra rata mientras, en los ensayos, me entretenía haciendo los petatillos de papel lustroso que me había enseñado la Niña Tona Lagos, mi Maestra Escolástica, a quien jamás olvidaré por su sin igual ternura. A veces me le escapaba, pero solo por ratitos, para arrastrarme e ir a escuchar los celestiales gorjeos de Adela Valladares, emula de Ticha Lagos, que se preparaba para los cantos de la Iglesia de Concepción, o para ir a robar caramelos a la pulpería de Monchita Arrazola.

Tampoco hablé antes de las picardías cometidas en clase, siempre en pandilla, para comentar la paciencia de los buenos mentores y la lealtad de los compañeros de aula. No obstante, el otro día alguien se acordaba todavía de cuando hacíamos el Don Tancredo desde los banquillos más altos de que disponía el Instituto Nacional, en los tiempos de los inspectores Don Alberto Sierra y de Don Manuel de J. Garay. Pero sabíamos con quién hacerlo.

Jamás habríamos cometido la más leve falta en la clase de Aritmética Razonada, que nos daba el catedrático Pedro P. Amaya, graduado de Maestro de Estado en Chile. Entiendo que el ilustre pedagogo era de Yoro. Se paseaba por la clase a grandes zancadas, con las manos atrás, en silencio. De pronto con su vozarrón portentoso, comenzaba a preguntarnos la lección: "Si tenemos..." Y aquí desarrollaba el teorema con minuciosidad, para interrogar de súbito al más desprevenido de los estudiantes. Y, ¡ay! del que llegara tarde a clase...

Igual cosa ocurría con el Dr. Julián López Pineda, que acompañaba las definiciones con los ejemplos más prodigiosos de metáfora, sinécdoque y todos los tropos habidos y por haber. En la lectura era sumamente estricto y al que por nerviosidad tartamudeaba, lo sentaba con ademán olímpico. Sus clases constituían un verdadero placer y a él, a Rafael Heliodoro Valle, a Luis Andrés Zúñiga y a Joaquín Soto les debo saber todavía las poesías que aprendí de memoria en mi infancia.

De esta época data nuestra afición por los periodiquitos mecanografiados. ¿Sus nombres? Seguramente se acuerdan de ellos Luis Rivera Martínez, Santiago Chavarría, Juan Ángel Zelaya, Alejandro Lara y los recordarían los queridos muertos Humberto Díaz, Ramón Carías Reyes, Guillermo Bustillo Reina y Arturo Martínez Galindo. Cuando en plática, no hace mucho, me acordaba de ONIX y de CASTALIA, alguien con mejor memoria me apuntaba:

"Estás equivocado: el primero se llamó EL AUTOMÓVIL". Y así debe ser porque, en aquel entonces, este era un artefacto endemoniado cuyo mecanismo no acabábamos de comprender.

¿Será este el epílogo de recuerdos tan gratos? No lo sabemos. Lo que sí sabemos es que hemos dejado muchas cosas, agradables algunas y desagradables otras, que en seguida han de venir a atormentarnos.

JORGE FIDEL DURÓN

¿HA CAMBIADO TEGUCIGALPA?

No es la vida la que cambia, lector, somos nosotros. Tampoco nosotros, uno a la larga no cambia sino que desaparece y otros para sustituirnos aparecen. Ese es el real juego que fluye arrebatándonos con nuestra existencia. Entre tanto las campañas de la catedral redoblan. La vida nunca corre, corre y corre. Cada uno como individuo o como sociedad júzgase el centro del mundo. Ilusiones. El desfile tiene en la voluntad de Dios el resorte para movernos. Allá vamos todos, aquí vemos que han desaparecido miles, ahora asoman los que vienen a sustituirnos, pero mientras tanto el Río Grande hinchado o como hilo prosigue y su cantor duerme debajo de la sierra que lo vio nacer.

Bien, yo hablaba solo pensando como Perogrullo con la evocación enumerativa de nombre y costumbres que Jorge Fidel Durón hace de Tegucigalpa; recuento de la gente que se nos ha venido muriendo uno a uno desde principios de siglo. Uno se pregunta cómo puede subsistir Tegucigalpa sin ellos, puesto que ellos le daban el tono. Sé cuál es la respuesta: Tegucigalpa es otra. Miento: Tegucigalpa es la misma. La misma, revestida con otro estilo de vida; no se hacen ni se dicen las cosas que se decían. El teatro es el mismo, aunque remozado en su estructura, pero el observador de entonces que todavía sobrevive, repara que se ha modificado la escena y son otros los actores.

Veamos cómo eran aquellos: tenían un ritmo pausado, hoy nos parece acelerado, el teatro se ha agrandado, ha ocupado hasta los cerros vecinos y tanto los autores como los espectadores han aumentado de número. Nos parece otra la fisonomía y nos ponemos tristes porque algo de nosotros ha desaparecido. Pero los teatros, como las ciudades que también lo son, se remozan únicamente. Por eso –sépanlo los jóvenes– abolir el pasado es absurdo, es imposible, el pasado está dentro de nosotros y lo traemos encarnado cuando nacemos. El Karma de los súbditos de la India consiste en el impulso que viene del pasado y que es el mismo que nos mueve a actuar. Nadie podría hacer, sentir o pensar nada si no fuera por la fuerza motora implícita que es el Karma y que está adentro de cada uno de nosotros. El pasado de Tegucigalpa lo llevan los nacidos ayer, aunque no lo sepan. Es que acaso el mismo Occidente, incluyendo a toda Europa y América, ¿no constituye el fruto de un solo foco unificado y tripartito: Jerusalén, Grecia y Roma?

Somos lo que esos tres nos enseñaron: Religión, Arte y Filosofía, nuestro Derecho, instituciones políticas y sociales. Todo eso viene de allí. Sí señor: por eso un chino o un árabe carece de todas esas cosas arriba enumeradas, ni piensa, ni siente, ni reacciona ante iguales fenómenos exteriores como lo hace un occidental. Es que su origen religioso, cultural e histórico es otro. Se me dirá que en el caso de Hispanoamérica hay un ingrediente más de indigenismo. Puede ser, puede ser. Somos lo que fuimos, por más que en otro disfraz y cumpliendo la moda del momento. Nada más. Repudiar lo que nos ha precedido importaría volver a la barbarie. El lema de los jóvenes: Vivid con la época no consulta que cada una está atada interiormente a la anterior: sus padres físicos y sus hábitos espirituales les formaron su espíritu porque aquellos encontraron lo mismo en el mismo hogar tegucigalpense.

Bien, ¿qué era antes Tegucigalpa? Había una estructura de la realidad vital que no siempre entiende el bisoño habitante de ahora. Aunque parezca mentira, la vida era más determinada y más decisiva. Es que ahora nuestro espíritu está trabado por nuestras exigencias económicas. Por lo demás las presiones colectivas son más fuertes que nunca; la radio, la difusión de prensa, la red administrativa se han extendido y unificado regimentando y disminuyendo la acción del individuo. Entonces el poder público se ejercía sobre un repertorio de cuestiones muy limitado. Hoy la vida es más uniforme y hasta los fenómenos sociales como el sindicalismo y la nueva conciencia del trabajador, eran desconocidos. Se vivía con otras pautas: menos amparados por la ley y el Estado, pero disfrutando de una vida familiar y social más íntima.

Así me parece que vamos explicando lo que fue, pero no lo que fueron nuestros muertos.

Eran un tipo de hombre que cada vez escasea. Vivía este hombre para la intimidad de familia, para el ocio social, para la ayuda mutua, para fe de tantas virtudes que se han perdido al contacto de lo que afluye por los canales del cinematógrafo, la prensa y los viajes al exterior. Pero vamos a lo que íbamos: Jorge Fidel simplemente enumera nombres y evoca determinadas ceremonias públicas y unas tantas costumbres de la época. No hace deducciones y tampoco valorizaciones, hace de brillante periodista y no de sociólogo ni de filósofo de la historia. Pretenciosa es nuestra actitud que al querer recapitular, marginando lo suyo, algunas apreciaciones. Habría sido necesario, me digo yo, que tú hubieses, hombre, añadido a esa mesocracia de Tegucigalpa los estratos más humildes. Para el caso, el atentado permanente a la vida humana por parte de los forajidos de La Cuesta, particularmente los domingos, en que borrachos, asaltaban al viajero en La Cuesta, diz, las afueras de Tegucigalpa. Cuchillo, pistola, pues se sembraba de cadáveres el camino.

El hombre, a lo que me alcanza, era valorizado entonces en lo que era y no en lo que tenía. Su dinero no añadía importancia. Las diversiones eran más modestas, pero no mecanizadas, pues radicaban en los conciertos de la Banda de los Supremos Poderes, nombre ramplón; en el circo de Serapio López que el autor de Cosas de Tiempos Pasados nos recuerda; en las visitas familiares, en los centros culturales, en la Biblioteca, visitada por la noche y en los bailes en que actuaba la crema de la sociedad.

Ya nuestro querido amigo nos recuerda las arias de Adriana Ariza, el arpa de Raimunda Zúniga y el piano de Camila Bustamante. También movían a peligro y daban pasto al espíritu con sus rumores las sublevaciones o insurrecciones. Qué miedo, Dios mío, para los de arriba y qué alegría, Dios Santo, para los de abajo. El Gobierno era un "subebaja" y por eso se decía hoy arriba y mañana abajo. Lo mejor era no hacerse el soberbio, pues. En suma, que había un "color local", disuelto ahora en el cosmopolitanismo traído por la máquina.

Pero tampoco se crea que ese carácter en que conviven lo criollo con lo importado, lo mismo en artefactos que en usos, es típico de Tegucigalpa, no: ello subsiste todavía a lo largo de las ciudades de Hispanoamérica en que puede verse en sus plazas al vendedor del periódico, al de billetes de lotería y al lustrabotas. Pero también cerca del hocico de una yunta de bueyes o un caballo ensillado aparece un automóvil Cadillac o un criollo tocado con indumento de tipo internacional. En suma, cuando irrumpieron el teléfono y los automóviles era fácil deslindar la frontera entre la realidad y la ficción. Uno miraba con delectación tales cosas como si además de signo de civilización puramente mecánica, fuese una obra de arte. Uno soñaba y se sentía orgulloso de que sus ojos conociesen semejantes maravillas. Es que había una cierta bondadosa ingenuidad, casi candidez, poca malicia, ninguna desconfianza. En suma, que la crisis espiritual para aquellas buenas gentes no existía.

La civilización no era un caos, como ahora juzgamos. Todo tenía respuesta, el arte no era cuestión problemática, sino asunto resuelto para los artistas. Las instituciones estables y lo que aquí no se sabía, bastaba consultarlo afuera. No era como el actual, un mundo de inseguridad, sino que entonces se pisaba el suelo con firmeza. Debo subrayar una observación sobre la equivocada noción de todos los hispanoamericanos de juzgarse islas cuando son eslabones de una sola realidad social, étnica y económica, separados por matices de grado y no por esencias. Así tenemos que costumbres de Tegucigalpa, fueron comunes en Lima, México o La Paz de Bolivia, como las piñatas, las carreras de cintas, la riña de gallos, las luminarias, es decir, lo impuesto en la colonia por España. Del propio modo las retretas o conciertos en las plazas de armas. Pero ninguna costumbre más South American que los golpes de Estado, los bandos, que aquí en pleno Buenos Aires alcancé a leerlo estampado en la pared cuando cayó el Presidente Irigoyen y lo sustituyó el Presidente Uriburu.

Es que políticamente subsisten los resabios y salvo Chile, Uruguay y Colombia, carecemos de verdadera superación política. Olvidaba Costa Rica. Pero de costumbres no importadas, mal estuvo Sarmiento al dividirlas en Civilización y Barbarie. Como si aquellas fuesen lo primero y lo importado lo segundo. Ojalá en la Argentina subsistiera la hidalguía del gaucho, la palabra empeñada del criollo del siglo pasado, la confianza y maneras corteses de la magnífica sociedad que en este gran país hicieron posible la cultura social de principios de éste.

Mira uno del horizonte y se pregunta: ¿a dónde vamos? No lo sabemos. ¿Sabe acaso el mundo sin un programa de redención hacia dónde va? Sólo una religión vital nos puede salvar.

De nada vale la ciencia moderna, de nada el humanismo renacentista, si en nada creemos, si el hedonismo está en boga y una doctrina que es la herejía del cristianismo nos amenaza. Tampoco nos puede salvar el capitalismo industrializado. He aquí por qué lo que fue podría tener virtudes éticas que hemos perdido. Pero es tema aparte de lo que tenemos entre manos. Creo para mi coleto, que nuestra salvación radica en el acontecimiento de nuestro momento histórico, esto es, en el acercamiento material y moral de Oriente con Occidente. Lo que aquí nos falta lo tienen ellos: lo tiene la India, lo tiene la China, lo tiene el Japón y ellos recibieron lo nuestro: inventos y civilización mecanizada. Bien; no divaguemos. Tegucigalpa es parte de un hecho histórico y material mayor que se llama Hispanoamérica.

Somos todos un mundo en sí: tenemos costumbres y usos que nos dejó España durante la Colonia, tenemos una nueva pátina de usos impuestos posteriormente por la industria mecanizada. Somos pues algo híbrido: lo aborigen y lo importado. Muchas de aquellas diversiones, ceremonias y hábitos sociales se han superado y suplantado con el cinematógrafo, la radiotelefonía y la televisión. Hoy existen los desfiles militares, los discursos radiados o televisados y el dinamismo desplazándose de un lugar a otro ha suplido a lo estático. Como Kant que nació y murió en su pueblo, así nos pasaba. Era aquella, como en la Edad Media, más una comunidad y es ésta más una sociedad. Fíjense ustedes lo que sucede allí como aquí entre el hombre y las cosas, entre el hombre y los otros, entre el hombre y la realidad, entre el hombre y la vida y también entre el hombre y sí mismo.

Solicitado uno por el mundo exterior, hoy atrayente y poderoso, hemos dado la espalda a nuestro universo interior y somos unos desconocidos de nosotros mismos; mientras antes nos movíamos impulsados por el ritmo orgánico ahora nos empuja el ritmo mecánico que desde afuera nos maneja como máquinas. Por eso estamos desorientados y enloquecidos buscando el punto de gravedad adentro de sí mismo. La época está trastornada por la máquina. El acento sólo en una parte de nuestra personalidad que es la inteligencia y la voluntad y hemos dejado de lado, sin tocarlas, las otras fuerzas psíquicas que integran, como imaginación, sensibilidad artística, fuente estética, filosófica y mística. El hombre actual es una fracción de sí mismo. Por eso nos hemos dado a ganar dinero, siendo así que el dinero es un medio para satisfacer los sentidos y no la apetencia del espíritu.

El hombre es feliz cuando atiende a los impulsos profundos de su alma, los suyos y no atiende a las modas de afuera. Con lo primero se satisface a sí mismo y con lo segundo a los demás, es decir, a la mera vanidad que no sirve para la seguridad de sí mismo. Claro es que hemos progresado, podemos ofrecer al extranjero desarrollos técnicos, pero de nada sirve modificar las cosas si el hombre no modifica su naturaleza humana. Quiere esto decir que se vivía mejor con el Teatro Manuel Bonilla, con los viajes que hacían los enfermos al Hospital Rosales de San Salvador, con las romerías a Suyapa, sin deportes internacionales, sin calefacción central, sin ascensores, sin aviones? Nada de eso. Pero no se crea que la tradición hay que borrarla. Somos los que fuimos o no seremos nada. La felicidad no existe afuera sino adentro de uno. La civilización industrial no es un fin sino un medio. El tener no es ser. La dimensión de la historia moderna no debe constituir la superación o la plenitud de la historia universal.

Sabemos que en muchas cosas vivieron mejor los griegos y en otras la Edad Media. En arte, en literatura, se creía (aludiendo a Centroamérica) en la mera artesanía, como el caso de Froylán Turcios, hoy sabemos que debe prevalecer no la ampulosidad sino la espontaneidad y lo creador, etcétera. En suma, el hombre ayer vivía sin problemas, el hombre actual agotado por conflictos personales y sociales, acosado por dudas, perdió la energía que acompaña a la unidad. El hombre ya no vive en una comunidad.

Pero es hora de rematar este disloque. Lo sentimental prevalece cuando uno se acuerda de tiempos idos. Optemos por las reflexiones comparando el punto del cual partimos y el otro punto al cual hemos llegado. ¿Estamos? Claro es que en esto como en todo hay un pro y un contra. ¿Verdades? Sí, uno anda en busca de verdades, sobre todo de creencias. De ellas nos han despojado y esa es nuestra penuria y no la que proclama el comunismo. Yo por el momento aportaría una verdad: lo único seguro, diría, es la inseguridad. Otra: no existe lo absoluto. Todo es relativo. Por eso, prójimos de sangre y tiempo y tierra, a vosotros os endilgo mis preguntas: ¿no es verdad con Campoamor que todo es según el cristal con que se mira y con Sócrates que sólo sé que nada sé?... Y dicho así, me libro de culpas por cualquier concepto dogmático que sin querer se haya deslizado y que pueda reprochar el lector.

También cualquier concepto poco claro y para esto aquí está el autor, subrayando antes que el lector lo haga: la equivocada concepción de lo que tradición es y no es. Tradición no es aquella, tan encarecida, que radica en usos, y costumbres exteriores y por eso, destinada con el tiempo a desaparecer. No, tradición es algo no exterior sino interior. Precioso, impalpable e intangible: es un flujo, una fuerza motora o una actitud humana que nos recuerda la savia en el árbol que sin ser descubierta por el ojo carnal, sabemos que está allí y nutre; por eso la planta crece, se desarrolla y da frutos. Pues bien: nuestro espíritu se nutre y crece impulsado por la tradición que sin ser vista, como la savia, sabemos que vive en nosotros. Valga la aclaración: no siempre se hace la discriminación de lo que es aparentemente y lo que realmente es tradición.

Buenos Aires, Argentina, 1966.

ARTURO MEJÍA NIETO

TEGUCIGALPA

Bella, indolente y garrida,
Tegucigalpa allí asoma
como un nido de paloma
en una rama florida.

JOSÉ JOAQUÍN PALMA

En el más bello y rocoso rincón de Guaymuras mercaderes y mineros armaron caprichosamente el nido en que entibió sus alas el cantor venido de la manigua antillana para decirle a Tegucigalpa los versos del epígrafe en cuarteto que la define de cuerpo entero, y que si hoy tiene rascacielos estos no son más altos que El Picacho y El Berrinche. En este nido de tejido tortuoso me hicieron caer las alas de mis cinco años que rodaron curiosos por las estrechas calles que conducían a la Avenida Gutenberg y su terminal el viejo Guanacaste, al elevado parque La Leona, al teatro Manuel Bonilla y al Cine Principal, que fueron lugares de paseo y distracción cuando entre las ciudades gemelas unidas por el puente Mallol rumoraba a los pies del Juana Laínez el Río Grande con los versos de su tritón Juan Ramón Molina.

Un lustro más tarde regresé para siempre a la Tegucigalpa de la que me hablaba la historia y aquí crecí entre el corretear y el parloteo de mis amigos infantes quienes nos habíamos adueñado de La Plazuela, La Hoya, La Isla y los campos de Palmira, llevando siempre las bolsas llenas de los mayúsculos caramelos de la buena viejecita Ninfa, vecina de La Planta Eléctrica, o en pandilla ocupábamos la esquina de doña Irene de Lardizábal donde se servían las mejores minutas (raspados), lugar que ya más creciditos frecuentábamos acompañados de Chichi de Morales Agurcia, Nena Romero Lozano, Matilde Montis, Emma Callejas Zelaya, Adolfina Mejía Mendieta, Blanca Ordóñez, Ella y Lilian Inestroza, Lilian Toledo, Tulita y María

Teresa Zapata, Nena Barrio Gallardo y todas y cada una de las patojas más bonitas de la capital, entre las cuales la esbelta y espigada Merceditas Agurcia Membreño sacaba a las estrellas de sus famosas veladas y a nosotros los varones nos sacaba con la escoba por las puertas del Teatro Nacional donde se hacían los ensayos.

De los años veinte a los cuarenta del presente siglo fue la marimba acompañada de otros instrumentos la música de los bailes y festividades, y fue cuando se dieron los diestros bailadores, Mariano Montis y Fernando Berlioz y Jorge A. Coello después, ocupando primer lugar en los salones de Guatemala, El Salvador y Nicaragua. Germania era entonces el lugar más concurrido en las afueras de la ciudad, allí se comía, se bailaba y se bañaba con solaz y alegría. El Club Tegucigalpa, llamado Casino Hondureño después y el Club Internacional fueron los centros sociales exclusivos de la sociedad tegucigalpense. La Tegucigalpa de los viejos tiempos de Toño Rosa era más alegre y más franca que la modernizada ciudad.

Tegucigalpa ha sido escenario de personajes venidos de los cuatro rumbos del país a ocupar posiciones en el poder público la banca y el comercio, y en las primeras décadas del siglo los hoteles Pekín, Agurcia, Central y anteriormente el Jockey Club, fueron abrigo de abigotados provincianos vestidos de nuevo casimir que dieron a la ciudad un sabor de franca simplicidad en el trato personal y de abigarrada vistosidad en cuanto a los atuendos de los nuevos caballeros que adquirían figuración en el ambiente capitalino. Fue aquel tiempo mucho mejor que el actual en cuanto a sinceridad de los advenedizos y a la tolerancia de los metropolitanos pudientes, que generalmente eran reservados y esquivos en las relaciones sociales; no obstante, cuando descubrían méritos en los recién llegados les daban su mano para subir los peldaños a los salones exclusivos. Tales alternativas cambiaron con el ambiente transformado por un grupo numeroso de nuevos ricos y poderosos políticos a comenzar allá por el año 1933, quienes hicieron de Tegucigalpa una ciudad de neoburgueses y de clase dominada, sistema capitalista propio de las democracias americanas modernizadas por nuevas castas.

Se llama heroica a Tegucigalpa por los fieros combates de cerro a cerro y de calle en calle que hombres de pelo en pecho escenificaron en el teatro de su belicosa historia; el relampagueo de los machetes y el estallido de fusiles, pistolas y granadas les parecía a los combatientes fiesta de banderolas platinadas y de petardos de feria, que entre gritos de guerra acallaban quejidos. Después del festín de fuego y lucha de gladiadores los valientes bailaban como alegres gitanos en las festividades pascuales y de Año Nuevo en las mismas calles y plazas donde antes habían combatido, como si no hubiese pasado nada.

Tegucigalpa no ha sido la ciudad deportiva del país que ha dado grandes satisfacciones a los capitalinos desde Daniel Bustillo (Buchillo) y Erasmo Velásquez en fútbol y Héctor Pineda Ugarte (Mango) y Marco Antonio Ponce en béisbol que son semillas de las buenas cosechas que en deportistas ha tenido el país, así como en Atenas y en Roma lo fueron los discóbolos y los aurigas.

En el correr de los años veinte Tegucigalpa tuvo uno de los esparcimientos más agradables y muy saludables en las famosas patinadas en el parque La Leona, donde las muchachas de piernas hermosas rodaban veloces bajo sus pies los patines por y sobre las subidas y bajadas de deslizador cemento, ahí estaban todas las tardes las que hoy son abuelas en parejas con los varones que hoy son viejos verdes que hacían demostraciones en ágiles exhibiciones para finalizar a la hora del regreso acarreándoles los patines a sus Dulcineas. Allí concurrían las grandes y las chicas de apellido Lardizábal, Callejas, Guilbert, Romero, Inestroza, Montis, Mejía, Zúñiga, Becerra, Ugarte, Sempé, Beltrand y muchos más. Solamente los bailes de cumpleaños de la simpática Chabelita Sequeiros, hoy señora de Pinel, nos robaban una preciosa tarde de patines.

Tegucigalpa se perfila hoy en contornos de urbe, las calles multiplican líneas interminables de automóviles que hubiesen hecho desistir al Camaradita Goyito de impartir tráfico con su ingenua y dulce sonrisa. Y el teatro moderno y también clásico de Francisco Salvador ha sustituido a las veladas y a las escenas de las compañías coreográficas y dramáticas errantes. Se ve progresivo arte en las pinturas de Ruiz, Castillo, Garay y en el lápiz y cobre de López Rodezno, como en misa de Obispos en memoria de los pinceles de Zúñiga Figueroa y de los otros viejos pintores de la Hibueras en marcha. Y la música de protesta ha acallado a las madres plañideras de la marimba. Las ferias del libro aumentan el volumen de los stand cada vez con más autores nacionales que siguen las huellas de Ramón Rosa y de Rómulo E. Durón. Se diversifican las publicaciones de revistas y diarios movidos por los intelectuales contemporáneos, pero siguen siendo los gigantes los diarios El Cronista y El Día que tuvieron por padres a Paulino Valladares y a Julián López Pineda. El Padre José Trinidad Reyes puso de primera piedra su devocionario para levantar la ciudad universitaria a un lado de la Basílica de Nuestra Señora de Suyapa, para que el homo sapiens se cultive cerca de Cristo. Y así va transformándose en una ciudad adulta, escapándosele las líneas por, sobre y tras de sus colinas y lomas. Pero será siempre su corazón la hermosa catedral que en su bronce custodia Francisco Morazán.

Y Tegucigalpa también crece en industrias y en comercio. ¡Pero ya no comemos el pan de yema de la Niña Chenta y doña Narcisa, los pasteles de El Bosque ni los nacatamales de las Garay... Todo el sabor clásico se ha ido con la presencia de la técnica, y así también el sosiego de los parroquianos recostados en los horcones de Los Corredores frente al embarandado de hierro del Parque Central.

¡Tegucigalpa inmortal!... ¡Comayagüela es la prolongación de tu historia, la cuna gemela de tus hombres ilustres y la común beneficiaria del mismo clima envidiable!

JORGE A. BERLÍOZ

ORATORIA DE FINALES DE SIGLO

Siempre ha sido la oratoria ejercicio predilecto de los hondureños de las diversas clases sociales. Especialmente en los momentos de campañas políticas de proselitismo se encuentra uno con oradores que lo aturden, desde los que hilvanan bien sus discursos y ponen médula en ellos, hasta los que repiten de memoria artículos leídos en los periódicos o inventan cifras estadísticas y datos numéricos arbitrarios, para impresionar con su erudición simulada la buena fe de los oyentes.

Durante el gobierno del Doctor Marco Aurelio Soto se fundó una especie de peña oratoria aquí en Tegucigalpa y los elocuentes y los poetas de ocasión se propagaron como la verdolaga rivalizando en el honor de dedicarle ditirambos a Doña Celestina y elogios hiperbólicos a don Marco y a don Ramón Rosa, quienes contestaban en prosa y verso las zalemas que les dirigían. Hubo, sin embargo, elementos que hicieron excelente oratoria sin necesidad de ejercerla en los salones palaciegos.

La revolución liberal del doctor Policarpo Bonilla, la cual triunfó después del sensible holocausto de millares de hondureños en los campos de batalla, trajo consigo una falange distinguida de jóvenes de talento, hombres de pluma, oradores y poetas, que dejaron profunda huella en el seno de la Asamblea Nacional Constituyente que emitió la Constitución Política de 14 de octubre de 1894, en las deliberaciones de los congresos ordinarios y en la Asamblea Nacional Constituyente que se reunió en Managua el 24 de junio de 1898 y que emitió la Constitución Política de los Estados Unidos de Centro América.

El Congreso de Honduras eligió para que representaran a este Estado de la República Mayor en la Asamblea Constituyente de Managua, con carácter de Diputados Propietarios, a los siguientes ciudadanos: Doctores César Bonilla, Adolfo Zúniga, Carlos Alberto Uclés, Ángel Ugarte, Abel Gamero, Miguel Ángel Ugarte, Alonso Suazo y José Isaac Reyes; Licenciados Alberto Membreño, Jerónimo

Zelaya, Antonio R. Reina, Manuel Villar, Francisco Cálix hijo, Carlos A. García, Antonio S. Maradiaga y Basilio Chacón, y señores Ingeniero E. Constantino Fiallos, escritor Jeremías Cisneros y don Juan E. Paredes, de quienes tres o cuatro no asistieron a las sesiones siendo sustituidos por los respectivos suplentes. Fue en este carácter que estuvieron en Managua los Licenciados Julio César Durón, José Antonio Domínguez y Timoteo Miralda.

En el seno de la Constituyente dejaron muy bien sentado su nombre los diputados hondureños quienes supieron hacer uso de una oratoria ardiente y revolucionaria. Fue uno de nuestros más elocuentes parlamentarios el Lic. Francisco Cálix hijo, a quien la muerte arrebató violentamente en la ciudad de León, a la edad de 28 años, el 11 de agosto de 1898.

Cuando los diputados hondureños regresaron de Managua, se llevó a cabo el 7 de septiembre de 1898, una importante reunión en el Salón de Retratos, a la cual asistieron además del Presidente, Doctor Don Policarpo Bonilla y miembros de su Gabinete, los elementos más conspicuos del Partido Liberal porque debe saberse que el del Doctor Bonilla fue un gobierno puramente de partido —y uno que otros de esos que siempre se cuelan por medio de buenas o malas artes.

Al iniciarse los actos, el Doctor Alberto Membreño, en nombre y representación de los demás diputados hondureños a la Constituyente de Managua, hizo entrega al Presidente Doctor Bonilla de un ejemplar auténtico de la Constitución de los Estados Unidos de Centro América al cual dio lectura el Dr. Federico G. Uclés. Acto continuo el presidente Bonilla y sus Ministros sancionaron con su firma el importante documento y luego todos pasaron a un salón contiguo donde se bebió profusamente champaña y otros licores y se entró en acción contra deliciosos bocadillos servidos para todos los gustos.

Fue en ese momento cuando se abrieron las compuertas de la oratoria que ya no pudieron soportar la euforia de los hombres de pensamiento de la época, y entre otros dieron pruebas de su elocuencia los Doctores Ángel Ugarte, Pedro J. Bustillo, Alberto Membreño y Policarpo Bonilla y el Licenciado Timoteo Miralda.

Para mayor información de los lectores y para que estos adquieran conocimiento de las cualidades propias de los oradores de esa mañana septembrina, copiamos los juicios que cada uno de ellos mereció a la pluma muchas veces mordaz de Juan Ramón Molina, director en ese tiempo del periódico "El Cronista". Dejamos la palabra al insigne cantor de Tierras, Mares y Cielos, quien se expresa así:

ÁNGEL UGARTE

Desde que comenzó a hablar, su voz llenó completamente el Salón. Su verbo fue robusto, su actitud enérgica, su cabeza se movía ligeramente sobre sus hombros levantados. Es hombre de fuerza tribunicia, acostumbrado a llamar la atención de las asambleas. En la comisura de sus labios, suavemente desdeñosos había un ligero temblor.

PEDRO J. BUSTILLO

De mediana estatura, como Thiers. Su pecho levantado y fuerte, sus hombros robustos, su cabeza altiva su acción soberbia y enérgica, y su voz, vibrante como la de un clarín, llamaron poderosamente la atención. Agréguese a esto una dialéctica y una lógica incontrastables, y se tendrá una idea de lo que es un verdadero orador, en la tribuna de un parlamento. Es hombre para discutir largamente, porque tiene ideas rápidas y pulmones poderosos. Mientras habla sus pupilas brillantes están clavadas en el auditorio. Sus dos discursos fueron dos triunfos.

TIMOTEO MIRALDA

Empezó con voz suave y falsa. Luego durante algunos momentos, hizo un papel de declamador. En seguida, exaltóse poco a poco, encarriló su palabra, adquirió una actitud de orador y consiguió dominar el Salón. Tiene buenas ideas, que no puede expresar tan rápidamente como quisiera, razón por la cual su voz se apaga a veces o termina en una explosión entusiasta. Sus manos tiemblan demasiado, lo mismo que sus labios. Palidece su faz; pero su mirada, llena de fuego, salva este defecto.

ALBERTO MEMBREÑO

Aunque su voz es robusta, carece de ardor y de energía, en la palabra, se entiende. Parece que su cabeza razonadora no se pone en esos momentos de acuerdo con su voz. Es hombre de lógica; piensa mucho lo que va a decir, y su actitud, cuando se dirige a la concurrencia, es reposada y tranquila.

EL PRESIDENTE BONILLA

Su elocuencia es de abogado. Tras su palabra, llena de razonamientos y de lógica, se mira al político astuto y al hombre acostumbrado a leer códigos y expedientes. Su actitud no es altiva ni humilde, sino natural. A veces, cuando quiere convencer más al auditorio, adelanta la cabeza, mueve enérgicamente los brazos y acentúa ligeramente la voz. Luego, retrocediendo, sigue con su argumentación, levantando los hombros. Después, con más reposo, su voz llena de confianza por la expresión de los rostros, llena apaciblemente todo el Salón. Tiene cierto aire de Emilio Olivier.

El 15 de septiembre de 1898 fue celebrado en esta capital con las solemnidades que entonces se acostumbraban, con la presencia de las personas más distinguidas de la sociedad, quienes nunca se negaban, como desgraciadamente lo hacen ahora, a ofrecer su patriótico concurso para dar realce y esplendor a las festividades nacionales. Era costumbre entonces que todos asistieran a la sesión solemne de la Municipalidad en el Cabildo, al Paseo Cívico en que desfilaban la milicia y los civiles y a las ceremonias que tenían verificativo en horas del día en el Salón de Retratos. Por la noche se daban cita en este mismo lugar los elementos más prominentes de la sociedad con ocasión del baile de gala que siempre ofrecía el Gobierno.

El 15 de septiembre de 1898, al cual nos estamos refiriendo, tuvieron verificativo los actos de rigor y Juan Ramón Molina, pasando revista a los oradores de la jornada, los enjuicia así en su periódico El Cronista:

EL DISCURSO OFICIAL

El señor don Federico Uclés, comisionado por el Gobierno para pronunciar el discurso, comenzó y terminó con un exordio y un epílogo que no estaban en toda regla. En el resto del discurso tuvo toques buenos, aunque también algunos lugares comunes. La voz ni muy alta ni muy baja, sonaba bien en los oídos. Fue aplaudido al final.

EL DE ALBERTO UCLES

Fue aclamado al subir a la tribuna. Se conoce que el discurso fue improvisado a vuela pluma, porque tenía algunos vacíos y saltos. No le faltaron algunas frases afectadas, resabios de los libros clásicos que lee el señor Uclés; pero tuvo hermosísimas salidas, metáforas brillantes y rasgos de mucho talento, que le valieron numerosos aplausos. Su voz sostenida a intervalos y cortada con golpes rápidos de lengua, le fatiga mucho el pecho y fatiga al público, porque se hace monótona.

Lo trascrito da una idea al lector de lo frecuentes que eran por los noventas del siglo pasado los cuasi-certámenes oratorios que encontraban escenario en las asambleas y congresos, en los actos cívicos y en los brindis del Salón de Retratos. Para una sociedad sin distracciones, víctima del tedio y de la ausencia de noticias sensacionales, constituían los tales un verdadero deleite, la misma satisfacción que producen ahora en los pueblos del interior de la República las frecuentes andanadas verbales de los fabricantes de discursos "políticos" en las campañas idem.

VÍCTOR CÁCERES LARA

LA TEGUCIGALPA DE LOS DOMINGOS

Los domingos tegucigalpenses son un bostezo sin fin. En algo deben asemejarse a los de Londres. Por la mañana, los bronces parroquiales, sonando desapaciblemente, llaman a misa. Se ve por las calles alguna asmática, alguna niña en los floridos abriles, luciendo todos sus alfileres.

Concluida la función religiosa, los gomosos locales, verdaderos lechuguinos echados a perder, flirtean en la puerta del templo, con muecas de simio. Da ganas de suicidarse de las doce a las tres de la tarde, tal es la fúnebre desolación de las calles.

Cerrados herméticamente los almacenes, donde babeaban soñolientos, tras el mostrador, los mozos aspirantes a mercachifles, la vida comercial se estanca. Como son los últimos días de la estación seca, el paseante se expone a caer muerto sobre el empedrado, que parece, lamido por la luz cenital, un deslumbrador reguero de ascuas.

No queda más remedio que meterse a las cantinas, a beber cerveza o copas de whisky malísimo. O que colarse en el barullo de la tradicional gallera, a hacer, en una atmósfera de tabaco y macho en celo, apuestas ridículas por el melcocho o el giro. Por la noche, la faz del domingo se espiritualiza.

La juventud del día, estirada, con lo mejor de su guardarropa encima, se pasea en el Parque Morazán en rebaño, fuma detestables pitillos o plebeyos cigarros puros, haciendo la corte a muchachas, lindas, meticulosas y mal trajeadas, todo al son de los cobres de la Banda Marcial.

A las nueve y media, Tegucigalpa duerme el pesado sueño de las ciudades vegetativas. A pesar de su ligero baño de modernismo, es una población a la antigua, melancólica y bostezante y sin tráfico ni vida. Quitándole los prestigios del Gobierno, esto se convertiría en un camposanto. Faltan el ir y venir de los carruajes, el humor de los tranvías, la premura de la gente ocupada; el susurro de la colmena humana, inquieta y laboriosa; en fin, todo lo que da carácter a las capitales modernas, arrolladas por los rugidos de las locomotoras y máquinas de vapor.

Cuando uno llega a esta población, después de haber vivido en otro país por mucho tiempo, se atedia lastimosamente, casi se ahoga en estas calles torcidas, estrechas, gibosas y empedradas de mal humor. Pero el ambiente, letárgico y asfixiante, se cuela adentro como una pulmonía.

El repatriado concluye por echar grasa, andar con paso de plantígrado, hacerlo a todo bicho la zalema del reglamento y meterse en las hablillas del vecindario, que es como meterse en un catre con chinches o en un zarzal con garrapatas. Tan cierto es que el hombre tiene que adaptarse a todos los medios, so pena de morirse o de que le maten.

JUAN RAMÓN MOLINA

VISTA DE TEGUCIGALPA EN DOMINGO

Le cabe a Tegucigalpa el honor de haber sido loada con grandes versos. Como aquellos, no muy conocidos, de Roberto Sosa: "Vivo en un paisaje / donde el tiempo no existe / y el oro es manso. Aquí siempre se es triste sin saberlo". Una observación desapasionada brinda ubicuidad al poema.

Por ejemplo el ángelus en La Concordia, a las cinco y treinta de la tarde; un lunes, digamos, en Tegucigalpa, M.D.C. (después de Mitch), o bien en el pasaje de pie en cualquier ruta urbana.

Otro verso, insuficientemente ponderado, la describe como "una res asada viva". La Tegucigalpa de ahora, sofocante y reconcentrada, justifica con creces y al día la profecía yaciente en dicho verso. Basta recordar el verano de humo que precedió el meteoro el año recién pasado.

Pero hay una medida que es específica de los tegucigalpenses: esa medida es el discurrir de un domingo en Tegucigalpa.

Un desarrollo nihilista de dicha veta sosiana señala, por ejemplo, "Un domingo que no existe" (Roberto Midence); o bien que "no sale el sol", como intuye melancólicamente Allan McDonald.

Si nos remontamos a la historia encontraremos testimonios de trágica hondura; el del polígrafo Froylán Turcios entre ellos. Turcios, en sus "Memorias", nos regala con la observación que un domingo en Tegucigalpa "es como una invitación al suicidio". Arturo Martínez Galindo narra, con el título "Bajo un árbol", cuán fastidioso puede ser un domingo en Tegucigalpa (uno de noviembre de 1929, en el barrio El Guanacaste para más señas).

Un domingo en Tegucigalpa. Nada mejor para la celebración de molicie. Se concibe también como soledad quintaesenciada, como invocación de muerte, del amor y de la vida; como suspensión existencial de la pátina del tiempo y, como domingo, propiamente.

Si existiera, las demás piezas del absurdo semanario se dislocarían, haciendo más ardua la tentativa de reordenar el cosmos, desde la perspectiva lejana que nos brinda el lunes o desde la ansiedad inconfesable que se apodera de la ciudad ya el jueves. La ciudad y sus terrestres habitantes aspiran entonces a la contención material de los bordes del tiempo en la sobria austeridad de un domingo por la tarde, cuando Tegucigalpa parece salida de la paleta misma del Greco.

Ciertamente, un día y una ciudad así merecerían, en caso de no existir, inventarse. Y de haber sido golpeada por un meteoro, como en verdad lo fue; reedificarse. Tegucigalpa, la culta que fue la ciudad ligera y dueña de un solo encanto, no va a reconstruirse, triste es admitirlo, echando un vistazo a la magnitud del desastre desde los puentes, desde la insolidaridad, o bien desde la insólita persiana de una torre de marfil cualquiera.

RAFAEL LÓPEZ MURCIA

CIUDAD AMADA

Silencio siglo XVI envuelve la ciudad de los tejados. Amada Tegucigalpa, con neblina en los cerros; el río que pasa debajo del puente, arrastrando estrellas en la noche; y las calles lavadas por el aguacero, mientras la niebla pone en la ciudad un íntimo calor de nido. Al instante, solo se oye el toque de las horas en el reloj vetusto, el monorritmo del alcaraván que se azora al ver las nubes en el agua.

Los fanales eléctricos suavizan su vaguedad luminosa en la penumbra, y al difundirse en la lejanía fantástica se hacen más inciertas las cosas, más diáfano el ambiente, el río canturreador... ¿Cuántas veces, a la salida de los bailes, el transeúnte rezagado percibe en la quietud nocturna un rumor de mandolinas alegres que van, calle arriba, hacia un balcón en lontananza?

Claras noches de amor, éstas en que el alma se baña en la claridad del plenilunio. El cielo bordado de neblinas anticipa el resplandor del porvenir. Aquí cerca, la juventud es un repique de campanas divinas. Estas calles que envuelven tiniebla invernal; este río que, bajo la luna, parece desperezarse sobre un lecho de arenas preciosas; este puente antiguo, cuyos barandales vieron quién sabe cuántos idilios...

Vamos entre el silencio exquisito de la noche, hacia el balcón sombreado de madreselvas de la vieja casa, que de día es humilde, y parece a la luz de la ilusión un mágico alcázar, porque en ella vive la novia...

RAFAEL HELIODORO VALLE

TEGUCIGALPA

¡Madre ciudad que duermes tus sueños heroicos a la sombra propicia de tus montañas! Nido de piedra que escondes en el embrujado recogimiento de tu seno, el hierro de la virilidad nativa, el oro del espíritu prócer y la pátina de las edades que se fugaron hacia el olvido. Joyel de la naturaleza, donde se volcaron con profusión sus maravillas de colores y de líneas, haciendo más abundantes las sugerencias, más honda la emoción y más espontáneo el asombro, por ese atrevimiento y esa originalidad con que se ofrecen. Recinto amurallado donde las enormes moles de tus cerros enhiestos velan eternamente —guardianes de tu indomada altivez. ¡Madre ciudad augusta, muelle, pétrea, huraña y libre! Mi cariño evoca tu niñez remota, sintiendo arder en las venas la sangre de los bisabuelos autóctonos y la osadía de los primitivos gambusinos; repercute en mis oídos el golpe de pico que rompió tu roca virgen y pienso en aquella áurea desfloración; veo llegar a los hombres blancos, posesos de la sed que atormenta al rebaño, en todas las edades. Acuden a ti y te entregas. Se abren claros en la selva oscura, se insinúan vacíos en el pinar compacto, se perciben heridas en la secular cantera, se alzan humos hacia cielo azul. Escalando alturas, salvando torrentes, abriendo caminos, unos seres audaces han llegado al corazón del istmo. Al herirlo brotó su sangre en manantiales de oro. Y ya está, en la niebla del pasado, el Real de Minas de San Miguel de Tegucigalpa.

Pequeñita ciudad antañona, de brujas consejas y hospitalarios aleros, de románticas rejas y de argentinos maitines; de graves ediles y de pacientes serenos. Pequeñita ciudad que te pierdes para siempre en la nueva argamasa que forjan los biznietos de tus moradores para la metrópoli del futuro; y que apenas vives, con vacilante fulgor poético, en la evocación de quienes pensamos en ti. ¡Pequeñita ciudad antañona, yo te amo!

Quiero que me hables, que me digas tus secretos, que abras la cancela perfumada de tus historias románticas, que me asustes con tus relatos de abracadabra, que hagas desfilar ante mis ojos —ante mis ojos ahítos de modernismos— tus hidalgos y tus infanzonas, tus frailes y tus plebeyos, tus concejales y tus comadres; que la Catedral y San Francisco y La Merced, abran sus puertas y en el atrio susurren las crinolinas y los rosarios; que la campana del Ayuntamiento deje oír su voz augusta y vaya hacia "el cabildo abierto", ceñudo y torvo, acariciando la idea el erigir picotas, don Tranquilino de la Rosa; que en un ángulo oscuro de la plaza, cabe a un postigo florido de esa mansión señorial, que tiene un patio con limoneros y con fuente, digan dos aceradas tizonas sus poemas de chispas; que las crónicas de la Corte traigan el relato de las aventuras galantes y la escalofriante narración del último abordaje de los piratas a la flota de galeones cargados con el oro de las Indias Occidentales; que en la sala amplia y señorial, mientras la niña de la casa suspira pensando en el novio, o soñando con un vizconde, en tanto ensaya gavotas rítmicas en el clavicordio, los graves concejales de gorguera hablen en la Audiencia de los Confines. ¡Querida y lejana y perdida ciudad antañona, cuánto ansía mi corazón resucitarte siquiera durante unos minutos!

¡Madre Tegucigalpa! Yo me he sumergido en tus misteriosas cisternas de ensueño, cuando cesa todo ruido y se oye palpitar más fuerte en las venas la sangre del ancestro. Cuando todo calla, cuando todo duerme, mientras el lejano fulgor de las constelaciones iluminaba tu cielo; quieta, confiada, recogida en el silencio, llena de sombras y de luces, yo te he admirado, yo te he sentido, yo te he amado. Pretendí violar el secreto de tus muros, donde se petrificaron las edades; y respondieron a mis interrogaciones, llenas de anhelos y temblorosas de devoción, tu Catedral y tus callejas solitarias; tus recodos inquietantes y tus piedras y tus aleros. Dormida en la noche y el misterio, como Brujas de las aguas muertas, que amaba Rodenbach...

Y te he visto también, te he gozado, soberbio nido de piedra para águilas caudales, en la suprema apoteosis de tus colores, en el paroxismo de tu sol, de tus montañas, de tus pinares, de tus ríos, de tus vergeles.

Desde la atalaya granítica del Picacho has sido mía, toda entera, con tu campiña ebria de matices y de trinos, con tu crestería agresiva, con tus senderos tremendamente caprichosos; has sido mía desde el campanario de Santa Lucía, cuya iglesia guarda el Cristo negro que deseó ver Felipe II, el maniático y taciturno monarca, desde la ventana del Escorial, hasta el cerro de Hule, de donde te descubrió el poeta, toda blanca y señorial. ¡Has sido mía, ciudad magna y heroica; ciudad patricia que enseñaste a amar la libertad cuando aún imperaba el oscurantismo; que pariste el genio; que has sido siempre altiva y soberbia hasta en los raptos de homicida locura, cuando son más pródigas las vendimias de la muerte!

¡Salve, madre ciudad augusta, muelle, pétrea, huraña y libre!

MARCOS CARÍAS REYES

PALABRAS SOBRE HONDURAS

Existen voces que se levantan para decirnos algo confuso y al mismo tiempo particular, voces que se levantan para hacernos sentir lo telúrico, esas voces son las que escuché al mirar Tegucigalpa desde los altos cerros que la rodean, las que por los ojos me hablaron al llegar a la pequeña iglesia de Los Dolores, las que vibran en el silencio de Copán de una manera épica o muy íntima en el pequeño pueblo de San Antonio de Oriente, cerca del Zamorano.

He mirado desde los cerros cercanos la ciudad de Tegucigalpa en ese cuarto de hora del atardecer en nuestros países, cuando detrás de los promontorios sombríos todavía fulge la tarde, mientras en la población las luces recién encendidas dotan a la ciudad de una nueva vida permanente. Me he asomado desde el templo de la paz para observar la ciudad cuando una combinación de ruidos, palabras confusas, ladridos y gritos de niños subían hasta mis oídos, como si Tegucigalpa se dejara oír entera. Lo extraño es que aquellos ruidos me llegaban tan directamente como si en vez de estar en el cerro me asomara a un balcón inverosímil situado sobre la ciudad o me cerniera como aquellas figuras mitológicas que aparecen en los mapas antiguos para recoger en mi oído el rumor que ascendía vertical, hacia la noche enmarcada por la topografía característica de la ciudad.

Sobre todo para el pintor, las cosas hablan en el vocabulario mudo de la arquitectura y el paisaje, y es por eso, que resulta muy grato hundir la mirada en las calles de Tegucigalpa para saltar hasta las residencias enjoyadas por la luz, subir los cerros o descender instantáneamente sobre la teja oscura, seguir las líneas del estadio o recorrer las esbeltas torrecitas de la catedral con su cúpula en donde rebota la luz en un oro color de carne, o pasar con la mirada y la imaginación el puente colonial donde la luz se hace plata líquida entre los pilares románticos.

Es uno de los más dulces encuentros ver aparecer de pronto la iglesia de Los Dolores, en la fachada, las curvas de las volutas que unen las torres ondulantes en dos interrogaciones invertidas, admirablemente moduladas, y las dos torrecitas muy pequeñas no necesitan altura para ser finas como dagas. El barroco de esta iglesia de Los Dolores no se mueve para conquistar una tercera dimensión, su relieve tiene una reminiscencia de lo plateresco, acento de un barroco que no ha aprendido a moverse pero que se sitúa con fuerza en las partes vitales de la fachada con una disposición diáfana de la decoración arquitectónica. La manera de usar el color en determinadas partes y otros detalles más a lo que me referiré hacen que esta iglesia haga sentir en su ornamento exterior y en su conjunto en general, un gusto popular en que el deseo del adorno no ha conquistado todavía la opulencia exterior.

No pretendo clasificar este templo, sino expresar lo que me ha sugerido; posiblemente la catedral sea muy importante, pero en la iglesia de Los Dolores la fe del pueblo habla directamente en los pequeños y macizos contrafuertes exteriores, en la fachada y en el altar que en el interior reluce en una pared de oro.

El retablo va mostrando al acercarse uno, una serie de motivos ornamentales en donde pareciera hallarse una influencia aborigen, en la manera de acomodar las formas, de redondearlas y simplificarlas; solamente al llegar a los nichos de los santos el adorno se vuelve refinado y español.

El escritor argentino Guido, en su libro El Redescubrimiento de América en el Arte, ha llamado la atención sobre algunas iglesias de América del Sur, en donde la mano de obra indígena al servicio de la fe cristiana ha puesto sin quererlo o conscientemente elementos propios en la temática de su ornamentación y en la manera de traducir formas españolas. Cita Guido la aparición del sol y la luna como elementos paganos o de la mitología indígena que el hombre americano no se resigna a perder, y que hace su aparición junto a los símbolos tradicionales de la iglesia. En el arco de triunfo de la iglesia de Los Dolores, el sol y la luna se sitúan a un lado y al otro, y, en la fachada, en el centro de la espadaña, en el círculo que la perfora, un sol policromado se sostiene con los picos de sus rayos, siendo su situación verdaderamente privilegiada en el plan ornamental y didáctico de la fachada (como sucede también en México).

La piedra en Honduras surge por todas partes, en bruto, tallada en las gigantescas estelas de Copán, retorcida en las fachadas coloniales, utilizada en la arquitectura contemporánea o pavimentando las calles de los pueblos. San Antonio de Oriente, cerca del Zamorano, se levanta recostado en un fondo pétreo con sus casas de piedra sobre un suelo también de piedra.

Como Escazú en Costa Rica, San Antonio de Oriente es un lugar embrujado, su atmósfera tiene algo de la plata de las minas en lo gris y reluciente, y hasta en el sabor amargo del aire. Lo que España trajo e instaló no ha desaparecido. La actividad, la riqueza y, posiblemente, el drama de aquel pueblo minero sólo queda en la resaca del suelo quemado, parece que este pueblito del Zamorano hubiera sido diseñado por un pintor y pintado por todos los pintores que hemos tenido la suerte de visitarlo, guardando la historia con un íntimo recogimiento.

FRANCISCO AMIGHETTI

INTIMIDAD DE COMAYAGÜELA

Bajar en las tardes la cuesta zigzagueante que nos ha conducido al parque La Leona desde el que a una altura de 700 pies hemos contemplado a Tegucigalpa en una magnífica fiesta de colores, constituye un paseo inolvidable. La cuesta se ha estrechado a veces tanto que da la sensación, como en ciertas pinturas de Sorolla, que las casas quisieran decirse confidentes palabras. A nuestro paso hemos visto mujeres que llevan cántaros a la cabeza, niños descalzos y gañanes tras de los bueyes cansados y sumisos. La palabra indígena Tegucigalpa —según el Diccionario Geográfico de don Alberto Membreño— quiere decir: en las casas de las piedras puntiagudas, y no —jamás se lo perdonaremos a la etimología— "Cerro de Plata" como creían los que la derivaban de Teguzgalpa, provincia hondureña al oeste del río Segovia, cuya conquista fue posterior a la de aquella y a la que —ateniéndonos a la tradición— llegaban los mexicanos para llevar de allí oro a Moctezuma.

Tegucigalpa está rodeada por altas colinas que adquieren un precioso matiz al caer la tarde; tiene barrios de un singular encanto como el de La Merced, en donde se halla la Universidad que fundara en 1845 "el Padrecito Reyes" y a la que en las noches un fanal azul le proyectaba su claro-obscuro sugestivo y melancólico; tiene, también, su parque maya que evoca en la piedra el prodigio de aquella civilización precolombina y muchos sitios más en los que el progreso —asfaltado, edificios públicos— se va enseñoreando cada día. Tegucigalpa se une a Comayagüela por dos bellos puentes bajo cuyas arcadas el Río Grande suele a veces acelerar, con violento impulso, el ritmo de su tranquilo corazón de cristal. Comparativamente ella no tiene las galas urbanas de Tegucigalpa, pero Comayagüela, amplia, sin musgosas escalinatas de piedra, sin cuestas que decoran jacarandas y acacias, sin montañas como las de aquella de las que surgen como balcones florecidos muy bellas casas modernas, tiene, asimismo, su atracción singularísima. Es como la fuente de una plaza escogida. Muchos pasarán a su lado sin escuchar el chorro de agua que brota de la gárgola de bronce, o sin advertir al lucero reflejado en sus ondas, pero siempre en el mundo ha existido la progenie de los que detienen su paso ante el milagro de burbujas que salta de las fauces de los grifos, lo que equivale a escuchar el silencio, o, tal vez, a dialogar con él. Y Comayagüela ha tenido en todo momento sus rondadores fervorosos, sus enamorados fieles que han sabido captar su embrujo así como ciertos lugares de nuestra Lima antañona fueron vistos por quienes desde Radiguet hasta Paúl supieron adentrarse en la magia de su silencio y su sonrisa. Aquí, también, como en esos rincones, hubimos de encontrar alguna vez la belleza de un amplio patio por cuyas glorietas reptaban encendidas plantas y decoraba una variedad de flores de nombres indígenas —sucunayes, torondones— que pensamos que con ligeras variantes en la especie tal vez sean las mismas que desde las novelas de don Juan Valera hasta la poesía de Rafael Alberti aroman nuestro sueño con los nombres de tomillos y dondiegos, miramelindos y galanes de noche.

Uno de estos apasionados por la ciudad sencilla es Rafael Heliodoro Valle, hermano en el fervor por ella de Juan Ramón Molina, de Luis Andrés Zúniga, de Rómulo E. Durón, de Guillermo Bustillo Reina. Que no en vano nació Valle y le devuelve agradecido en finísimas estampas líricas como las de Tierras de pan llevar y las de otros libros suyos, la visión de intimidad y de pureza que cautivara su infancia.

Hemos visitado no hace mucho a la madre de este hondureño maestro en tantas cosas y nos hemos emocionado de verdad ante la inefable presencia de sus cabellos albos, de su inteligencia y su energía, así como por el recuerdo hecho por ella de los años niños y tristes de Rafael Heliodoro, anunciadores por su signo espiritual de esa valiosa vida que es hoy la suya. Como en el caso de Ventura García Calderón, los viajes de Valle han significado siempre el más devoto acercamiento al corazón de su terruño y a la evocación de sus próceres, de sus hombres de letras más representativos y de sus paisajes han dedicado muchísimas horas de su ausencia. No estamos muy seguros de que la frase sea auténtica, pero alguien nos la hizo conocer como vertida por Valle: "Dos ciudades me obsesionan en el mundo: Washington y Comayagüela".

Si allá el palacio de mármol y la floración de cerezos, aquí la escuelita humilde de su infancia y la campaña del ángelus. Ciudad en la que nada inesperado ni contradictorio transcurre, excepción hecha de su Feria de Diciembre que para un nostálgico evocador era en otro tiempo de tanta importancia como la Semana Santa en León de Nicaragua o el Corpus en Guatemala. En el cantar del cieguecito que en el puente Mallol coloca todas las noches su banco o en el sonido distante de una marimba o de unas guitarras hallamos más de lo que pudieran enseñarnos los más doctos infolios, como de aquel pregonero de flores decía Azorín al ubicarlo en la soledad de ciertas callejas sevillanas.

Si del parque de La Leona hemos contemplado a Tegucigalpa con la policromía de sus casas y de sus campanarios, visión que inspiró al poeta cubano José Joaquín Palma, en el siglo pasado una estrofa que todo hondureño sabe de memoria, también desde allí muchas veces hemos dirigido nuestra mirada a Comayagüela, de uno de cuyos ángulos —¿por qué nombrarlo?— se yerguen altísimos cipreses que como en los versos de la atormentada gallega Rosalía de Castro:

"Van a perderse num ceo sin nubes
tan igual e tan causado com a terra
e que parece chorar de verse tao solitario."

ENRIQUE PEÑA BARRENECHEA

LA VIRGEN DE SUYAPA

La imagen de Nuestra Señora de Concepción de Suyapa, sin la ropa de género con que está revestida, es una pequeña escultura hecha en madera de cedro que mide seis centímetros y medio de alto.

Su talla es antigua y parece que fue trabajada por algún aficionado devoto de la Virgen, como la Virgen de Copacabana.

De tez morena, su rostro es agraciado, oval, con las redondas mejillas muy arreboladas que la deslucen un poco; fina y recta la nariz y la boca pequeñita; en los ojos, esos sus ojos misericordiosos que perpetuamente están mirando a los desterrados hijos de Eva, se adivina algo de nuestra raza indígena. Partida en dos, tocada la angosta cabecita con imperial corona de oro, la cabellera lacia le cae a ambos lados de la frente, mil veces bendita, hasta los hombros.

Las manos diminutas, sin entrelazarse, suavemente se juntan sobre el divino pecho.

El ropaje pintado en la propia efigie es una túnica de color rosado subido, que apenas asoma por el pecho, pues está recubierta de un manto negruzco adornado con estrellas doradas. En el cuello y en el color muy vivo de las mejillas se nota que la imagen fue retocada en tiempos ya lejanos. Es secular la costumbre de adornar a la Virgen de Suyapa con indumentos de rica seda, recamados de oro y guarnecidos con piedras.

La imagen está colocada inmediatamente sobre una esferita de plata como de cinco centímetros de diámetro, oculta bajo el manto que cubre todo el cuerpo de la sagrada efigie, que revestida así agranda su estatura hasta unos quince centímetros.

Descansa la esfera sobre una peana relativamente grande, tallada y dorada, un poco mayor que la imagen ya revestida, levantando a la Virgen al lugar prominente de su trono, el que también es dorado y de talla antigua. Adornan la peana siete cabezas de ángeles repujadas en plata representando a los espíritus celestes del octavo coro.

Circundan toda la imagen unos rayos de plata sobredorada, engastados con piedras, que se cierran en forma de número ocho;

simbolizando el Sagrado Colegio Apostólico, en el extremo de los rayos superiores; doce estrellas nimban la cabeza de la Santísima Virgen.

JUAN B. VALLADARES RODRÍGUEZ

SANTA PATRONA DE HONDURAS

El 3 de febrero se celebra en todo el país, con especiales solemnidades, el día consagrado a la Virgen de Suyapa, Patrona de Honduras y Capitana del Ejército Nacional.

La ocasión es propicia para que grandes peregrinaciones lleguen hasta el venerado santuario, ubicado en la aldea de Suyapa, para rendir a la milagrosa Virgencita el tributo de la más encendida fe, del más devoto cariño, de la más humilde entrega.

Dramática e interesante es la historia de la sagrada imagen en la que el pueblo entero de Honduras tiene inmensa confianza y hacia la cual vuelve los ojos, en demanda de ayuda, en sus momentos de suprema tribulación.

A ella se acude en lo individual y en lo colectivo y en ella finca nuestro pueblo toda su esperanza de ayuda y toda su ansia de consuelo en momentos de infelicidad y de tragedia.

La imagen de la Virgen de Concepción que lleva el nombre en Honduras de Virgen de Suyapa, fue encontrada en una noche providencial un sábado del mes de febrero de 1747, por Alejandro Colindres, en un sitio del denominado Cerro del Piligüín, al que había ido junto con Lorenzano Martínez, para trabajar en una milpa de propiedad de don Juan José Lozano.

Después del duro día de trabajo los dos jornaleros —ya hombre Colindres, y todavía en la niñez, Lorenzo Martínez— emprendieron retorno a la Aldea de Suyapa cuando los sorprendió la noche bajando montaña.

Dispusieron dormir al raso, bajo la bóveda del cielo y la luz de las estrellas, y al momento de acostarse ambos, Martínez sintió que un objeto se le hincaba en la carne.

Según algunos informantes, lanzó a distancia la cosa que lo incomodaba, y para su sorpresa, al poco rato advirtió que el objeto se encontraba de nuevo, en el mismo sitio.

Lo guardó con sus cosas y al día siguiente lo trajo a su aldea y lo entregó a su familia advirtiendo todos que se trataba de una imagen pequeña de la Virgen de Concepción que había sido encontrada por milagro al que la fe cristiana de las sencillas gentes dio especial revuelo.

Al darse a conocer la noticia, los vecinos llegaban a venerar la imagen que se colocó en una mesa y se rodeó de flores. Después se le mandó hacer un camarín y como consecuencia de la curación operada en la persona del Capitán de Granaderos don José de Zelaya y Midence, éste prometió hacerle una ermita que logró erigir en 1780 con contribuciones suyas y de numerosas personas.

Más tarde, en tiempo del Obispo don Francisco de Paula Campoy y Pérez se efectuaron varias ampliaciones al humilde templo, figurando entre ellas la construcción de una pequeña capilla y un cuarto y probablemente entonces se le enladrilló y se le agregaron cuatro altares menores.

Ya por este tiempo las romerías a Suyapa eran frecuentes y numerosas, especialmente cuando se celebraba la fiesta instituida en su nombre.

La fe en la sagrada imagen fue creciendo dentro y fuera de Honduras, la basílica dedicada a la Virgen fue ampliada y ahora se le construye un magnífico santuario para el cual han contribuido gobiernos y feligresía y que algún día habremos de ver terminado para mayor solemnidad del culto que se rinde a la Patrona de Honduras.

Inicialmente la menuda Virgencita visitaba enfermos, tal es el caso del señor Zelaya y Midence, y operaba milagros que recorrían todo el país en alas de la fama. En 1900 fue traída a Tegucigalpa por primera vez, con ocasión de las solemnidades de finales de siglo, y en 1920 fue traída a la Cámara Arzobispal para acompañar en sus últimos momentos al primer Arzobispo de Honduras, Monseñor José María Martínez y Cabañas.

El 12 de abril de 1932 la imagen de la Virgen fue sustraída de su santuario por una demente llamada Dolores Chávez Corpeño, pero luego fue recuperada, expuesta con gran solemnidad en la Catedral de Tegucigalpa y reintegrada después a su iglesia en una suntuosa procesión de más de 10.000 feligreses que fue presidida por las más altas autoridades del clero.

En ocasiones posteriores ha venido la Virgencita a Tegucigalpa y creemos que también ha visitado algunos lugares de Honduras, en tanto que los hondureños de todas las clases sociales, de todas las posiciones económicas y de todas las procedencias, la visitan constantemente en su santuario.

VÍCTOR CÁCERES LARA

EL AÑO QUE CAMBIARON LA FIESTA DE SAN MIGUEL DE TEGUCIGALPA

Para los vecinos de Tegucigalpa es común que el día 29 de septiembre se escuche, desde la madrugada, la algarabía que se produce en el mercado San Miguel en el centro de la capital y que, desde la víspera, los vendedores de ese mercado hacían festejos con marimbas y mariachis que duraban toda la noche. El día 29 por la mañana hay misa solemne en la catedral y el Cabildo hace algún acto que, sin que se sepa desde cuándo, se ha venido celebrando. Hoy damos a conocer el origen de esta celebración al haberse encontrado documentos que nos cuentan su historia, a saber:

Hasta el año de 1746 la celebración de San Miguel se hacía el 29 de septiembre con actos puramente de liturgia religiosa, sin embargo al darle el título de Villa al Real de Minas de Tegucigalpa, el Ayuntamiento quiso conmemorar con más vistosidad la celebración del Santo Patrón y unir a dicha festividad el paseo del Real Pendón que era sacado por los Alcaldes Mayores acompañados de todo el vecindario, asistiendo todas las compañías de milicias de las cercanías y juegos de tablas en la parroquia y los conventos en donde a las puertas se daba agua bendita.

Así se estuvieron celebrando hasta el año de 1759 con grandes inconvenientes, ya que todos los años se deslucía por los grandes aguaceros que caen en la villa ese día. Así el 16 de junio de 1770 el Ayuntamiento formado por las autoridades civiles siguientes: Alcalde Ordinario de 1er voto don Francisco de la Rosa y Aguayo en quien también recaía el oficio de Alférez Real; el Regidor Don Guillermo de Riva y Zelaya; el Regidor Don José González Agüero, junto con el Alcalde Mayor Don Jerónimo de la Vega Lacayo, el procurador Don Baltasar Maradiaga y los regidores don Antonio Inestroza, Don José Antonio Lozano y Don Manuel de Córdova, solicitan al ilustrísimo Obispo de Comayagua don Antonio de Maraculla, el permiso para trasladar la festividad para el día 25 de diciembre aduciendo que la festividad del 29 de septiembre se veía siempre deslucida "es constante que el día 29 es el tiempo más riguroso de las aguas, por cuyo motivo se ha dejado de hacer el paseo del Real Pendón, algunas veces ha sido menester coger capotes con la incidencia que se deja ver en una función tan seria y como asisten todas las milicias y el pueblo y es el tiempo oportuno de siembras, cosidas de maíces, formar chuseros y otros muchos menesteres del campo se sigue mala obra no solo a ellos sino al público y los que pueden asistir voluntariamente porque viven en el pueblo, a las funciones no lo hacen por las mismas ocupaciones, lo que no sucede en este tiempo del 25 de diciembre por ser el que todos están ya desocupados y si no dígalo la experiencia en la presente función que aún con ser la primera nunca se había visto tanta gente de todas las clases que llenaron la plaza y las calles adyacentes".

Ante estas circunstancias su Señoría el Obispo de Comayagua dice "que se traslade el desfile del Real Pendón para el día 25 y ya que la festividad es dada por el vecindario que lo componen los vecinos de los pueblos de indios de los alrededores, los del pueblo de indios de San Miguel de Tegucigalpa y los vecinos del Real de Minas se continúe este celebrando el 29 de septiembre únicamente una misa solemne en la iglesia parroquial y el paseo del Pendón Real se puede trasladar para el 25 de diciembre en la forma que se hace llevado a caballo por el Alcalde Mayor y acompañado de las milicias y pueblo en general".

Así se estuvo celebrando por algunos años con gran entusiasmo de los pobladores, hasta que en una fecha indeterminada pero probablemente después de 1821, al no haber más Real Pendón y al haber desaparecido los alcaldes mayores, la festividad del 25 de diciembre desapareció; sin embargo las festividades de San Miguel el 29 habían continuado hasta nuestros días, ya no con fiestas de tablas (obras teatrales que se representaban en los atrios de las iglesias) ni el juego de toros en lo que es el Parque Central y la presencia de los cuerpos militares. Sería deseable que estas antiguas fiestas religiosas no desaparezcan y que la Iglesia Católica de todo su apoyo a grupos religiosos que a duros esfuerzos están manteniendo estas tradiciones católicas.

MARIO FELIPE MARTÍNEZ CASTILLO

EL PATRÓN DE SAN MIGUEL

Tegucigalpa surge como poblado en el siglo XVI, cuando gracias a las noticias del oidor Diego García de Palacios, informa al Rey y en suma a todas las autoridades reales, de las innumerables minas que esperaban la mano del hombre para entregar los dones que guardaba la tierra.

A medida que fue creciendo el poblado también fueron creciendo las virtudes y defectos de sus habitantes. La eterna dicotomía del bien y el mal empezó a empañar el alma del poblado, de tal manera que muchos de sus moradores trajeron al mismo el culto al arcángel San Miguel, en la creencia de que sólo San Miguel podía ser el símbolo preciso y objetivo de la codicia —que por causa de la minería— empezaba a cundir entre ese minúsculo Real de Minas.

Fue posiblemente de Puebla de los Ángeles (México), que llegó el culto al Santo Ángel. Existen rastros de que el obispo tlascalteca Merlo de la Fuente, hizo reproducir una copia del que aún se encuentra en la catedral virreinal pintado por Villalpando, que desgraciadamente nunca llegó al poblado por estar vigente el temor —típico de los franciscanos— de exhibir imágenes que tuvieran visiones zoomorfas, que en aquel extraño temor de que los aborígenes adoraran a la bestia —en recuerdo de sus antiguos anales— en vez de la aceptación plena del nuevo credo evangelizador.

En épocas posteriores, San Miguel y su culto simbolizó la unidad no sólo del poblado, sino también la aceptación sincrética de todos los cultos, proclamándose entonces San Miguel como el protector no sólo del poblado, sino la opción por un mundo, que en su maniqueísmo privilegiaba la luz contra la sombra; es decir, la aceptación de un Dios todopoderoso y eterno favorecedor de la especie humana, contra las sombras y la oscuridad donde florecen las fuerzas maléficas destructoras del hombre.

Si se revisa tanto títulos de tierra como poblados que existen en el país, nos encontramos con una gran cantidad de nombres dedicados al Santo Ángel acompañados algunas veces de las toponimias indígenas, que nos dan pistas precisas, no sólo para determinar las etnias fundadoras, sino también sus múltiples procedencias.

El clímax de esta visión de mundo, se da en la primera mitad del siglo XVIII, cuando se construye la parroquia dedicada al Santo, que además instituyó las fiestas de la ciudad, de corte eminentemente popular, patrocinadas por la Alcaldía, institución que mantenía la autonomía y mediante la cual el poblado se manifestaba como tal.

Fue San Miguel Arcángel musa fundamental de artistas y teólogos. Su sola imagen era el planteamiento subliminal de una eterna lucha del bien contra el mal, pulsión que se legalizó gracias a la proclamación de hacer del bien común un numen protector, frente a los desmanes que frecuentemente acompañan no sólo a la codicia sino a la ensoberbecida riqueza.

De la misma forma, fueron los arcángeles —esos espíritus puros— los detonantes necesarios para que los futuros hondureños desarrollaran una suerte innúmera de formas de creatividad, que se pudieron apreciar con gran claridad en la reciente exposición de arte religioso que nos probó que la libertad del hombre, cuando se ejerce con certeza y criterio, utiliza la fuerza misma del espíritu para cubrir las imposiciones que emanan de la autocracia y de la visión despótica de la existencia.

Ese San Miguel privado de dragón o de bestia, resurge en Honduras, apoyando su pie sobre una voluta de humo, tal como lo planteó inicialmente don Antonio de Cepeda, el inicial pintor, cuya imagen quedó para siempre en el viejo Real de San Juan de Ojojona, de la misma manera que abanderado del bien, y que gracias a la donación de don Manuel de Muñoz se conserva aún en la capilla del antiguo Convento de San Francisco, tal como lo imaginó y concibió en espléndida talla don Vicente Gálvez, haciéndonos ver que posiblemente ese San Miguel sin bestia, es más concordante con la espiritualidad a que aspira el ser humano, sin la provocación directa de la presencia inquietante del espíritu maligno.

Sobre todo es importante que volvamos a ver la excelente pintura anónima que aún se preserva en la Parroquia de Danlí, donde el Santo Ángel apoya su pie en una visión del futuro: las innúmeras cabezas de niños, posibles querubines, que subrayan la importancia de la niñez, siempre prospecto de futuro, mensaje onírico e indicador de otros mundos más perfectos y plausibles, que sólo gracias a esos espíritus puros podemos concretar.

San Miguel también tuvo su Cofradía, que popularmente se llamaba "Cofradía de los Migueles", y en la cual el Santo Ángel seguía siendo motivo de inspiración y regla fundamental en la búsqueda de proclamar una sociedad más justa, equilibrada y equitativa, que aspira a una convivencia en que no se tenga en cuenta ni las riquezas de este mundo y que la maldad se aleje por el simple conjuro de su nombre.

Las fiestas de San Miguel no sólo sirvieron para integrar a ricos y a pobres, a poseedores y desposeídos, sino que fueron el código necesario y preciso para pensar en construir una ciudad que albergara a todos, donde cada ser humano apoyado en su propia diversidad pudiera aceptar ese mundo maravilloso que puede convivir con armonía en el respeto absoluto de sus propias diferencias.

No se puede cerrar este comentario sin pensar y agradecer al líder más importante de la Comunidad, de la Tegucigalpa del siglo XVIII, el señor cura José Simeón de Celaya, que inspiró la obra de ese retablo maravilloso, que aún poseemos en la Parroquia de San Miguel, que ahora es la Catedral Metropolitana de Honduras.

Del hombre, de ese cura del pueblo, que quiso ver a su comunidad integrada, sin dicotomías que la hirieran y laceraran, en la plena aceptación de que la única dicotomía plausible en el género humano es la constante búsqueda entre el bien y el mal, que se expresa en la agónica dedicación de su templo al arcángel "Señor San Miguel ven en auxilio del pueblo que Dios te ha confiado". Aun cuando el padre Celaya dejó a Luzbel por fuera de su templo, el aire de los tiempos parece traerlo de continuo a amenazar la vieja población, que no quiere leer el texto que mandó a grabar en la puerta del mismo, en clara y profética visión apocalíptica: "Vale más la amistad de Yahvé, que la confianza del príncipe".

LETICIA DE OYUELA

ALGUNOS DATOS DE LA CATEDRAL DE TEGUCIGALPA

La antigua iglesia parroquial del señor San Miguel de Tegucigalpa, situada en el mismo lugar en donde hoy se encuentra la Catedral Metropolitana, fue destruida por un incendio en 1742.

Aquel mismo año se había hecho cargo de la parroquia el Br. don José Simón de Zelaya, nacido en esta Real de Minas el 3 de octubre de 1714 como hijo único del matrimonio de don José de Zelaya y de doña Manuela de Cepeda. Al Padre Zelaya corresponde la gloria de haber levantado desde sus cimientos el monumento más sobresaliente con que la arquitectura y la historia de Tegucigalpa se enorgullecen.

Con el apoyo del vecindario que constantemente ayudaba acarreando el agua, piedras, cal, y demás materiales necesarios para la construcción, además de que muchos contribuían con su trabajo personal en la misma obra, ésta pudo ir saliendo poco a poco de sus cimientos; pero su continuación y conclusión hubiera sido imposibles sin el amor, la energía y la constancia del Padre Cura Zelaya, a quien la providencia tenía señalado para emprender y llevar a feliz remate la edificación de nuestro templo principal, que es orgullo y ornato de Tegucigalpa.

Contaba, además, el Cura Zelaya con los cuantiosos bienes de su padre don José, dueño de grandes haciendas de ganado en el Partido de Olancho, entre las que se enumeran Lepaguare, Horcones, Junquillo y Coyoles. Otra ayuda muy valiosa en la edificación de nuestro templo parroquial, la recibió el Padre Zelaya de don Andrés Cepeda, su primo hermano, que cooperó eficazmente durante toda la obra como sobrestante. Tan valiosa fue esta ayuda, que don José Simón, agradecido con su primo, le donó la hacienda de Guadalquivir en remuneración de sus servicios en las obras de la parroquia.

Para el adorno interior del templo, el Padre Zelaya contrató con el escultor Vicente de Gálvez, de la Antigua Guatemala, la hechura del retablo mayor de la parroquia, por la cantidad de cinco mil novecientos pesos, sin incluir el flete y los demás gastos por el traslado desde aquella ciudad hasta Tegucigalpa.

También son obras valiosas del artífice Gálvez y de algunos de sus hijos que con él vinieron de la Antigua Guatemala, el púlpito y su tornavoz con el carro del profeta Elías; los dos altares laterales antiguos, lo mismo que la imagen del Cristo de Ánimas. Para dar una idea de lo magnífico de estas obras debe decirse que solamente el dorado del púlpito importó setecientos pesos.

El Padre Zelaya no pudo ver completamente terminada su magna obra, pues la muerte lo sorprendió a los sesenta años de su edad, el 12 de noviembre de 1775. Cupo a otro hijo ilustre de Tegucigalpa, el Presbítero Br. don Juan Francisco Márquez, concluir la obra de su antecesor el Padre José Simón Zelaya.

La solemne dedicación de nuestro templo parroquial se verificó el 29 de septiembre de 1782, día del Arcángel tutelar de esta ciudad, por el Señor Obispo Fray Antonio de San Miguel, que de esta Diócesis de Comayagua fue trasladado a la de Michoacán, México, donde mereció elogios del Barón de Humboldt por su amplia labor social y donde fue mentor del famoso Cura don Miguel Hidalgo y Costilla.

Fuera del sagrario, de las imágenes sagradas, de los tres altares antiguos y del púlpito, hay en nuestra antigua iglesia parroquial dos objetos que merecen nuestra atención y nuestro más acendrado cariño: la pila bautismal y la campana del reloj.

La pila bautismal y el lienzo de San Juan Bautista colocado en el baptisterio es todo lo que queda de la antigua iglesia parroquial destruida por el incendio en 1742.

Consta, por una inscripción que está grabada alrededor de la misma, que la pila bautismal la mandó a hacer el Licenciado don Francisco de Alemán, siendo cura del Real de Minas el año de 1643. Habían transcurrido más de diez años desde que en el sínodo celebrado por el Obispo Fray Luis de Cañizares en 1631 se había mandado que en todas las parroquias de la diócesis se sustituyeran las pilas de madera, que entonces se usaban para administrar el santo bautismo, por pilas de piedra.

Sobre aquella piedra venerada que mandó a tallar el Licenciado Alemán hemos recibido las aguas del bautismo, generación tras generación, los hijos de Tegucigalpa. En ella fueron bautizados los insignes padres jesuitas Juan de Ugarte, Juan Cerón y José Lino Fábrega; los beneméritos curas de esta parroquia José Simón de Zelaya, Juan Francisco Márquez, José Trinidad Estrada, Yanuario Jirón, José Leonardo Vijil, Santiago Zelaya y Ramón Salgado; los gobernadores de la diócesis de Comayagua en sede vacante, Presbíteros Miguel Fiallos y José Nicolás Irías; los fundadores de nuestra Universidad, José Trinidad Reyes, Máximo Soto, Alejandro Flores y el Padre Jirón; los Presbíteros Canónigo don Florencio Estrada, Samuel y Blas Escobar, el Dean Pedro Gómez y Monseñor Ernesto Fiallos, todos de grata recordación para la grey hondureña. En esta pila tres veces centenaria también fueron bautizados Francisco Morazán, José Trinidad Cabañas, Diego Vijil y Joaquín Rivera; los Presidentes Marco Aurelio Soto, Rosendo Agüero, Domingo Vásquez, Policarpo Bonilla, Alberto Membreño, Rafael López Gutiérrez, Tiburcio Carías Andino, Juan Manuel Gálvez; hombres de letras como Ramón Rosa, Juan Ramón Molina, Antonio R. Vallejo, Carlos Alberto Uclés y Marcos Carías Reyes; jurisconsultos de nota como Rafael Alvarado Manzano, Adolfo Zúniga, César Bonilla, Pedro J. Bustillo, Francisco Escobar, José María Gálvez y Leandro Valladares.

La campana del reloj es menos antigua que la pila bautismal. Ella ha reído con nosotros en nuestras más puras alegrías, y también nos ha acompañado, grave y solemne, en nuestras horas del íntimo dolor. Ella ha sido la fiel compañera de las alegrías y de los pesares de los tegucigalpenses durante casi dos siglos.

Casi todos los ascendientes de las familias de esta ciudad recibieron bendición nupcial en el altar del Señor San Miguel: Don Francisco Antonio González Travieso con doña María Tomasa Rivera; don José Fernández Vijil con doña Josefa Cocaña Fábrega; don Juan Miguel Lastiri con doña Margarita Lozano; don José María Cabañas con doña Juana Fiallos; Joaquín Fernández Lindo con doña Bárbara de Zelaya; don José María Gutiérrez con doña Margarita Lozano Lardizábal; don Dionisio de Herrera con doña Micaela Borjas; don Esteban Guardiola con doña María Manuela Vijil; el primer Presidente de Cuba, don Tomás Estrada Palma, con doña Genoveva Guardiola, y tantos otros más enlaces ilustres.

Muchos de nuestros ascendientes duermen el sueño eterno a la sombra acogedora de nuestra catedral, y sus huesos son tierra bendita que sustenta sus cimientos. Ahí descansan el Padre José Simón de Zelaya, el doctor José Trinidad Reyes, el primer Arzobispo de Honduras, Monseñor José María Martínez y Cabañas, el benemérito de la Patria Capitán General don Santos Guardiola, el Presidente General don Manuel Bonilla, benefactor de Tegucigalpa, don José María Lazo, el doctor don Hipólito Matute, Rector de nuestra Universidad, y su esposa doña Mercedes Brito; los padres curas don Trinidad Estrada, don José Leonardo Vijil y Santiago Zelaya y el Padre Blas Escobar.

Por deber santo, por gratitud a quienes nos legaron religión, honor y patria, por nuestro propio decoro como ciudadanos de Tegucigalpa, todos estamos en el compromiso de contribuir para que nuestra Santa Iglesia Catedral tenga la magnificencia y solidez que por su jerarquía en la arquidiócesis hondureña debe tener.

JUAN B. VALLADARES RODRÍGUEZ

EL SINGULAR ENCANTO DE LAS VIEJAS IGLESIAS

Cada vez que tengo tiempo visito la Iglesia de la Concepción en Comayagüela. Aparte del afecto familiar, –ahí, bajo el altar de N. S. de Guadalupe, está enterrado mi ilustre abuelo D. Valentín Durón–, vuelvo a ella por el recuerdo. Esta vez, la misa de réquiem que me llevaba fue a una hora después de la señalada, permitiéndome así, en la soledad tranquila, darle rienda suelta a la imaginación y a las remembranzas, mientras observaba la entrada y salida de los feligreses. Estábamos solamente, el Sacristán que hacía el aseo, y yo.

Era temprano de la mañana y noté que casi toda la gente que entró me era desconocida. Me preguntaba: ¿qué se hicieron los comayagüelas de antaño, los que otrora poblaban este templo? Con la ayuda del recuerdo volvía a ver, reconstruía el escaño familiar, toda la familia de rodillas mientras la buena madre enseñaba el rosario. Del breve ensimismamiento me sacó primero una enfermera joven, quizá empleada del hospital vecino.

En silencio estuvo arrodillada un rato frente al altar mayor e, igualmente, se marchó callada y contrita. En seguida entró un obrero también joven. Éste se detuvo un momento frente a la imagen de la Virgen, se santiguó y salió rápidamente.

Vino después una señora de edad, con todas las trazas de las mujeres que tienen un puesto de venta en el mercado. Canosa, de vestir humilde, recorrió y fue repasando todos los altares sin hincarse, tocando los pies a las vestimentas de las imágenes, a la vez que hacía la señal de la cruz. Casi al mismo tiempo entró un artesano de mediana edad. Éste estuvo rezando una oración en voz alta y se marchó luego, siendo seguido por una adolescente, modistilla o quizá oficinista, la que estuvo absorta un rato para salir, apresuradamente, mientras observaba su reloj de pulsera.

El siguiente personaje, bajo, gordo, sin rasurar, con pantalones azulón desteñido, sostenidos por tirantes, quien caminó contoneándose con dificultad por el pasillo central hasta el altar mayor, santiguándose, sin detenerse, frente a los altares laterales y, de pie, seguramente por su gordura, rezó su jaculatoria y se alejó, tosijoso, sin volver a ver a derecha o izquierda. Mientras, detrás de donde me sentaba, estuvieron fugazmente hombres de todas las edades y de todas las clases sociales, ajenos a presencias extrañas, abstraídos exclusivamente en la súplica que los llevó al templo.

Entretanto, volví la mirada en derredor y me puse a recordar. Mirando hacia el coro me acordé del Maestro Agustín Maradiaga, de su discípulo, Medardo Cerrato; del Maestro Manuel Sosa, del Maestro hijo a su vez del Maestro de Capilla, el filarmónico de la Catedral, D. Felipe Ugarte, algunos hace tiempo muertos. Quizá su adiestramiento musical era escaso, sin embargo hicieron sonoras misas y solemnes marchas religiosas, que estropeaban con sus lamentables voces. Sin embargo, instrumentos mágicos los salvaban como los salvaba también el fervor religioso que los inspiró siempre.

Otras cosas eran las dulces voces de Adela Valladares, de Ticha Lagos y de Abelina Cárdenas, cuyos gorjeos nos servían, a los rapaces de mi tiempo, para adormecernos, mientras el P. Basilio Gómez ofrendaba abundante incienso a Nuestra Señora en los rezos de las Flores de Mayo. A mi derecha tenía el lienzo de la Patrona Guadalupana, regalo del General Manuel Ramos en 1724. Recuerdo que, en mi niñez me extrañaba no ver "de bulto" a la Virgen Morena, extasiándome en cambio, con el rostro de la Bella María Magdalena, con la figura del apuesto San Juan, con las venerables barbas de San Pedro y, sobre todo, con la imagen del Señor Resucitado.

En la media luz de esta mañana nublada no dejé de evocar a fantasmas dormidos. "Por la noche, decía la conseja, un cura sin cabeza ejecuta el armonio". Lo contaban los párrocos de antiguo y era tema obligado de la tertulia en mi casa, cuando todavía no teníamos luz eléctrica. "Yo lo vi, –y nos crispábamos al escucharla–, nos relataba la beata vecina, –mientras subida en una escalera, arreglaba sola las cortinas del altar mayor para la Fiesta del Corpus– ¡y salí despavorida!".

Yo prefería escuchar a los grandes predicadores peninsulares que, de cuando en cuando, nos visitaban para la Feria de Concepción. El R.P. Aníbaro, después de la celebración, tomaba chocolate con galletas en mi casa. Rollizo y mofletudo, me sentaba en sus piernas y me maravillaba con sus leyendas de la lejana España. "Algún día irás por allá, gandul, ¡y te enamorarás de mi tierra!" El erudito prelado se transportaba en sus oraciones desde el púlpito. La Concepción de María era su tema favorito y nos electrizaba cuando, como era costumbre, entonces, a medio sermón pedía una Salve y nos obligaba a hincarnos. En el silencio que seguía se podía oír la caída de un alfiler. En los ojos de la Niña Inés Padilla se me antojaba que había lágrimas de emoción.

En la ensoñación poco a poco, me había ido quedando solo, sin reparar ya en los extraños que entraban y salían. Y es que el templo ha cambiado, ha sido remozado, los RR. PP. Franciscanos lo han convertido en una iglesia nueva y moderna que, desde luego, conserva ciertas antiguas huellas, con las ventajas del culto que ahora demanda auditorio y librería, escuela y biblioteca parroquiales. Aquí dejaron su pequeña fortuna el P. Nicolás D'Antonio, hoy Obispo de Olancho, y su espíritu misionero centenares de frailes norteamericanos.

A medida que avanza la hora, disminuye el trajín. ¿Qué es lo que pide la enfermera, qué la oficinista, qué la vendedora del mercado? ¿Cuál es el ruego del maestro de obras de pantalones de azulón, cuál el del estudiante y el de la modistilla? La egregia Villa de Concepción, a la que D. Marco Aurelio Soto le regalara una estatua de mármol de la libertad, ha dejado de ser lo que fue en mis primeros días. Con el alcaraván del patio pasaron el perfume del jazmín de parra y el del limonero, la alegría temprana de la campánula. Pero la fe se mantiene enhiesta y la esperanza renace todos los días, aunque sea por un fugaz instante, frente al tabernáculo donde está la Divina Eucaristía. Y eso no lo podrán cambiar jamás ni los tiempos ni los hombres.

JORGE FIDEL DURÓN

CONTENIDO

www.ingramcontent.com/pod-product-compliance
Lightning Source LLC
Chambersburg PA
CBHW021704120626
46545CB00004B/1400